MALEIS

WOORDENSCHAT

THEMATISCHE WOORDENLIJST

NEDERLANDS MALEIS

De meest bruikbare woorden
Om uw woordenschat uit te breiden en
uw taalvaardigheid aan te scherpen

9000 woorden

Thematische woordenschat Nederlands-Maleis - 9000 woorden

Door Andrey Taranov, Victor Pogadaev

Woordenlijsten van T&P Books zijn bedoeld om u woorden van een vreemde taal te helpen leren, onthouden, en bestudering. Dit woordenboek is ingedeeld in thema's en behandelt alle belangrijk terreinen van het dagelijkse leven, bedrijven, wetenschap, cultuur, etc.

Het proces van het leren van woorden met behulp van de op thema's gebaseerde aanpak van T&P Books biedt u de volgende voordelen:

- Correct gegroepeerde informatie is bepalend voor succes bij opeenvolgende stadia van het leren van woorden
- De beschikbaarheid van woorden die van dezelfde stam zijn maakt het mogelijk om woordgroepen te onthouden (in plaats van losse woorden)
- Kleine groepen van woorden faciliteren het proces van het aanmaken van associatieve verbindingen, die nodig zijn bij het consolideren van de woordenschat
- Het niveau van talenkennis kan worden ingeschat door het aantal geleerde woorden

T&P Books Publishing
www.tpbooks.com

ISBN: 978-1-78492-279-5

Dit boek is ook beschikbaar in e-boek formaat.
Gelieve www.tpbooks.com te bezoeken of de belangrijkste online boekwinkels.

MALEISE WOORDENSCHAT
nieuwe woorden leren

T&P Books woordenlijsten zijn bedoeld om u te helpen vreemde woorden te leren, te onthouden, en te bestuderen. De woordenschat bevat meer dan 9000 veel gebruikte woorden die thematisch geordend zijn.

- De woordenlijst bevat de meest gebruikte woorden
- Aanbevolen als aanvulling bij welke taalcursus dan ook
- Voldoet aan de behoeften van de beginnende en gevorderde student in vreemde talen
- Geschikt voor dagelijks gebruik, bestudering en zelftestactiviteiten
- Maakt het mogelijk om uw woordenschat te evalueren

Bijzondere kenmerken van de woordenschat

- De woorden zijn gerangschikt naar hun betekenis, niet volgens alfabet
- De woorden worden weergegeven in drie kolommen om bestudering en zelftesten te vergemakkelijken
- Woorden in groepen worden verdeeld in kleine blokken om het leerproces te vergemakkelijken
- De woordenschat biedt een handige en eenvoudige beschrijving van elk buitenlands woord

De woordenschat bevat 256 onderwerpen zoals:

Basisconcepten, getallen, kleuren, maanden, seizoenen, meeteenheden, kleding en accessoires, eten & voeding, restaurant, familieleden, verwanten, karakter, gevoelens, emoties, ziekten, stad, dorp, bezienswaardigheden, winkelen, geld, huis, thuis, kantoor, werken op kantoor, import & export, marketing, werk zoeken, sport, onderwijs, computer, internet, gereedschap, natuur, landen, nationaliteiten en meer ...

INHOUDSOPGAVE

UITSPRAAKGIDS

T&P fonetisch alfabet	Maleis voorbeeld	Nederlands voorbeeld

Klinkers

[a]	**naskhah** [naskah]	acht
[e]	**lebar** [lebar]	delen, spreken
[ɛ]	**teman** [tɛman]	elf, zwembad
[i]	**lidah** [lidah]	bidden, tint
[o]	**blok** [blok]	overeenkomst
[u]	**kebun** [kɛbun]	hoed, doe

Medeklinkers

[b]	**burung** [buruŋ]	hebben
[d]	**dunia** [dunia]	Dank u, honderd
[ʤ]	**panjang** [panʤaŋ]	jeans, jungle
[f]	**platform** [platform]	feestdag, informeren
[g]	**granit** [granit]	goal, tango
[ɣ]	**spaghetti** [spaɣeti]	liegen, gaan
[j]	**layar** [lajar]	New York, januari
[h]	**matahari** [matahari]	het, herhalen
[k]	**mekanik** [mekanik]	kennen, kleur
[l]	**lelaki** [lɛlaki]	delen, luchter
[m]	**memukul** [mɛmukul]	morgen, etmaal
[n]	**nenek** [nenek]	nemen, zonder
[ŋ]	**gunung** [gunuŋ]	optelling, jongeman
[p]	**pemuda** [pɛmuda]	parallel, koper
[r]	**rakyat** [rakjat]	roepen, breken
[s]	**sembuh** [sɛmbuh]	spreken, kosten
[ʃ]	**champagne** [ʃampejn]	shampoo, machine
[t]	**matematik** [matɛmatik]	tomaat, taart
[χ]	**akhirat** [aχirat]	licht, school
[ʧ]	**cacing** [ʧaʧiŋ]	Tsjechië, cello
[ɕ]	**syurga** [ɕurga]	Chicago, jasje
[v]	**Taiwan** [tajvan]	beloven, schrijven
[z]	**zuriat** [zuriat]	zeven, zesde
[w]	**penguasa** [pɛŋwasa]	twee, willen

AFKORTINGEN gebruikt in de woordenschat

Nederlandse afkortingen

abn	-	als bijvoeglijk naamwoord
bijv.	-	bijvoorbeeld
bn	-	bijvoeglijk naamwoord
bw	-	bijwoord
enk.	-	enkelvoud
enz.	-	enzovoort
form.	-	formele taal
inform.	-	informele taal
mann.	-	mannelijk
mil.	-	militair
mv.	-	meervoud
on.ww.	-	onovergankelijk werkwoord
ontelb.	-	ontelbaar
ov.	-	over
ov.ww.	-	overgankelijk werkwoord
telb.	-	telbaar
vn	-	voornaamwoord
vrouw.	-	vrouwelijk
vw	-	voegwoord
vz	-	voorzetsel
wisk.	-	wiskunde
ww	-	werkwoord

Nederlandse artikelen

de	-	gemeenschappelijk geslacht
de/het	-	gemeenschappelijk geslacht, onzijdig
het	-	onzijdig

BASISBEGRIPPEN

Basisbegrippen Deel 1

1. Voornaamwoorden

ik	**saya, aku**	[saja], [aku]
jij, je	**awak**	[avak]
hij, zij, het	**dia, ia**	[dia], [ia]
wij, we	**kami, kita**	[kami], [kita]
jullie	**kamu**	[kamu]
U (form., enk.)	**anda**	[anda]
U (form., mv.)	**anda**	[anda]
zij, ze (levenloos)	**ia**	[ia]
zij, ze (levend)	**mereka**	[mɛreka]

2. Begroetingen. Begroetingen. Afscheid

Hallo! Dag!	**Helo!**	[helo]
Hallo!	**Helo!**	[helo]
Goedemorgen!	**Selamat pagi!**	[sɛlamat pagi]
Goedemiddag!	**Selamat petang!**	[sɛlamat pɛtaŋ]
Goedenavond!	**Selamat petang!**	[sɛlamat pɛtaŋ]
gedag zeggen (groeten)	**bersapa**	[bɛrsapa]
Hoi!	**Hai!**	[haj]
groeten (het)	**sambutan**	[sambutan]
verwelkomen (ww)	**menyambut**	[mɛnjambut]
Hoe gaat het?	**Apa khabar?**	[apa kabar]
Is er nog nieuws?	**Apa yang baru?**	[apa jaŋ baru]
Dag! Tot ziens!	**Sampai jumpa lagi!**	[sampaj ʤumpa lagi]
Tot snel! Tot ziens!	**Sampai jumpa lagi!**	[sampaj ʤumpa lagi]
Vaarwel!	**Selamat tinggal!**	[sɛlamat tiŋgal]
afscheid nemen (ww)	**minta diri**	[minta diri]
Tot kijk!	**Jumpa lagi!**	[ʤumpa lagi]
Dank u!	**Terima kasih!**	[tɛrima kasih]
Dank u wel!	**Terima kasih banyak!**	[tɛrima kasih banjak]
Graag gedaan	**Sama-sama**	[sama sama]
Geen dank!	**Sama-sama!**	[sama sama]
Geen moeite.	**Sama-sama**	[sama sama]
Excuseer me, ... (inform.)	**Maaf!**	[maaf]
Excuseer me, ... (form.)	**Minta maaf!**	[minta maaf]

excuseren (verontschuldigen)	**memaafkan**	[mɛmaafkan]
zich verontschuldigen	**minta maaf**	[minta maaf]
Mijn excuses.	**Maafkan saya**	[maafkan saja]
Het spijt me!	**Maaf!**	[maaf]
vergeven (ww)	**memaafkan**	[mɛmaafkan]
Maakt niet uit!	**Tidak apa-apa!**	[tidak apa apa]
alsjeblieft	**sila, tolong**	[sila], [toloŋ]
Vergeet het niet!	**Jangan lupa!**	[ʤaŋan lupa]
Natuurlijk!	**Tentu!**	[tɛntu]
Natuurlijk niet!	**Tentu tidak!**	[tɛntu tidak]
Akkoord!	**Setuju!**	[sɛtuʤu]
Zo is het genoeg!	**Cukuplah!**	[ʧukuplah]

3. Hoe aan te spreken

Excuseer me, ...	**Minta maaf!**	[minta maaf]
meneer	**tuan**	[tuan]
mevrouw	**puan**	[puan]
juffrouw	**gadis, cik**	[gadis], [ʧik]
jongeman	**orang muda**	[oraŋ muda]
jongen	**budak lelaki**	[budak lɛlaki]
meisje	**gadis kecil**	[gadis kɛʧil]

4. Kardinale getallen. Deel 1

nul	**sifar**	[sifar]
een	**satu**	[satu]
twee	**dua**	[dua]
drie	**tiga**	[tiga]
vier	**empat**	[ɛmpat]
vijf	**lima**	[lima]
zes	**enam**	[ɛnam]
zeven	**tujuh**	[tuʤuh]
acht	**lapan**	[lapan]
negen	**sembilan**	[sɛmbilan]
tien	**sepuluh**	[sɛpuluh]
elf	**sebelas**	[sɛblas]
twaalf	**dua belas**	[dua blas]
dertien	**tiga belas**	[tiga blas]
veertien	**empat belas**	[ɛmpat blas]
vijftien	**lima belas**	[lima blas]
zestien	**enam belas**	[ɛnam blas]
zeventien	**tujuh belas**	[tuʤuh blas]
achttien	**lapan belas**	[lapan blas]
negentien	**sembilan belas**	[sɛmbilan blas]
twintig	**dua puluh**	[dua puluh]
eenentwintig	**dua puluh satu**	[dua puluh satu]

tweeëntwintig	**dua puluh dua**	[dua puluh dua]
drieëntwintig	**dua puluh tiga**	[dua puluh tiga]
dertig	**tiga puluh**	[tiga puluh]
eenendertig	**tiga puluh satu**	[tiga puluh satu]
tweeëndertig	**tiga puluh dua**	[tiga puluh dua]
drieëndertig	**tiga puluh tiga**	[tiga puluh tiga]
veertig	**empat puluh**	[ɛmpat puluh]
eenenveertig	**empat puluh satu**	[ɛmpat puluh satu]
tweeënveertig	**empat puluh dua**	[ɛmpat puluh dua]
drieënveertig	**empat puluh tiga**	[ɛmpat puluh tiga]
vijftig	**lima puluh**	[lima puluh]
eenenvijftig	**lima puluh satu**	[lima puluh satu]
tweeënvijftig	**lima puluh dua**	[lima puluh dua]
drieënvijftig	**lima puluh tiga**	[lima puluh tiga]
zestig	**enam puluh**	[ɛnam puluh]
eenenzestig	**enam puluh satu**	[ɛnam puluh satu]
tweeënzestig	**enam puluh dua**	[ɛnam puluh dua]
drieënzestig	**enam puluh tiga**	[ɛnam puluh tiga]
zeventig	**tujuh puluh**	[tudʒuh puluh]
eenenzeventig	**tujuh puluh satu**	[tudʒuh puluh satu]
tweeënzeventig	**tujuh puluh dua**	[tudʒuh puluh dua]
drieënzeventig	**tujuh puluh tiga**	[tudʒuh puluh tiga]
tachtig	**lapan puluh**	[lapan puluh]
eenentachtig	**lapan puluh satu**	[lapan puluh satu]
tweeëntachtig	**lapan puluh dua**	[lapan puluh dua]
drieëntachtig	**lapan puluh tiga**	[lapan puluh tiga]
negentig	**sembilan puluh**	[sɛmbilan puluh]
eenennegentig	**sembulan puluh satu**	[sɛmbulan puluh satu]
tweeënnegentig	**sembilan puluh dua**	[sɛmbilan puluh dua]
drieënnegentig	**sembilan puluh tiga**	[ɛembilan puluh tiga]

5. Kardinale getallen. Deel 2

honderd	**seratus**	[sɛratus]
tweehonderd	**dua ratus**	[dua ratus]
driehonderd	**tiga ratus**	[tiga ratus]
vierhonderd	**empat ratus**	[ɛmpat ratus]
vijfhonderd	**lima ratus**	[lima ratus]
zeshonderd	**enam ratus**	[ɛnam ratus]
zevenhonderd	**tujuh ratus**	[tudʒuh ratus]
achthonderd	**lapan ratus**	[lapan ratus]
negenhonderd	**sembilan ratus**	[sɛmbilan ratus]
duizend	**seribu**	[sɛribu]
tweeduizend	**dua ribu**	[dua ribu]
drieduizend	**tiga ribu**	[tiga ribu]

tienduizend	**sepuluh ribu**	[sɛpuluh ribu]
honderdduizend	**seratus ribu**	[sɛratus ribu]
miljoen (het)	**juta**	[ʤuta]
miljard (het)	**billion**	[billion]

6. Ordinale getallen

eerste (bn)	**pertama**	[pɛrtama]
tweede (bn)	**kedua**	[kɛdua]
derde (bn)	**ketiga**	[kɛtiga]
vierde (bn)	**keempat**	[kɛɛmpat]
vijfde (bn)	**kelima**	[kɛlima]
zesde (bn)	**keenam**	[kɛɛnam]
zevende (bn)	**ketujuh**	[kɛtuʤuh]
achtste (bn)	**kelapan**	[kɛlapan]
negende (bn)	**kesembilan**	[kɛsɛmbilan]
tiende (bn)	**kesepuluh**	[kɛsɛpuluh]

7. Getallen. Breuken

breukgetal (het)	**pecahan**	[pɛʧahan]
half	**seperdua**	[sɛpɛrdua]
een derde	**sepertiga**	[sɛpɛrtiga]
kwart	**seperempat**	[sɛpɛrɛmpat]
een achtste	**seperlapan**	[sɛpɛrlapan]
een tiende	**sepersepuluh**	[sɛpɛrsɛpuluh]
twee derde	**dua pertiga**	[dua pɛrtiga]
driekwart	**tiga suku**	[tiga suku]

8. Getallen. Eenvoudige berekeningen

aftrekking (de)	**kira-kira tolak**	[kira kira tolak]
aftrekken (ww)	**tolak**	[tolak]
deling (de)	**pembahagian**	[pɛmbahagian]
delen (ww)	**membahagi**	[mɛmbahagi]
optelling (de)	**campuran**	[ʧampuran]
erbij optellen (bij elkaar voegen)	**mencampurkan**	[mɛnʧampurkan]
optellen (ww)	**menambah**	[mɛnambah]
vermenigvuldiging (de)	**pendaraban**	[pɛndaraban]
vermenigvuldigen (ww)	**mengalikan**	[mɛŋalikan]

9. Getallen. Diversen

cijfer (het)	**angka**	[aŋka]
nummer (het)	**nombor**	[nombor]

telwoord (het)	**kata bilangan**	[kata bilaŋan]
minteken (het)	**minus**	[minus]
plusteken (het)	**plus**	[plus]
formule (de)	**formula, rumus**	[formula], [rumus]
berekening (de)	**penghitungan**	[pɛŋɣituŋan]
tellen (ww)	**menghitung**	[mɛŋɣituŋ]
bijrekenen (ww)	**menghitung**	[mɛŋɣituŋ]
vergelijken (ww)	**membandingkan**	[mɛmbandiŋkan]
Hoeveel?	**Berapa?**	[brapa]
som (de), totaal (het)	**jumlah**	[ʤumlah]
uitkomst (de)	**hasil**	[hasil]
rest (de)	**sisa, baki**	[sisa], [baki]
enkele (bijv. ~ minuten)	**beberapa**	[bɛbrapa]
weinig (bw)	**sedikit**	[sɛdikit]
restant (het)	**bakinya**	[bakinja]
anderhalf	**satu setengah**	[satu sɛtɛŋah]
dozijn (het)	**dozen**	[dozen]
middendoor (bw)	**dua**	[dua]
even (bw)	**rata**	[rata]
helft (de)	**setengah**	[sɛtɛŋah]
keer (de)	**kali**	[kali]

10. De belangrijkste werkwoorden. Deel 1

aanbevelen (ww)	**menasihatkan**	[mɛnasihatkan]
aandringen (ww)	**mendesak**	[mɛndɛsak]
aankomen (per auto, enz.)	**datang**	[dataŋ]
aanraken (ww)	**menyentuh**	[mɛnjentuh]
adviseren (ww)	**menasihatkan**	[mɛnasihatkan]
afdalen (on.ww.)	**turun**	[turun]
afslaan (naar rechts ~)	**membelok**	[mɛmblok]
antwoorden (ww)	**menjawab**	[mɛnʤavab]
bang zijn (ww)	**takut**	[takut]
bedreigen (bijv. met een pistool)	**mengugut**	[mɛŋugut]
bedriegen (ww)	**menipu**	[mɛnipu]
beëindigen (ww)	**menamatkan**	[mɛnamatkan]
beginnen (ww)	**memulakan**	[mɛmulakan]
begrijpen (ww)	**memahami**	[mɛmahami]
beheren (managen)	**memimpin**	[mɛmimpin]
beledigen (met scheldwoorden)	**menghina**	[mɛŋɣina]
beloven (ww)	**menjanji**	[mɛnʤanʤi]
bereiden (koken)	**memasak**	[mɛmasak]
bespreken (spreken over)	**membincangkan**	[mɛmbinʧaŋkan]
bestellen (eten ~)	**menempah**	[mɛnɛmpah]
bestraffen (een stout kind ~)	**menghukum**	[mɛŋɣukum]

betalen (ww)	**membayar**	[mɛmbajar]
betekenen (beduiden)	**bererti**	[bɛrɛrti]
betreuren (ww)	**terkilan**	[tɛrkilan]
bevallen (prettig vinden)	**suka**	[suka]
bevelen (mil.)	**memerintah**	[mɛmɛrintah]
bevrijden (stad, enz.)	**membebaskan**	[mɛmbebaskan]
bewaren (ww)	**menyimpan**	[mɛnjimpan]
bezitten (ww)	**memiliki**	[mɛmiliki]
bidden (praten met God)	**bersembahyang**	[bɛrsɛmbaɦjaŋ]
binnengaan (een kamer ~)	**masuk**	[masuk]
breken (ww)	**memecahkan**	[mɛmɛʧahkan]
controleren (ww)	**mengawal**	[mɛŋaval]
creëren (ww)	**menciptakan**	[mɛnʧiptakan]
deelnemen (ww)	**menyertai**	[mɛnjertai]
denken (ww)	**berfikir**	[bɛrfikir]
doden (ww)	**membunuh**	[mɛmbunuh]
doen (ww)	**membuat**	[mɛmbuat]
dorst hebben (ww)	**haus**	[haus]

11. De belangrijkste werkwoorden. Deel 2

een hint geven	**memberi bayangan**	[mɛmbri bajaŋan]
eisen (met klem vragen)	**menuntut**	[mɛnuntut]
excuseren (vergeven)	**memaafkan**	[mɛmaafkan]
existeren (bestaan)	**wujud**	[vuʤud]
gaan (te voet)	**berjalan**	[bɛrʤalan]
gaan zitten (ww)	**duduk**	[duduk]
gaan zwemmen	**mandi**	[mandi]
geven (ww)	**memberi**	[mɛmbri]
glimlachen (ww)	**senyum**	[sɛnjum]
goed raden (ww)	**meneka**	[mɛnɛka]
grappen maken (ww)	**berjenaka**	[bɛrʤɛnaka]
graven (ww)	**menggali**	[mɛŋgali]
hebben (ww)	**mempunyai**	[mɛmpunjai]
helpen (ww)	**membantu**	[mɛmbantu]
herhalen (opnieuw zeggen)	**mengulang**	[mɛŋulaŋ]
honger hebben (ww)	**lapar**	[lapar]
hopen (ww)	**harap**	[harap]
horen (waarnemen met het oor)	**mendengar**	[mɛndɛŋar]
huilen (wenen)	**menangis**	[mɛnaŋis]
huren (huis, kamer)	**menyewa**	[mɛnjeva]
informeren (informatie geven)	**memberitahu**	[mɛmbritahu]
instemmen (akkoord gaan)	**setuju**	[sɛtuʤu]
jagen (ww)	**memburu**	[mɛmburu]
kennen (kennis hebben van iemand)	**kenal**	[kɛnal]

kiezen (ww)	**memilih**	[mɛmilih]
klagen (ww)	**mengadu**	[mɛŋadu]
kosten (ww)	**berharga**	[bɛrharga]
kunnen (ww)	**boleh**	[bole]
lachen (ww)	**ketawa**	[kɛtava]
laten vallen (ww)	**tercicir**	[tɛrʧiʧir]
lezen (ww)	**membaca**	[mɛmbaʧa]
liefhebben (ww)	**mencintai**	[mɛnʧintai]
lunchen (ww)	**makan tengah hari**	[makan tɛŋah hari]
nemen (ww)	**mengambil**	[mɛŋambil]
nodig zijn (ww)	**diperlukan**	[dipɛrlukan]

12. De belangrijkste werkwoorden. Deel 3

onderschatten (ww)	**memperkecilkan**	[mɛmpɛrkɛʧilkan]
ondertekenen (ww)	**menandatangani**	[mɛnandataŋani]
ontbijten (ww)	**makan pagi**	[makan pagi]
openen (ww)	**membuka**	[mɛmbuka]
ophouden (ww)	**memberhentikan**	[mɛmbɛrhɛntikan]
opmerken (zien)	**memerhatikan**	[mɛmɛrhatikan]
opscheppen (ww)	**bercakap besar**	[bɛrʧakap bɛsar]
opschrijven (ww)	**mencatat**	[mɛnʧatat]
plannen (ww)	**merancang**	[mɛranʧaŋ]
prefereren (verkiezen)	**lebih suka**	[lɛbih suka]
proberen (trachten)	**mencuba**	[mɛnʧuba]
redden (ww)	**menyelamatkan**	[mɛnjelamatkan]
rekenen op …	**mengharapkan**	[mɛŋɣarapkan]
rennen (ww)	**lari**	[lari]
reserveren (een hotelkamer ~)	**menempah**	[mɛnɛmpah]
roepen (om hulp)	**memanggil**	[mɛmaŋgil]
schieten (ww)	**menembak**	[mɛnembak]
schreeuwen (ww)	**berteriak**	[bɛrtɛriak]
schrijven (ww)	**menulis**	[mɛnulis]
souperen (ww)	**makan malam**	[makan malam]
spelen (kinderen)	**bermain**	[bɛrmajn]
spreken (ww)	**bercakap**	[bɛrʧakap]
stelen (ww)	**mencuri**	[mɛnʧuri]
stoppen (pauzeren)	**berhenti**	[bɛrhɛnti]
studeren (Nederlands ~)	**mempelajari**	[mɛmpɛladʒari]
sturen (zenden)	**mengirim**	[mɛŋirim]
tellen (optellen)	**menghitung**	[mɛŋɣituŋ]
toebehoren aan …	**kepunyaan**	[kɛpunjaan]
toestaan (ww)	**mengizinkan**	[mɛŋiziŋkan]
tonen (ww)	**menunjukkan**	[mɛnundʒukkan]
twijfelen (onzeker zijn)	**ragu-ragu**	[ragu ragu]
uitgaan (ww)	**keluar**	[kɛluar]

uitnodigen (ww)	**menjemput**	[mɛndʒɛmput]
uitspreken (ww)	**menyebut**	[mɛnjebut]
uitvaren tegen (ww)	**memarahi**	[mɛmarahi]

13. De belangrijkste werkwoorden. Deel 4

vallen (ww)	**jatuh**	[dʒatuh]
vangen (ww)	**menangkap**	[mɛnaŋkap]
veranderen (anders maken)	**mengubah**	[mɛŋubah]
verbaasd zijn (ww)	**hairan**	[hajran]
verbergen (ww)	**menyorokkan**	[mɛnjorokkan]
verdedigen (je land ~)	**membela**	[mɛmbɛla]
verenigen (ww)	**menyatukan**	[mɛnjatukan]
vergelijken (ww)	**membandingkan**	[mɛmbandiŋkan]
vergeten (ww)	**melupakan**	[mɛlupakan]
vergeven (ww)	**memaafkan**	[mɛmaafkan]
verklaren (uitleggen)	**menjelaskan**	[mɛndʒɛlaskan]
verkopen (per stuk ~)	**menjual**	[mɛndʒual]
vermelden (praten over)	**menyebut**	[mɛnjebut]
versieren (decoreren)	**menghiasi**	[mɛŋɣiasi]
vertalen (ww)	**menterjemahkan**	[mɛntɛrdʒɛmahkan]
vertrouwen (ww)	**mempercayai**	[mɛmpɛrtʃajai]
vervolgen (ww)	**meneruskan**	[mɛnɛruskan]
verwarren (met elkaar ~)	**mengelirukan**	[mɛŋɛlirukan]
verzoeken (ww)	**meminta**	[mɛminta]
verzuimen (school, enz.)	**meninggalkan**	[mɛniŋgalkan]
vinden (ww)	**menemui**	[mɛnɛmui]
vliegen (ww)	**terbang**	[tɛrbaŋ]
volgen (ww)	**mengikuti**	[mɛŋikuti]
voorstellen (ww)	**mencadangkan**	[mɛntʃadaŋkan]
voorzien (verwachten)	**menjangkakan**	[mɛndʒaŋkakan]
vragen (ww)	**menyoal**	[mɛnjoal]
waarnemen (ww)	**menyaksikan**	[mɛnjaksikan]
waarschuwen (ww)	**memperingati**	[mɛmpɛriŋati]
wachten (ww)	**menunggu**	[mɛnuŋgu]
weerspreken (ww)	**membantah**	[mɛmbantah]
weigeren (ww)	**menolak**	[mɛnolak]
werken (ww)	**bekerja**	[bɛkɛrdʒa]
weten (ww)	**tahu**	[tahu]
willen (verlangen)	**mahu, hendak**	[mahu], [hɛndak]
zeggen (ww)	**berkata**	[bɛrkata]
zich haasten (ww)	**tergesa-gesa**	[tɛrgɛsa gɛsa]
zich interesseren voor ...	**menaruh minat**	[mɛnaruh minat]
zich vergissen (ww)	**salah**	[salah]
zich verontschuldigen	**minta maaf**	[minta maaf]
zien (ww)	**melihat**	[mɛlihat]
zijn (leraar ~)	**ialah**	[ialah]

zijn (op dieet ~)	**sedang**	[sɛdaŋ]
zoeken (ww)	**mencari**	[mɛntʃari]
zwemmen (ww)	**berenang**	[bɛrɛnaŋ]
zwijgen (ww)	**diam**	[diam]

14. Kleuren

kleur (de)	**warna**	[varna]
tint (de)	**sisip warna**	[sisip varna]
kleurnuance (de)	**warna**	[varna]
regenboog (de)	**pelangi**	[pɛlaŋi]
wit (bn)	**putih**	[putih]
zwart (bn)	**hitam**	[hitam]
grijs (bn)	**abu-abu**	[abu abu]
groen (bn)	**hijau**	[hidʒau]
geel (bn)	**kuning**	[kuniŋ]
rood (bn)	**merah**	[merah]
blauw (bn)	**biru**	[biru]
lichtblauw (bn)	**biru muda**	[biru muda]
roze (bn)	**merah jambu**	[merah dʒambu]
oranje (bn)	**oren, jingga**	[oren], [dʒiŋga]
violet (bn)	**ungu**	[uŋu]
bruin (bn)	**coklat**	[tʃoklat]
goud (bn)	**emas**	[ɛmas]
zilverkleurig (bn)	**keperak-perakan**	[kɛperak perakan]
beige (bn)	**kuning air**	[kuniŋ air]
roomkleurig (bn)	**putih kuning**	[putih kuniŋ]
turkoois (bn)	**firus**	[firus]
kersrood (bn)	**merah ceri**	[merah tʃeri]
lila (bn)	**ungu**	[uŋu]
karmijnrood (bn)	**merah lembayung**	[merah lɛmbajuŋ]
licht (bn)	**terang**	[tɛraŋ]
donker (bn)	**gelap**	[glap]
fel (bn)	**berkilau**	[bɛrkilau]
kleur-, kleurig (bn)	**berwarna**	[bɛrvarna]
kleuren- (abn)	**berwarna**	[bɛrvarna]
zwart-wit (bn)	**hitam-putih**	[hitam putih]
eenkleurig (bn)	**polos**	[polos]
veelkleurig (bn)	**beraneka warna**	[bɛraneka varna]

15. Vragen

Wie?	**Siapa?**	[siapa]
Wat?	**Apa?**	[apa]
Waar?	**Di mana?**	[di mana]

Waarheen?	**Ke mana?**	[kɛ mana]
Waarvandaan?	**Dari mana?**	[dari mana]
Wanneer?	**Bila?**	[bila]
Waarom?	**Untuk apa?**	[untuk apa]
Waarom?	**Mengapa?**	[mɛŋapa]
Waarvoor dan ook?	**Untuk apa?**	[untuk apa]
Hoe?	**Bagaimana?**	[bagajmana]
Wat voor ...?	**Apa? Yang mana?**	[apa], [jaŋ mana]
Welk?	**Yang mana?**	[jaŋ mana]
Aan wie?	**Kepada siapa?**	[kɛpada siapa]
Over wie?	**Tentang siapa?**	[tɛntaŋ siapa]
Waarover?	**Tentang apa?**	[tɛntaŋ apa]
Met wie?	**Dengan siapa?**	[dɛŋan siapa]
Hoeveel?	**Berapa?**	[brapa]
Van wie?	**Siapa punya?**	[siapa punja]

16. Voorzetsels

met (bijv. ~ beleg)	**bersama dengan**	[bɛrsama dɛŋan]
zonder (~ accent)	**tanpa**	[tanpa]
naar (in de richting van)	**ke**	[kɛ]
over (praten ~)	**tentang**	[tɛntaŋ]
voor (in tijd)	**sebelum**	[sɛbɛlum]
voor (aan de voorkant)	**di depan**	[di dɛpan]
onder (lager dan)	**di bawah**	[di bavah]
boven (hoger dan)	**di atas**	[di atas]
op (bovenop)	**di atas**	[di atas]
van (uit, afkomstig van)	**dari**	[dari]
van (gemaakt van)	**daripada**	[daripada]
over (bijv. ~ een uur)	**selepas**	[sɛlɛpas]
over (over de bovenkant)	**melalui**	[mɛlalui]

17. Functiewoorden. Bijwoorden. Deel 1

Waar?	**Di mana?**	[di mana]
hier (bw)	**di sini**	[di sini]
daar (bw)	**di situ**	[di situ]
ergens (bw)	**pada sesuatu tempat**	[pada sɛsuatu tɛmpat]
nergens (bw)	**tak di mana-mana**	[tak di mana mana]
bij ... (in de buurt)	**dekat, kat**	[dɛkat], [kat]
bij het raam	**kat tingkap**	[kat tiŋkap]
Waarheen?	**Ke mana?**	[kɛ mana]
hierheen (bw)	**ke sini**	[kɛ sini]
daarheen (bw)	**ke situ**	[kɛ situ]

hiervandaan (bw)	**dari sini**	[dari sini]
daarvandaan (bw)	**dari situ**	[dari situ]
dichtbij (bw)	**dekat**	[dɛkat]
ver (bw)	**jauh**	[dʒauh]
in de buurt (van ...)	**dekat**	[dɛkat]
dichtbij (bw)	**dekat**	[dɛkat]
niet ver (bw)	**tidak jauh**	[tidak dʒauh]
linker (bn)	**kiri**	[kiri]
links (bw)	**di kiri**	[di kiri]
linksaf, naar links (bw)	**ke kiri**	[kɛ kiri]
rechter (bn)	**kanan**	[kanan]
rechts (bw)	**di kanan**	[di kanan]
rechtsaf, naar rechts (bw)	**ke kanan**	[kɛ kanan]
vooraan (bw)	**di depan**	[di dɛpan]
voorste (bn)	**depan**	[dɛpan]
vooruit (bw)	**ke depan**	[kɛ dɛpan]
achter (bw)	**di belakang**	[di blakaŋ]
van achteren (bw)	**dari belakang**	[dari blakaŋ]
achteruit (naar achteren)	**mundur**	[mundur]
midden (het)	**tengah**	[tɛŋah]
in het midden (bw)	**di tengah**	[di tɛŋah]
opzij (bw)	**dari sisi**	[dari sisi]
overal (bw)	**di mana-mana**	[di mana mana]
omheen (bw)	**di sekitar**	[di sɛkitar]
binnenuit (bw)	**dari dalam**	[dari dalam]
naar ergens (bw)	**entah ke mana**	[ɛntah kɛ mana]
rechtdoor (bw)	**terus**	[trus]
terug (bijv. ~ komen)	**balik**	[balik]
ergens vandaan (bw)	**dari sesuatu tempat**	[dari sɛsuatu tɛmpat]
ergens vandaan (en dit geld moet ~ komen)	**entah dari mana**	[ɛntah dari mana]
ten eerste (bw)	**pertama**	[pɛrtama]
ten tweede (bw)	**kedua**	[kɛdua]
ten derde (bw)	**ketiga**	[kɛtiga]
plotseling (bw)	**tiba-tiba**	[tiba tiba]
in het begin (bw)	**mula-mula**	[mula mula]
voor de eerste keer (bw)	**pertama kali**	[pɛrtama kali]
lang voor ... (bw)	**lama sebelum**	[lama sɛbɛlum]
opnieuw (bw)	**semula**	[sɛmula]
voor eeuwig (bw)	**untuk selama-lamanya**	[untuk sɛlama lamanja]
nooit (bw)	**tidak sekali-kali**	[tidak sɛkali kali]
weer (bw)	**lagi, semula**	[lagi], [sɛmula]
nu (bw)	**sekarang, kini**	[sɛkaraŋ], [kini]

vaak (bw)	**seringkali**	[sɛriŋkali]
toen (bw)	**ketika itu**	[kɛtika itu]
urgent (bw)	**segera**	[sɛgɛra]
meestal (bw)	**biasanya**	[bijasanja]
trouwens, ... (tussen haakjes)	**oh ya**	[o ja]
mogelijk (bw)	**mungkin**	[muŋkin]
waarschijnlijk (bw)	**mungkin**	[muŋkin]
misschien (bw)	**mungkin**	[muŋkin]
trouwens (bw)	**selain itu**	[sɛlajn itu]
daarom ...	**kerana itu**	[krana itu]
in weerwil van ...	**meskipun**	[mɛskipun]
dankzij ...	**berkat**	[bɛrkat]
wat (vn)	**apa**	[apa]
dat (vw)	**bahawa**	[bahva]
iets (vn)	**sesuatu**	[sɛsuatu]
iets	**sesuatu**	[sɛsuatu]
niets (vn)	**tidak apa-apa**	[tidak apa apa]
wie (~ is daar?)	**siapa**	[siapa]
iemand (een onbekende)	**seseorang**	[sɛsɛoraŋ]
iemand (een bepaald persoon)	**seseorang**	[sɛsɛoraŋ]
niemand (vn)	**tak seorang pun**	[tak sɛoraŋ pun]
nergens (bw)	**tak ke mana pun**	[tak ke mana pun]
niemands (bn)	**tak bertuan**	[tak bɛrtuan]
iemands (bn)	**milik seseorang**	[milik sɛsɛoraŋ]
zo (Ik ben ~ blij)	**begitu**	[bɛgitu]
ook (evenals)	**juga**	[ʤuga]
alsook (eveneens)	**juga**	[ʤuga]

18. Functiewoorden. Bijwoorden. Deel 2

Waarom?	**Mengapa?**	[mɛŋapa]
om een bepaalde reden	**entah mengapa**	[ɛntah meŋapa]
omdat ...	**oleh kerana**	[oleh krana]
voor een bepaald doel	**entah untuk apa**	[ɛntah untuk apa]
en (vw)	**dan**	[dan]
of (vw)	**atau**	[atau]
maar (vw)	**tetapi**	[tɛtapi]
voor (vz)	**untuk**	[untuk]
te (~ veel mensen)	**terlalu**	[tɛrlalu]
alleen (bw)	**hanya**	[hanja]
precies (bw)	**tepat**	[tɛpat]
ongeveer (~ 10 kg)	**sekitar**	[sɛkitar]
omstreeks (bw)	**lebih kurang**	[lɛbih kuraŋ]
bij benadering (bn)	**lebih kurang**	[lɛbih kuraŋ]

bijna (bw)	**hampir**	[hampir]
rest (de)	**yang lain**	[jaŋ lajn]
de andere (tweede)	**kedua**	[kɛdua]
ander (bn)	**lain**	[lajn]
elk (bn)	**setiap**	[sɛtiap]
om het even welk	**sebarang**	[sɛbaraŋ]
veel (grote hoeveelheid)	**ramai, banyak**	[ramaj], [banjak]
veel mensen	**ramai orang**	[ramaj oraŋ]
iedereen (alle personen)	**semua**	[sɛmua]
in ruil voor ...	**sebagai pertukaran untuk**	[sɛbagaj pɛrtukaran untuk]
in ruil (bw)	**sebagai tukaran**	[sɛbagaj tukaran]
met de hand (bw)	**dengan tangan**	[dɛŋan taŋan]
onwaarschijnlijk (bw)	**mustahil**	[mustahil]
waarschijnlijk (bw)	**mungkin**	[muŋkin]
met opzet (bw)	**sengaja**	[sɛŋadʒa]
toevallig (bw)	**tidak sengaja**	[tidak sɛŋadʒa]
zeer (bw)	**sangat**	[saŋat]
bijvoorbeeld (bw)	**misalnya**	[misalnja]
tussen (~ twee steden)	**antara**	[antara]
tussen (te midden van)	**di antara**	[di antara]
zoveel (bw)	**seberapa ini**	[sɛbrapa ini]
vooral (bw)	**terutama**	[tɛrutama]

Basisbegrippen Deel 2

19. Tegenovergestelden

rijk (bn)	**kaya**	[kaja]
arm (bn)	**miskin**	[miskin]
ziek (bn)	**sakit**	[sakit]
gezond (bn)	**sihat**	[sihat]
groot (bn)	**besar**	[bɛsar]
klein (bn)	**kecil**	[kɛʧil]
snel (bw)	**cepat**	[ʧɛpat]
langzaam (bw)	**perlahan-lahan**	[pɛrlahan lahan]
snel (bn)	**cepat**	[ʧɛpat]
langzaam (bn)	**perlahan**	[perlahan]
vrolijk (bn)	**riang, gembira**	[riaŋ], [gɛmbira]
treurig (bn)	**sedih**	[sɛdih]
samen (bw)	**bersama**	[bɛrsama]
apart (bw)	**secara berasingan**	[sɛʧara bɛrasiŋan]
hardop (~ lezen)	**dengan suara kuat**	[dɛŋan suara kuat]
stil (~ lezen)	**senyap**	[sɛnjap]
hoog (bn)	**tinggi**	[tiŋgi]
laag (bn)	**rendah**	[rɛndah]
diep (bn)	**dalam**	[dalam]
ondiep (bn)	**dangkal**	[daŋkal]
ja	**ya**	[ja]
nee	**tidak, bukan**	[tidak], [bukan]
ver (bn)	**jauh**	[ʤauh]
dicht (bn)	**dekat**	[dɛkat]
ver (bw)	**jauh**	[ʤauh]
dichtbij (bw)	**dekat**	[dɛkat]
lang (bn)	**panjang**	[panʤaŋ]
kort (bn)	**pendek**	[pendek]
vriendelijk (goedhartig)	**baik hati**	[baik hati]
kwaad (bn)	**jahat**	[ʤahat]
gehuwd (mann.)	**berkahwin, beristeri**	[bɛrkahvin], [bɛristri]

ongehuwd (mann.)	**bujang**	[budʒaŋ]
verbieden (ww)	**melarang**	[mɛlaraŋ]
toestaan (ww)	**mengizinkan**	[mɛŋiziŋkan]
einde (het)	**akhir**	[aχir]
begin (het)	**permulaan**	[pɛrmulaan]
linker (bn)	**kiri**	[kiri]
rechter (bn)	**kanan**	[kanan]
eerste (bn)	**pertama**	[pɛrtama]
laatste (bn)	**terakhir**	[tɛraχir]
misdaad (de)	**jenayah**	[dʒɛnajah]
bestraffing (de)	**hukuman**	[hukuman]
bevelen (ww)	**memerintah**	[mɛmɛrintah]
gehoorzamen (ww)	**mematuhi**	[mɛmatuhi]
recht (bn)	**lurus**	[lurus]
krom (bn)	**lengkung**	[lɛŋkuŋ]
paradijs (het)	**syurga**	[ɕurga]
hel (de)	**neraka**	[nɛraka]
geboren worden (ww)	**dilahirkan**	[dilahirkan]
sterven (ww)	**mati, meninggal**	[mati], [mɛniŋgal]
sterk (bn)	**kuat**	[kuat]
zwak (bn)	**lemah**	[lɛmah]
oud (bn)	**tua**	[tua]
jong (bn)	**muda**	[muda]
oud (bn)	**tua**	[tua]
nieuw (bn)	**baru**	[baru]
hard (bn)	**keras**	[kras]
zacht (bn)	**empuk**	[ɛmpuk]
warm (bn)	**hangat**	[haŋat]
koud (bn)	**sejuk**	[sɛdʒuk]
dik (bn)	**gemuk**	[gɛmuk]
dun (bn)	**kurus**	[kurus]
smal (bn)	**sempit**	[sɛmpit]
breed (bn)	**lebar**	[lebar]
goed (bn)	**baik**	[baik]
slecht (bn)	**buruk**	[buruk]
moedig (bn)	**berani**	[brani]
laf (bn)	**penakut**	[pɛnakut]

20. Dagen van de week

maandag (de)	**Hari Isnin**	[hari isnin]
dinsdag (de)	**Hari Selasa**	[hari sɛlasa]
woensdag (de)	**Hari Rabu**	[hari rabu]
donderdag (de)	**Hari Khamis**	[hari kamis]
vrijdag (de)	**Hari Jumaat**	[hari ʤumaat]
zaterdag (de)	**Hari Sabtu**	[hari sabtu]
zondag (de)	**Hari Ahad**	[hari ahad]
vandaag (bw)	**hari ini**	[hari ini]
morgen (bw)	**besok**	[besok]
overmorgen (bw)	**besok lusa**	[besok lusa]
gisteren (bw)	**semalam**	[sɛmalam]
eergisteren (bw)	**kelmarin**	[kɛlmarin]
dag (de)	**hari**	[hari]
werkdag (de)	**hari kerja**	[hari kɛrʤa]
feestdag (de)	**cuti umum**	[ʧuti umum]
verlofdag (de)	**hari kelepasan**	[hari kɛlɛpasan]
weekend (het)	**hujung minggu**	[huʤuŋ miŋgu]
de hele dag (bw)	**seluruh hari**	[sɛluruh hari]
de volgende dag (bw)	**pada hari berikutnya**	[pada hari bɛrikutnja]
twee dagen geleden	**dua hari lepas**	[dua hari lɛpas]
aan de vooravond (bw)	**menjelang**	[mɛnʤɛlaŋ]
dag-, dagelijks (bn)	**harian**	[harian]
elke dag (bw)	**setiap hari**	[sɛtiap hari]
week (de)	**minggu**	[miŋgu]
vorige week (bw)	**pada minggu lepas**	[pada miŋgu lɛpas]
volgende week (bw)	**pada minggu berikutnya**	[pada miŋgu bɛrikutnja]
wekelijks (bn)	**mingguan**	[miŋguan]
elke week (bw)	**setiap minggu**	[sɛtiap miŋgu]
twee keer per week	**dua kali seminggu**	[dua kali sɛmiŋgu]
elke dinsdag	**setiap Hari Selasa**	[sɛtiap hari sɛlasa]

21. Uren. Dag en nacht

morgen (de)	**pagi**	[pagi]
's morgens (bw)	**pagi hari**	[pagi hari]
middag (de)	**tengah hari**	[tɛŋah hari]
's middags (bw)	**petang hari**	[pɛtaŋ hari]
avond (de)	**petang, malam**	[pɛtaŋ], [malam]
's avonds (bw)	**pada waktu petang**	[pada vaktu pɛtaŋ]
nacht (de)	**malam**	[malam]
's nachts (bw)	**pada malam**	[pada malam]
middernacht (de)	**tengah malam**	[tɛŋah malam]
seconde (de)	**saat**	[saat]
minuut (de)	**minit**	[minit]
uur (het)	**jam**	[ʤam]

halfuur (het)	**separuh jam**	[sɛparuh ʤam]
kwartier (het)	**suku jam**	[suku ʤam]
vijftien minuten	**lima belas minit**	[lima blas minit]
etmaal (het)	**siang malam**	[siaŋ malam]
zonsopgang (de)	**matahari terbit**	[matahari tɛrbit]
dageraad (de)	**subuh**	[subuh]
vroege morgen (de)	**awal pagi**	[aval pagi]
zonsondergang (de)	**matahari terbenam**	[matahari tɛrbɛnam]
's morgens vroeg (bw)	**pagi-pagi**	[pagi pagi]
vanmorgen (bw)	**pagi ini**	[pagi ini]
morgenochtend (bw)	**besok pagi**	[bɛsok pagi]
vanmiddag (bw)	**petang ini**	[pɛtaŋ ini]
's middags (bw)	**petang hari**	[pɛtaŋ hari]
morgenmiddag (bw)	**besok petang**	[besok pɛtaŋ]
vanavond (bw)	**petang ini**	[pɛtaŋ ini]
morgenavond (bw)	**besok malam**	[besok malam]
klokslag drie uur	**pukul 3 tepat**	[pukul tiga tɛpat]
ongeveer vier uur	**sekitar pukul 4**	[sɛkitar pukul ɛmpat]
tegen twaalf uur	**sampai pukul 12**	[sampaj pukul dua blas]
over twintig minuten	**selepas 20 minit**	[sɛlɛpas dua puluh minit]
over een uur	**selepas satu jam**	[sɛlɛpas satu ʤam]
op tijd (bw)	**tepat pada masanya**	[tɛpat pada masanja]
kwart voor ...	**kurang suku**	[kuraŋ suku]
binnen een uur	**selama sejam**	[sɛlama sɛʤam]
elk kwartier	**setiap 15 minit**	[sɛtiap lima blas minit]
de klok rond	**siang malam**	[siaŋ malam]

22. Maanden. Seizoenen

januari (de)	**Januari**	[ʤanuari]
februari (de)	**Februari**	[februari]
maart (de)	**Mac**	[maʧ]
april (de)	**April**	[april]
mei (de)	**Mei**	[mej]
juni (de)	**Jun**	[ʤun]
juli (de)	**Julai**	[ʤulaj]
augustus (de)	**Ogos**	[ogos]
september (de)	**September**	[septembɛr]
oktober (de)	**Oktober**	[oktobɛr]
november (de)	**November**	[novembɛr]
december (de)	**Disember**	[disembɛr]
lente (de)	**musim bunga**	[musim buŋa]
in de lente (bw)	**pada musim bunga**	[pada musim buŋa]
lente- (abn)	**musim bunga**	[musim buŋa]
zomer (de)	**musim panas**	[musim panas]

in de zomer (bw)	**pada musim panas**	[pada musim panas]
zomer-, zomers (bn)	**musim panas**	[musim panas]
herfst (de)	**musim gugur**	[musim gugur]
in de herfst (bw)	**pada musim gugur**	[pada musim gugur]
herfst- (abn)	**musim gugur**	[musim gugur]
winter (de)	**musim sejuk**	[musim sɛʤuk]
in de winter (bw)	**pada musim sejuk**	[pada musim sɛʤuk]
winter- (abn)	**musim sejuk**	[musim sɛʤuk]
maand (de)	**bulan**	[bulan]
deze maand (bw)	**pada bulan ini**	[pada bulan ini]
volgende maand (bw)	**pada bulan berikutnya**	[pada bulan bɛrikutnja]
vorige maand (bw)	**pada bulan yang lepas**	[pada bulan jaŋ lɛpas]
een maand geleden (bw)	**sebulan lepas**	[sɛbulan lɛpas]
over een maand (bw)	**selepas satu bulan**	[sɛlɛpas satu bulan]
over twee maanden (bw)	**selepas 2 bulan**	[sɛlɛpas dua bulan]
de hele maand (bw)	**seluruh bulan**	[sɛluruh bulan]
een volle maand (bw)	**seluruh bulan**	[sɛluruh bulan]
maand-, maandelijks (bn)	**bulanan**	[bulanan]
maandelijks (bw)	**setiap bulan**	[sɛtiap bulan]
elke maand (bw)	**setiap bulan**	[sɛtiap bulan]
twee keer per maand	**dua kali sebulan**	[dua kali sɛbulan]
jaar (het)	**tahun**	[tahun]
dit jaar (bw)	**pada tahun ini**	[pada tahun ini]
volgend jaar (bw)	**pada tahun berikutnya**	[pada tahun bɛrikutnja]
vorig jaar (bw)	**pada tahun yang lepas**	[pada tahun jaŋ lɛpas]
een jaar geleden (bw)	**setahun lepas**	[setahun lɛpas]
over een jaar	**selepas satu tahun**	[sɛlɛpas satu tahun]
over twee jaar	**selepas 2 tahun**	[sɛlɛpas dua tahun]
het hele jaar	**seluruh tahun**	[sɛluruh tahun]
een vol jaar	**seluruh tahun**	[sɛluruh tahun]
elk jaar	**setiap tahun**	[sɛtiap tahun]
jaar-, jaarlijks (bn)	**tahunan**	[tahunan]
jaarlijks (bw)	**setiap tahun**	[sɛtiap tahun]
4 keer per jaar	**empat kali setahun**	[ɛmpat kali sɛtahun]
datum (de)	**tarikh**	[tarih]
datum (de)	**tarikh**	[tarih]
kalender (de)	**takwim**	[takvim]
een half jaar	**separuh tahun**	[sɛparuh tahun]
zes maanden	**separuh tahun**	[sɛparuh tahun]
seizoen (bijv. lente, zomer)	**musim**	[musim]
eeuw (de)	**abad**	[abad]

23. Tijd. Diversen

tijd (de)	**masa**	[masa]
ogenblik (het)	**saat**	[saat]

moment (het)	**saat**	[saat]
ogenblikkelijk (bn)	**serta-merta**	[sɛrta mɛrta]
tijdsbestek (het)	**jangka masa**	[ʤaŋka masa]
leven (het)	**kehidupan**	[kɛhidupan]
eeuwigheid (de)	**keabadiaan**	[kɛabadiaan]
epoche (de), tijdperk (het)	**zaman**	[zaman]
era (de), tijdperk (het)	**era**	[era]
cyclus (de)	**kitaran**	[kitaran]
periode (de)	**masa**	[masa]
termijn (vastgestelde periode)	**jangka masa**	[ʤaŋka masa]
toekomst (de)	**masa depan**	[masa dɛpan]
toekomstig (bn)	**yang akan datang**	[jaŋ akan dataŋ]
de volgende keer	**pada kali berikutnya**	[pada kali bɛrikutnja]
verleden (het)	**masa silam**	[masa silam]
vorig (bn)	**lepas**	[lɛpas]
de vorige keer	**pada kali yang lepas**	[pada kali jaŋ lɛpas]
later (bw)	**lebih kemudian**	[lɛbih kɛmudian]
na (~ het diner)	**selepas**	[sɛlɛpas]
tegenwoordig (bw)	**kini**	[kini]
nu (bw)	**sekarang**	[sɛkaraŋ]
onmiddellijk (bw)	**segera**	[sɛgɛra]
snel (bw)	**segera**	[sɛgɛra]
bij voorbaat (bw)	**sebelumnya**	[sɛbɛlumnja]
lang geleden (bw)	**lama dahulu**	[lama dahulu]
kort geleden (bw)	**baru-baru ini**	[baru baru ini]
noodlot (het)	**nasib**	[nasib]
herinneringen (mv.)	**kenang-kenangan**	[kɛnaŋ kɛnaŋan]
archief (het)	**arkib**	[arkib]
tijdens … (ten tijde van)	**selama**	[sɛlama]
lang (bw)	**lama**	[lama]
niet lang (bw)	**tidak lama**	[tidak lama]
vroeg (bijv. ~ in de ochtend)	**pagi-pagi**	[pagi pagi]
laat (bw)	**lambat**	[lambat]
voor altijd (bw)	**untuk selama-lamanya**	[untuk sɛlama lamanja]
beginnen (ww)	**memulakan**	[mɛmulakan]
uitstellen (ww)	**menunda**	[mɛnunda]
tegelijkertijd (bw)	**serentak**	[sɛrɛntak]
voortdurend (bw)	**tetap**	[tɛtap]
voortdurend	**terus menerus**	[tɛrus mɛnɛrus]
tijdelijk (bn)	**sementara**	[sɛmɛntara]
soms (bw)	**kadang-kadang**	[kadaŋ kadaŋ]
zelden (bw)	**jarang**	[ʤaraŋ]
vaak (bw)	**seringkali**	[sɛriŋkali]

24. Lijnen en vormen

vierkant (het)	**segi empat sama**	[sɛgi ɛmpat sama]
vierkant (bn)	**bersegi**	[bɛrsɛgi]

cirkel (de)	**bulatan**	[bulatan]
rond (bn)	**bulat**	[bulat]
driehoek (de)	**segi tiga**	[sɛgi tiga]
driehoekig (bn)	**segi tiga**	[sɛgi tiga]
ovaal (het)	**bujur**	[budʒur]
ovaal (bn)	**bujur**	[budʒur]
rechthoek (de)	**segi empat tepat**	[sɛgi ɛmpat tɛpat]
rechthoekig (bn)	**segi empat tepat**	[sɛgi ɛmpat tɛpat]
piramide (de)	**piramid**	[piramid]
ruit (de)	**rombus**	[rombus]
trapezium (het)	**trapezium**	[trapezium]
kubus (de)	**kiub**	[kiub]
prisma (het)	**prisma**	[prisma]
omtrek (de)	**lilitan**	[lilitan]
bol, sfeer (de)	**sfera**	[sfera]
bal (de)	**bola**	[bola]
diameter (de)	**diameter**	[diametɛr]
straal (de)	**jejari**	[dʒɛdʒari]
omtrek (~ van een cirkel)	**perimeter**	[perimetɛr]
middelpunt (het)	**pusat**	[pusat]
horizontaal (bn)	**mendatar**	[mɛndatar]
verticaal (bn)	**tegak**	[tɛgak]
parallel (de)	**garis selari**	[garis sɛlari]
parallel (bn)	**selari**	[sɛlari]
lijn (de)	**garis**	[garis]
streep (de)	**garis**	[garis]
rechte lijn (de)	**garis lurus**	[garis lurus]
kromme (de)	**garis lengkung**	[garis leŋkuŋ]
dun (bn)	**nipis**	[nipis]
omlijning (de)	**kontur**	[kontur]
snijpunt (het)	**persilangan**	[pɛrsilaŋan]
rechte hoek (de)	**sudut tepat**	[sudut tɛpat]
segment (het)	**segmen**	[segmɛn]
sector (de)	**sektor**	[sektor]
zijde (de)	**segi**	[sɛgi]
hoek (de)	**sudut, penjuru**	[sudut], [pɛndʒuru]

25. Meeteenheden

gewicht (het)	**berat**	[brat]
lengte (de)	**panjang**	[pandʒaŋ]
breedte (de)	**kelebaran**	[kɛlebaran]
hoogte (de)	**ketinggian**	[kɛtiŋgian]
diepte (de)	**kedalaman**	[kɛdalaman]
volume (het)	**isi padu**	[isi padu]
oppervlakte (de)	**luas**	[luas]
gram (het)	**gram**	[gram]
milligram (het)	**miligram**	[miligram]

kilogram (het)	**kilogram**	[kilogram]
ton (duizend kilo)	**tan**	[tan]
pond (het)	**paun**	[paun]
ons (het)	**auns**	[auns]
meter (de)	**meter**	[metɛr]
millimeter (de)	**milimeter**	[milimetɛr]
centimeter (de)	**sentimeter**	[sentimetɛr]
kilometer (de)	**kilometer**	[kilometɛr]
mijl (de)	**batu**	[batu]
duim (de)	**inci**	[intʃi]
voet (de)	**kaki**	[kaki]
yard (de)	**ela**	[ela]
vierkante meter (de)	**meter persegi**	[metɛr pɛrsɛgi]
hectare (de)	**hektar**	[hektar]
liter (de)	**liter**	[litɛr]
graad (de)	**darjah**	[dardʒah]
volt (de)	**volt**	[volt]
ampère (de)	**ampere**	[amperɛ]
paardenkracht (de)	**kuasa kuda**	[kuasa kuda]
hoeveelheid (de)	**kuantiti**	[kuantiti]
een beetje ...	**sedikit**	[sɛdikit]
helft (de)	**setengah**	[sɛtɛŋah]
dozijn (het)	**dozen**	[dozen]
stuk (het)	**buah**	[buah]
afmeting (de)	**saiz, ukuran**	[sajz], [ukuran]
schaal (bijv. ~ van 1 op 50)	**skala**	[skala]
minimaal (bn)	**minimum**	[minimum]
minste (bn)	**terkecil**	[tɛrkɛtʃil]
medium (bn)	**sederhana**	[sɛdɛrhana]
maximaal (bn)	**maksimum**	[maksimum]
grootste (bn)	**terbesar**	[tɛrbɛsar]

26. Containers

glazen pot (de)	**balang**	[balaŋ]
blik (conserven~)	**tin**	[tin]
emmer (de)	**baldi**	[baldi]
ton (bijv. regenton)	**tong**	[toŋ]
ronde waterbak (de)	**besen**	[besen]
tank (bijv. watertank-70-ltr)	**tangki**	[taŋki]
heupfles (de)	**kelalang, flask**	[kɛlalaŋ], [flask]
jerrycan (de)	**tin**	[tin]
tank (bijv. ketelwagen)	**tangki**	[taŋki]
beker (de)	**koleh**	[koleh]
kopje (het)	**cawan**	[tʃavan]

schoteltje (het)	**alas cawan**	[alas ʧavan]
glas (het)	**gelas**	[glas]
wijnglas (het)	**gelas**	[glas]
pan (de)	**periuk**	[priuk]
flės (de)	**botol**	[botol]
flessenhals (de)	**leher**	[leher]
karaf (de)	**serahi**	[sɛrahi]
kruik (de)	**kendi**	[kɛndi]
vat (het)	**bekas**	[bɛkas]
pot (de)	**belanga**	[bɛlaŋa]
vaas (de)	**vas**	[vas]
flacon (de)	**botol**	[botol]
flesje (het)	**buli-buli**	[buli buli]
tube (bijv. ~ tandpasta)	**tiub**	[tiub]
zak (bijv. ~ aardappelen)	**karung**	[karuŋ]
tasje (het)	**peket**	[peket]
pakje (~ sigaretten, enz.)	**kotak**	[kotak]
doos (de)	**kotak, peti**	[kotak], [pɛti]
kist (de)	**kotak**	[kotak]
mand (de)	**bakul**	[bakul]

27. Materialen

materiaal (het)	**bahan**	[bahan]
hout (het)	**kayu**	[kaju]
houten (bn)	**kayu**	[kaju]
glas (het)	**kaca**	[kaʧa]
glazen (bn)	**berkaca**	[bɛrkaʧa]
steen (de)	**batu**	[batu]
stenen (bn)	**batu**	[batu]
plastic (het)	**plastik**	[plastik]
plastic (bn)	**plastik**	[plastik]
rubber (het)	**getah**	[gɛtah]
rubber-, rubberen (bn)	**getah**	[gɛtah]
stof (de)	**kain**	[kain]
van stof (bn)	**daripada kain**	[daripada kain]
papier (het)	**kertas**	[kɛrtas]
papieren (bn)	**kertas**	[kɛrtas]
karton (het)	**kadbod**	[kadbod]
kartonnen (bn)	**kadbod**	[kadbod]
polyethyleen (het)	**politena**	[politena]
cellofaan (het)	**selofan**	[selofan]

multiplex (het)	**papan lapis**	[papan lapis]
porselein (het)	**porselin**	[porsɛlin]
porseleinen (bn)	**porselin**	[porsɛlin]
klei (de)	**tanah liat**	[tanah liat]
klei-, van klei (bn)	**tembikar**	[tɛmbikar]
keramiek (de)	**seramik**	[seramik]
keramieken (bn)	**seramik**	[seramik]

28. Metalen

metaal (het)	**logam**	[logam]
metalen (bn)	**logam**	[logam]
legering (de)	**logam campuran**	[logam ʧampuran]
goud (het)	**emas**	[ɛmas]
gouden (bn)	**emas**	[ɛmas]
zilver (het)	**perak**	[perak]
zilveren (bn)	**perak**	[perak]
ijzer (het)	**besi**	[bɛsi]
ijzeren	**besi**	[bɛsi]
staal (het)	**keluli**	[kɛluli]
stalen (bn)	**keluli**	[kɛluli]
koper (het)	**tembaga**	[tɛmbaga]
koperen (bn)	**tembaga**	[tɛmbaga]
aluminium (het)	**aluminium**	[aluminium]
aluminium (bn)	**aluminium**	[aluminium]
brons (het)	**gangsa**	[gaŋsa]
bronzen (bn)	**gangsa**	[gaŋsa]
messing (het)	**loyang**	[lojaŋ]
nikkel (het)	**nikel**	[nikɛl]
platina (het)	**platinum**	[platinum]
kwik (het)	**air raksa**	[air raksa]
tin (het)	**timah**	[timah]
lood (het)	**timah hitam**	[timah hitam]
zink (het)	**zink**	[ziŋk]

MENS

Mens. Het lichaam

29. Mensen. Basisbegrippen

mens (de)	**orang, manusia**	[oraŋ], [manusia]
man (de)	**lelaki**	[lɛlaki]
vrouw (de)	**perempuan**	[pɛrɛmpuan]
kind (het)	**anak**	[anak]
meisje (het)	**gadis kecil**	[gadis kɛʧil]
jongen (de)	**budak lelaki**	[budak lɛlaki]
tiener, adolescent (de)	**remaja**	[rɛmaʤa]
oude man (de)	**lelaki tua**	[lɛlaki tua]
oude vrouw (de)	**perempuan tua**	[pɛrɛmpuan tua]

30. Menselijke anatomie

organisme (het)	**organisma**	[organisma]
hart (het)	**jantung**	[ʤantuŋ]
bloed (het)	**darah**	[darah]
slagader (de)	**arteri**	[artɛri]
ader (de)	**vena**	[vena]
hersenen (mv.)	**otak**	[otak]
zenuw (de)	**saraf**	[saraf]
zenuwen (mv.)	**urat saraf**	[urat saraf]
wervel (de)	**ruas tulang belakang**	[ruas tulaŋ blakaŋ]
ruggengraat (de)	**tulang belakang**	[tulaŋ blakaŋ]
maag (de)	**gaster**	[gastɛr]
darmen (mv.)	**intestin**	[intestin]
darm (de)	**usus**	[usus]
lever (de)	**hati**	[hati]
nier (de)	**buah pinggang**	[buah piŋgaŋ]
been (deel van het skelet)	**tulang**	[tulaŋ]
skelet (het)	**kerangka tulang**	[kraŋka tulaŋ]
rib (de)	**tulang rusuk**	[tulaŋ rusuk]
schedel (de)	**tengkorak**	[tɛŋkorak]
spier (de)	**otot**	[otot]
biceps (de)	**otot biseps**	[otot biseps]
triceps (de)	**triseps**	[triseps]
pees (de)	**tendon**	[tɛndon]
gewricht (het)	**sendi**	[sɛndi]

longen (mv.)	**paru-paru**	[paru paru]
geslachtsorganen (mv.)	**kemaluan**	[kɛmaluan]
huid (de)	**kulit**	[kulit]

31. Hoofd

hoofd (het)	**kepala**	[kɛpala]
gezicht (het)	**muka**	[muka]
neus (de)	**hidung**	[hiduŋ]
mond (de)	**mulut**	[mulut]
oog (het)	**mata**	[mata]
ogen (mv.)	**mata**	[mata]
pupil (de)	**anak mata**	[anak mata]
wenkbrauw (de)	**kening**	[kɛniŋ]
wimper (de)	**bulu mata**	[bulu mata]
ooglid (het)	**kekopak mata**	[kɛkopak mata]
tong (de)	**lidah**	[lidah]
tand (de)	**gigi**	[gigi]
lippen (mv.)	**bibir**	[bibir]
jukbeenderen (mv.)	**tulang pipi**	[tulaŋ pipi]
tandvlees (het)	**gusi**	[gusi]
gehemelte (het)	**lelangit**	[lɛlaŋit]
neusgaten (mv.)	**lubang hidung**	[lubaŋ hiduŋ]
kin (de)	**dagu**	[dagu]
kaak (de)	**rahang**	[rahaŋ]
wang (de)	**pipi**	[pipi]
voorhoofd (het)	**dahi**	[dahi]
slaap (de)	**pelipis**	[pɛlipis]
oor (het)	**telinga**	[tɛliŋa]
achterhoofd (het)	**tengkuk**	[tɛŋkuk]
hals (de)	**leher**	[leher]
keel (de)	**kerongkong**	[kɛroŋkoŋ]
haren (mv.)	**rambut**	[rambut]
kapsel (het)	**potongan rambut**	[potoŋan rambut]
haarsnit (de)	**potongan rambut**	[potoŋan rambut]
pruik (de)	**rambut palsu, wig**	[rambut palsu], [vig]
snor (de)	**misai**	[misaj]
baard (de)	**janggut**	[ʤaŋgut]
dragen (een baard, enz.)	**memelihara**	[mɛmɛlihara]
vlecht (de)	**tocang**	[toʧaŋ]
bakkebaarden (mv.)	**jambang**	[ʤambaŋ]
ros (roodachtig, rossig)	**berambut merah perang**	[bɛrambut mɛrah peraŋ]
grijs (~ haar)	**beruban**	[bɛruban]
kaal (bn)	**botak**	[botak]
kale plek (de)	**botak**	[botak]
paardenstaart (de)	**ikat ekor kuda**	[ikat ekor kuda]
pony (de)	**jambul**	[ʤambul]

32. Menselijk lichaam

hand (de)	**tangan**	[taŋan]
arm (de)	**lengan**	[lɛŋan]
vinger (de)	**jari**	[ʤari]
teen (de)	**jari**	[ʤari]
duim (de)	**ibu jari**	[ibu ʤari]
pink (de)	**jari kelengkeng**	[ʤari kɛleŋkŋ]
nagel (de)	**kuku**	[kuku]
vuist (de)	**penumbuk**	[pɛnumbuk]
handpalm (de)	**telapak**	[tɛlapak]
pols (de)	**pergelangan**	[pɛrgɛlaŋan]
voorarm (de)	**lengan bawah**	[lɛŋan bavah]
elleboog (de)	**siku**	[siku]
schouder (de)	**bahu**	[bahu]
been (rechter ~)	**kaki**	[kaki]
voet (de)	**telapak kaki**	[telapak kaki]
knie (de)	**lutut**	[lutut]
kuit (de)	**betis**	[bɛtis]
heup (de)	**paha**	[paha]
hiel (de)	**tumit**	[tumit]
lichaam (het)	**badan**	[badan]
buik (de)	**perut**	[prut]
borst (de)	**dada**	[dada]
borst (de)	**tetek**	[tetek]
zijde (de)	**rusuk**	[rusuk]
rug (de)	**belakang**	[blakaŋ]
lage rug (de)	**pinggul**	[piŋgul]
taille (de)	**pinggang**	[piŋgaŋ]
navel (de)	**pusat**	[pusat]
billen (mv.)	**punggung**	[puŋguŋ]
achterwerk (het)	**punggung**	[puŋguŋ]
huidvlek (de)	**tahi lalat manis**	[tahi lalat manis]
moedervlek (de)	**tanda kelahiran**	[tanda kɛlahiran]
tatoeage (de)	**tatu**	[tatu]
litteken (het)	**bekas luka**	[bɛkas luka]

Kleding en accessoires

33. Bovenkleding. Jassen

kleren (mv.)	**pakaian**	[pakajan]
bovenkleding (de)	**pakaian luar**	[pakajan luar]
winterkleding (de)	**pakaian musim sejuk**	[pakajan musim sɛdʒuk]
jas (de)	**kot luaran**	[kot luaran]
bontjas (de)	**kot bulu**	[kot bulu]
bontjasje (het)	**jaket berbulu**	[dʒaket berbulu]
donzen jas (de)	**kot bulu pelepah**	[kot bulu pɛlɛpah]
jasje (bijv. een leren ~)	**jaket**	[dʒaket]
regenjas (de)	**baju hujan**	[badʒu hudʒan]
waterdicht (bn)	**kalis air**	[kalis air]

34. Heren & dames kleding

overhemd (het)	**baju**	[badʒu]
broek (de)	**seluar**	[sɛluar]
jeans (de)	**seluar jean**	[sɛluar dʒin]
colbert (de)	**jaket**	[dʒaket]
kostuum (het)	**suit**	[suit]
jurk (de)	**gaun**	[gaun]
rok (de)	**skirt**	[skirt]
blouse (de)	**blaus**	[blaus]
wollen vest (de)	**jaket kait**	[dʒaket kait]
blazer (kort jasje)	**jaket**	[dʒaket]
T-shirt (het)	**baju kaus**	[badʒu kaus]
shorts (mv.)	**seluar pendek**	[sɛluar pendek]
trainingspak (het)	**pakaian sukan**	[pakajan sukan]
badjas (de)	**jubah mandi**	[dʒubah mandi]
pyjama (de)	**pijama**	[pidʒama]
sweater (de)	**sweater**	[svetɛr]
pullover (de)	**pullover**	[pullovɛr]
gilet (het)	**rompi**	[rompi]
rokkostuum (het)	**kot bajang**	[kot badʒaŋ]
smoking (de)	**toksedo**	[toksedo]
uniform (het)	**pakaian seragam**	[pakajan sɛragam]
werkkleding (de)	**pakaian kerja**	[pakajan kɛrdʒa]
overall (de)	**baju monyet**	[badʒu monjet]
doktersjas (de)	**baju**	[badʒu]

35. Kleding. Ondergoed

ondergoed (het)	**pakaian dalam**	[pakajan dalam]
herenslip (de)	**seluar dalam lelaki**	[sɛluar dalam lɛlaki]
slipjes (mv.)	**seluar dalam perempuan**	[sɛluar dalam pɛrɛmpuan]
onderhemd (het)	**singlet**	[siŋlet]
sokken (mv.)	**sok**	[sok]
nachthemd (het)	**baju tidur**	[badʒu tidur]
beha (de)	**kutang**	[kutaŋ]
kniekousen (mv.)	**stoking sampai lutut**	[stokiŋ sampaj lutut]
panty (de)	**sarung kaki**	[saruŋ kaki]
nylonkousen (mv.)	**stoking**	[stokiŋ]
badpak (het)	**pakaian renang**	[pakajan rɛnaŋ]

36. Hoofddeksels

hoed (de)	**topi**	[topi]
deukhoed (de)	**topi bulat**	[topi bulat]
honkbalpet (de)	**topi besbol**	[topi besbol]
kleppet (de)	**kep**	[kep]
baret (de)	**beret**	[beret]
kap (de)	**hud**	[hud]
panamahoed (de)	**topi panama**	[topi panama]
gebreide muts (de)	**topi kait**	[topi kait]
hoofddoek (de)	**tudung**	[tuduŋ]
dameshoed (de)	**topi perempuan**	[topi pɛrɛmpuan]
veiligheidshelm (de)	**topi besi**	[topi bɛsi]
veldmuts (de)	**topi lipat**	[topi lipat]
helm, valhelm (de)	**helmet**	[helmet]
bolhoed (de)	**topi bulat**	[topi bulat]
hoge hoed (de)	**topi pesulap**	[topi pɛsulap]

37. Schoeisel

schoeisel (het)	**kasut**	[kasut]
schoenen (mv.)	**but**	[but]
vrouwenschoenen (mv.)	**kasut wanita**	[kasut vanita]
laarzen (mv.)	**kasut lars**	[kasut lars]
pantoffels (mv.)	**selipar**	[slipar]
sportschoenen (mv.)	**kasut tenis**	[kasut tenis]
sneakers (mv.)	**kasut kets**	[kasut kets]
sandalen (mv.)	**sandal**	[sandal]
schoenlapper (de)	**tukang kasut**	[tukaŋ kasut]
hiel (de)	**tumit**	[tumit]

paar (een ~ schoenen)	**sepasang**	[sɛpasaŋ]
veter (de)	**tali kasut**	[tali kasut]
rijgen (schoenen ~)	**mengikat tali**	[meŋikat tali]
schoenlepel (de)	**sudu kasut**	[sudu kasut]
schoensmeer (de/het)	**belaking**	[bɛlakiŋ]

38. Textiel. Weefsel

katoen (de/het)	**kapas**	[kapas]
katoenen (bn)	**daripada kapas**	[daripada kapas]
vlas (het)	**linen**	[linen]
vlas-, van vlas (bn)	**daripada linen**	[daripada linen]
zijde (de)	**sutera**	[sutra]
zijden (bn)	**sutera**	[sutra]
wol (de)	**kain bulu biri**	[kain bulu biri]
wollen (bn)	**bulu biri**	[bulu biri]
fluweel (het)	**baldu**	[baldu]
suède (de)	**belulang suede**	[bɛlulaŋ suedɛ]
ribfluweel (het)	**kain korduroi**	[kain korduroj]
nylon (de/het)	**nilon**	[nilon]
nylon-, van nylon (bn)	**daripada nilon**	[daripada nilon]
polyester (het)	**poliester**	[poliestɛr]
polyester- (abn)	**poliester**	[poliestɛr]
leer (het)	**kulit**	[kulit]
leren (van leer gemaak)	**daripada kulit**	[daripada kulit]
bont (het)	**bulu**	[bulu]
bont- (abn)	**berbulu**	[bɛrbulu]

39. Persoonlijke accessoires

handschoenen (mv.)	**sarung tangan**	[saruŋ taŋan]
wanten (mv.)	**miten**	[mitɛn]
sjaal (fleece ~)	**selendang**	[sɛlendaŋ]
bril (de)	**kaca mata**	[katʃa mata]
brilmontuur (het)	**bingkai, rim**	[biŋkaj], [rim]
paraplu (de)	**payung**	[pajuŋ]
wandelstok (de)	**tongkat**	[toŋkat]
haarborstel (de)	**berus rambut**	[brus rambut]
waaier (de)	**kipas**	[kipas]
das (de)	**tai**	[taj]
strikje (het)	**tali leher kupu-kupu**	[tali leher kupu kupu]
bretels (mv.)	**tali bawat**	[tali bavat]
zakdoek (de)	**sapu tangan**	[sapu taŋan]
kam (de)	**sikat**	[sikat]
haarspeldje (het)	**cucuk rambut**	[tʃutʃuk rambut]

schuifspeldje (het)	**pin rambut**	[pin rambut]
gesp (de)	**gancu**	[ganʧu]
broekriem (de)	**ikat pinggang**	[ikat piŋgaŋ]
draagriem (de)	**tali beg**	[tali beg]
handtas (de)	**beg**	[beg]
damestas (de)	**beg tangan**	[beg taŋan]
rugzak (de)	**beg galas**	[beg galas]

40. Kleding. Diversen

mode (de)	**fesyen**	[feʃɛn]
de mode (bn)	**berfesyen**	[bɛrfeʃɛn]
kledingstilist (de)	**pereka fesyen**	[pɛreka feʃɛn]
kraag (de)	**kerah**	[krah]
zak (de)	**saku**	[saku]
zak- (abn)	**saku**	[saku]
mouw (de)	**lengan**	[lɛŋan]
lusje (het)	**gelung sangkut**	[gɛluŋ saŋkut]
gulp (de)	**golbi**	[golbi]
rits (de)	**zip**	[zip]
sluiting (de)	**kancing**	[kanʧiŋ]
knoop (de)	**butang**	[butaŋ]
knoopsgat (het)	**lubang butang**	[lubaŋ butaŋ]
losraken (bijv. knopen)	**terlepas**	[tɛrlɛpas]
naaien (kleren, enz.)	**menjahit**	[mɛnʤahit]
borduren (ww)	**menyulam**	[mɛnjulam]
borduursel (het)	**sulaman**	[sulaman]
naald (de)	**jarum**	[ʤarum]
draad (de)	**benang**	[bɛnaŋ]
naad (de)	**jahitan**	[ʤahitan]
vies worden (ww)	**menjadi kotor**	[mɛnʤadi kotor]
vlek (de)	**tompok**	[tompok]
gekreukt raken (ov. kleren)	**renyuk**	[rɛnjuk]
scheuren (ov.ww.)	**merobek**	[mɛrobek]
mot (de)	**gegat**	[gɛgat]

41. Persoonlijke verzorging. Schoonheidsmiddelen

tandpasta (de)	**ubat gigi**	[ubat gigi]
tandenborstel (de)	**berus gigi**	[bɛrus gigi]
tanden poetsen (ww)	**memberus gigi**	[mɛmbɛrus gigi]
scheermes (het)	**pisau cukur**	[pisau ʧukur]
scheerschuim (het)	**krim cukur**	[krim ʧukur]
zich scheren (ww)	**bercukur**	[bɛrʧukur]
zeep (de)	**sabun**	[sabun]

shampoo (de)	**syampu**	[ʃampu]
schaar (de)	**gunting**	[guntiŋ]
nagelvijl (de)	**kikir kuku**	[kikir kuku]
nagelknipper (de)	**pemotong kuku**	[pɛmotoŋ kuku]
pincet (het)	**penyepit kecil**	[pɛnjepit kɛʧil]
cosmetica (mv.)	**alat solek**	[alat solek]
masker (het)	**masker**	[maskɛr]
manicure (de)	**manicure**	[mɛnikjur]
manicure doen	**melakukan perawatan kuku tangan**	[mɛlakukan pɛravatan kuku taŋan]
pedicure (de)	**pedicure**	[pɛdikjur]
cosmetica tasje (het)	**beg mekap**	[beg mekap]
poeder (de/het)	**bedak**	[bɛdak]
poederdoos (de)	**kotak bedak**	[kotak bɛdak]
rouge (de)	**pemerah pipi**	[pɛmerah pipi]
parfum (de/het)	**minyak wangi**	[minjak vaŋi]
eau de toilet (de)	**air wangi**	[air vaŋi]
lotion (de)	**losen**	[losen]
eau de cologne (de)	**air kolong**	[air koloŋ]
oogschaduw (de)	**pembayang mata**	[pɛmbajaŋ mata]
oogpotlood (het)	**pensel kening**	[pensel kɛniŋ]
mascara (de)	**maskara**	[maskara]
lippenstift (de)	**gincu bibir**	[ginʧu bibir]
nagellak (de)	**pengilat kuku**	[peŋilat kuku]
haarlak (de)	**penyembur rambut**	[pɛnjembur rambut]
deodorant (de)	**deodoran**	[deodoran]
crème (de)	**krim**	[krim]
gezichtscrème (de)	**krim muka**	[krim muka]
handcrème (de)	**krim tangan**	[krim taŋan]
antirimpelcrème (de)	**krim antikerut**	[krim antikɛrut]
dagcrème (de)	**krim siang**	[krim siaŋ]
nachtcrème (de)	**krim malam**	[krim malam]
dag- (abn)	**siang**	[siaŋ]
nacht- (abn)	**malam**	[malam]
tampon (de)	**tampon**	[tampon]
toiletpapier (het)	**kertas tandas**	[kɛrtas tandas]
föhn (de)	**pengering rambut**	[pɛŋɛriŋ rambut]

42. Juwelen

sieraden (mv.)	**barang-barang kemas**	[baraŋ baraŋ kɛmas]
edel (bijv. ~ stenen)	**permata**	[pɛrmata]
keurmerk (het)	**cap kempa**	[ʧap kɛmpa]
ring (de)	**cincin**	[ʧinʧin]
trouwring (de)	**cincin pertunangan**	[ʧinʧin pɛrtunaŋan]
armband (de)	**gelang tangan**	[gɛlaŋ taŋan]

oorringen (mv.)	**subang**	[subaŋ]
halssnoer (het)	**kalung**	[kaluŋ]
kroon (de)	**mahkota**	[mahkota]
kralen snoer (het)	**rantai manik**	[rantaj manik]
diamant (de)	**berlian**	[b'rlian]
smaragd (de)	**zamrud**	[zamrud]
robijn (de)	**batu delima**	[batu d'lima]
saffier (de)	**batu nilam**	[batu nilam]
parel (de)	**mutiara**	[mutiara]
barnsteen (de)	**batu ambar**	[batu ambar]

43. Horloges. Klokken

polshorloge (het)	**jam tangan**	[ʤam taŋan]
wijzerplaat (de)	**permukaan jam**	[permukaan ʤam]
wijzer (de)	**jarum**	[ʤarum]
metalen horlogeband (de)	**gelang jam tangan**	[gɛlaŋ ʤam taŋan]
horlogebandje (het)	**tali jam**	[tali ʤam]
batterij (de)	**bateri**	[batɛri]
leeg zijn (ww)	**luput**	[luput]
batterij vervangen	**menukar bateri**	[menukar batɛri]
voorlopen (ww)	**kecepatan**	[kɛʧɛpatan]
achterlopen (ww)	**ketinggalan**	[kɛtiŋgalan]
wandklok (de)	**jam dinding**	[ʤam dindiŋ]
zandloper (de)	**jam pasir**	[ʤam pasir]
zonnewijzer (de)	**jam matahari**	[ʤam matahari]
wekker (de)	**jam loceng**	[ʤam loʧeŋ]
horlogemaker (de)	**tukang jam**	[tukaŋ ʤam]
repareren (ww)	**membaiki**	[mɛmbaiki]

Voedsel. Voeding

44. Voedsel

vlees (het)	**daging**	[dagiŋ]
kip (de)	**ayam**	[ajam]
kuiken (het)	**anak ayam**	[anak ajam]
eend (de)	**itik**	[itik]
gans (de)	**angsa**	[aŋsa]
wild (het)	**burung buruan**	[buruŋ buruan]
kalkoen (de)	**ayam belanda**	[ajam blanda]
varkensvlees (het)	**daging babi**	[dagiŋ babi]
kalfsvlees (het)	**daging anak lembu**	[dagiŋ anak lembu]
schapenvlees (het)	**daging bebiri**	[dagiŋ bɛbiri]
rundvlees (het)	**daging lembu**	[dagiŋ lɛmbu]
konijnenvlees (het)	**arnab**	[arnab]
worst (de)	**sosej worst**	[sosedʒ vorst]
saucijs (de)	**sosej**	[sosedʒ]
spek (het)	**dendeng babi**	[deŋdeŋ babi]
ham (de)	**ham**	[ham]
gerookte achterham (de)	**gamon**	[gamon]
paté (de)	**pate**	[patɛ]
lever (de)	**hati**	[hati]
gehakt (het)	**bahan kisar**	[bahan kisar]
tong (de)	**lidah**	[lidah]
ei (het)	**telur**	[tɛlur]
eieren (mv.)	**telur-telur**	[tɛlur tɛlur]
eiwit (het)	**putih telur**	[putih tɛlur]
eigeel (het)	**kuning telur**	[kuniŋ tɛlur]
vis (de)	**ikan**	[ikan]
zeevruchten (mv.)	**makanan laut**	[makanan laut]
schaaldieren (mv.)	**krustasia**	[krustasia]
kaviaar (de)	**caviar**	[kaviar]
krab (de)	**ketam**	[kɛtam]
garnaal (de)	**udang**	[udaŋ]
oester (de)	**tiram**	[tiram]
langoest (de)	**udang krai**	[udaŋ kraj]
octopus (de)	**sotong**	[sotoŋ]
inktvis (de)	**cumi-cumi**	[ʧumi ʧumi]
steur (de)	**ikan sturgeon**	[ikan sturgeon]
zalm (de)	**salmon**	[salmon]
heilbot (de)	**ikan halibut**	[ikan halibut]
kabeljauw (de)	**ikan kod**	[ikan kod]

makreel (de)	**ikan tenggiri**	[ikan tɛŋgiri]
tonijn (de)	**tuna**	[tuna]
paling (de)	**ikan keli**	[ikan kli]
forel (de)	**ikan trout**	[ikan trout]
sardine (de)	**sadin**	[sadin]
snoek (de)	**ikan paik**	[ikan pajk]
haring (de)	**ikan hering**	[ikan hɛriŋ]
brood (het)	**roti**	[roti]
kaas (de)	**keju**	[kɛʤu]
suiker (de)	**gula**	[gula]
zout (het)	**garam**	[garam]
rijst (de)	**beras, nasi**	[bras], [nasi]
pasta (de)	**pasta**	[pasta]
noedels (mv.)	**mie**	[mi]
boter (de)	**mentega**	[mɛntega]
plantaardige olie (de)	**minyak sayur**	[minjak sajur]
zonnebloemolie (de)	**minyak bunga matahari**	[minjak buŋa matahari]
margarine (de)	**marjerin**	[marʤɛrin]
olijven (mv.)	**buah zaitun**	[buah zajtun]
olijfolie (de)	**minyak zaitun**	[minjak zaɪtun]
melk (de)	**susu**	[susu]
gecondenseerde melk (de)	**susu pekat**	[susu pɛkat]
yoghurt (de)	**yogurt**	[jogurt]
zure room (de)	**krim asam**	[krim asam]
room (de)	**krim**	[krim]
mayonaise (de)	**mayonis**	[majonis]
crème (de)	**krim**	[krim]
graan (het)	**bijirin berkupas**	[biʤirin bɛrkupas]
meel (het), bloem (de)	**tepung**	[tɛpuŋ]
conserven (mv.)	**makanan dalam tin**	[makanan dalam tin]
maïsvlokken (mv.)	**emping jagung**	[ɛmpiŋ ʤaguŋ]
honing (de)	**madu**	[madu]
jam (de)	**jem**	[ʤɛm]
kauwgom (de)	**gula-gula getah**	[gula gula gɛtah]

45. Drankjes

water (het)	**air**	[air]
drinkwater (het)	**air minum**	[air minum]
mineraalwater (het)	**air galian**	[air galian]
zonder gas	**tanpa gas**	[tanpa gas]
koolzuurhoudend (bn)	**bergas**	[bɛrgas]
bruisend (bn)	**bergas**	[bɛrgas]
ijs (het)	**ais**	[ajs]

met ijs	**dengan ais**	[dɛŋan ajs]
alcohol vrij (bn)	**tanpa alkohol**	[tanpa alkohol]
alcohol vrije drank (de)	**minuman ringan**	[minuman riŋan]
frisdrank (de)	**minuman segar**	[minuman sɛgar]
limonade (de)	**limonad**	[limonad]
alcoholische dranken (mv.)	**arak**	[arak]
wijn (de)	**wain**	[vajn]
witte wijn (de)	**wain putih**	[vajn putih]
rode wijn (de)	**wain merah**	[vajn merah]
likeur (de)	**likur**	[likur]
champagne (de)	**champagne**	[ʃampejn]
vermout (de)	**vermouth**	[vermut]
whisky (de)	**wiski**	[viski]
wodka (de)	**vodka**	[vodka]
gin (de)	**gin**	[ʤin]
cognac (de)	**cognac**	[konjak]
rum (de)	**rum**	[ram]
koffie (de)	**kopi**	[kopi]
zwarte koffie (de)	**kopi O**	[kopi o]
koffie (de) met melk	**kopi susu**	[kopi susu]
cappuccino (de)	**cappuccino**	[kaputʃino]
oploskoffie (de)	**kopi segera**	[kopi sɛgɛra]
melk (de)	**susu**	[susu]
cocktail (de)	**koktel**	[koktel]
milkshake (de)	**susu kocak**	[susu kotʃak]
sap (het)	**jus**	[ʤus]
tomatensap (het)	**jus tomato**	[ʤus tomato]
sinaasappelsap (het)	**jus jeruk manis**	[ʤus ʤɛruk manis]
vers geperst sap (het)	**jus segar**	[ʤus sɛgar]
bier (het)	**bir**	[bir]
licht bier (het)	**bir putih**	[bir putih]
donker bier (het)	**bir hitam**	[bir hitam]
thee (de)	**teh**	[te]
zwarte thee (de)	**teh hitam**	[te hitam]
groene thee (de)	**teh hijau**	[te hiʤau]

46. Groenten

groenten (mv.)	**sayuran**	[sajuran]
verse kruiden (mv.)	**ulam-ulaman**	[ulam ulaman]
tomaat (de)	**tomato**	[tomato]
augurk (de)	**timun**	[timun]
wortel (de)	**lobak merah**	[lobak merah]
aardappel (de)	**kentang**	[kɛntaŋ]
ui (de)	**bawang**	[bavaŋ]

knoflook (de)	**bawang putih**	[bavaŋ putih]
kool (de)	**kubis**	[kubis]
bloemkool (de)	**bunga kubis**	[buŋa kubis]
spruitkool (de)	**kubis Brussels**	[kubis brasels]
broccoli (de)	**broccoli**	[brokoli]
rode biet (de)	**rut bit**	[rut bit]
aubergine (de)	**terung**	[tɛruŋ]
courgette (de)	**labu kuning**	[labu kuniŋ]
pompoen (de)	**labu**	[labu]
raap (de)	**turnip**	[turnip]
peterselie (de)	**parsli**	[parsli]
dille (de)	**jintan hitam**	[ʤintan hitam]
sla (de)	**pokok salad**	[pokok salad]
selderij (de)	**saderi**	[sadɛri]
asperge (de)	**asparagus**	[asparagus]
spinazie (de)	**bayam**	[bajam]
erwt (de)	**kacang sepat**	[katʃaŋ sɛpat]
bonen (mv.)	**kacang**	[katʃaŋ]
maïs (de)	**jagung**	[ʤaguŋ]
nierboon (de)	**kacang buncis**	[katʃaŋ buntʃis]
peper (de)	**lada**	[lada]
radijs (de)	**lobak**	[lobak]
artisjok (de)	**articok**	[artitʃok]

47. Vruchten. Noten

vrucht (de)	**buah**	[buah]
appel (de)	**epal**	[epal]
peer (de)	**buah pear**	[buah pear]
citroen (de)	**lemon**	[lemon]
sinaasappel (de)	**jeruk manis**	[ʤeruk manis]
aardbei (de)	**strawberi**	[stroberi]
mandarijn (de)	**limau mandarin**	[limau mandarin]
pruim (de)	**plum**	[plam]
perzik (de)	**pic**	[pitʃ]
abrikoos (de)	**aprikot**	[aprikot]
framboos (de)	**raspberi**	[rasberi]
ananas (de)	**nanas**	[nanas]
banaan (de)	**pisang**	[pisaŋ]
watermeloen (de)	**tembikai**	[tembikaj]
druif (de)	**anggur**	[aŋgur]
zure kers (de)	**buah ceri**	[buah tʃeri]
zoete kers (de)	**ceri manis**	[tʃeri manis]
meloen (de)	**tembikai susu**	[tembikaj susu]
grapefruit (de)	**limau gedang**	[limau gɛdaŋ]
avocado (de)	**avokado**	[avokado]
papaja (de)	**betik**	[bɛtik]

mango (de)	**mempelam**	[mɛmpɛlam]
granaatappel (de)	**buah delima**	[buah dɛlima]
rode bes (de)	**buah kismis merah**	[buah kismis merah]
zwarte bes (de)	**buah kismis hitam**	[buah kismis hitam]
kruisbes (de)	**buah gusberi**	[buah gusberi]
blauwe bosbes (de)	**buah bilberi**	[buah bilberi]
braambes (de)	**beri hitam**	[beri hitam]
rozijn (de)	**kismis**	[kismis]
vijg (de)	**buah tin**	[buah tin]
dadel (de)	**buah kurma**	[buah kurma]
pinda (de)	**kacang tanah**	[katʃaŋ tanah]
amandel (de)	**badam**	[badam]
walnoot (de)	**walnut**	[volnat]
hazelnoot (de)	**kacang hazel**	[katʃaŋ hazel]
kokosnoot (de)	**buah kelapa**	[buah klapa]
pistaches (mv.)	**pistasio**	[pistasio]

48. Brood. Snoep

suikerbakkerij (de)	**kuih-muih**	[kuih muih]
brood (het)	**roti**	[roti]
koekje (het)	**biskit**	[biskit]
chocolade (de)	**coklat**	[tʃoklat]
chocolade- (abn)	**coklat**	[tʃoklat]
snoepje (het)	**gula-gula**	[gula gula]
cakeje (het)	**kuih**	[kuih]
taart (bijv. verjaardags~)	**kek**	[kek]
pastei (de)	**pai**	[paj]
vulling (de)	**inti**	[inti]
confituur (de)	**jem buah-buahan utuh**	[dʒem buah buahan utuh]
marmelade (de)	**marmalad**	[marmalad]
wafel (de)	**wafer**	[vafɛr]
ijsje (het)	**ais krim**	[ajs krim]
pudding (de)	**puding**	[pudiŋ]

49. Bereide gerechten

gerecht (het)	**hidangan**	[hidaŋan]
keuken (bijv. Franse ~)	**masakan**	[masakan]
recept (het)	**resipi**	[rɛsipi]
portie (de)	**hidangan**	[hidaŋan]
salade (de)	**salad**	[salad]
soep (de)	**sup**	[sup]
bouillon (de)	**sup kosong**	[sup kosoŋ]
boterham (de)	**sandwic**	[sandvitʃ]

spiegelei (het)	**telur mata kerbau**	[tɛlur mata kerbau]
hamburger (de)	**hamburger**	[hamburger]
biefstuk (de)	**stik**	[stik]
garnering (de)	**garnish**	[garniʃ]
spaghetti (de)	**spaghetti**	[spaɣeti]
aardappelpuree (de)	**kentang lecek**	[kɛntaŋ leʧek]
pizza (de)	**piza**	[piza]
pap (de)	**bubur**	[bubur]
omelet (de)	**telur dadar**	[tɛlur dadar]
gekookt (in water)	**rebus**	[rɛbus]
gerookt (bn)	**salai**	[salaj]
gebakken (bn)	**goreng**	[goreŋ]
gedroogd (bn)	**dikeringkan**	[dikɛriŋkan]
diepvries (bn)	**sejuk beku**	[sɛʤuk bɛku]
gemarineerd (bn)	**dijeruk**	[diʤɛruk]
zoet (bn)	**manis**	[manis]
gezouten (bn)	**masin**	[masin]
koud (bn)	**sejuk**	[sɛʤuk]
heet (bn)	**panas**	[panas]
bitter (bn)	**pahit**	[pahit]
lekker (bn)	**sedap**	[sɛdap]
koken (in kokend water)	**merebus**	[mɛrɛbus]
bereiden (avondmaaltijd ~)	**memasak**	[mɛmasak]
bakken (ww)	**menggoreng**	[mɛŋgoreŋ]
opwarmen (ww)	**memanaskan**	[mɛmanaskan]
zouten (ww)	**membubuh garam**	[mɛmbubuh garam]
peperen (ww)	**membubuh lada**	[mɛmbubuh lada]
raspen (ww)	**memarut**	[mɛmarut]
schil (de)	**kulit**	[kulit]
schillen (ww)	**mengupas**	[mɛŋupas]

50. Kruiden

zout (het)	**garam**	[garam]
gezouten (bn)	**masin**	[masin]
zouten (ww)	**membubuh garam**	[mɛmbubuh garam]
zwarte peper (de)	**lada hitam**	[lada hitam]
rode peper (de)	**lada merah**	[lada merah]
mosterd (de)	**sawi**	[savi]
mierikswortel (de)	**remunggai**	[rɛmuŋgaj]
condiment (het)	**perasa**	[pɛrasa]
specerij, kruiderij (de)	**rempah-rempah**	[rempah rempah]
saus (de)	**saus**	[saus]
azijn (de)	**cuka**	[ʧuka]
anijs (de)	**lawang**	[lavaŋ]
basilicum (de)	**kemangi**	[kɛmaŋi]

kruidnagel (de)	**cengkeh**	[ʧeŋkeh]
gember (de)	**halia**	[halia]
koriander (de)	**ketumbar**	[kɛtumbar]
kaneel (de/het)	**kayu manis**	[kaju manis]
sesamzaad (het)	**bijan**	[biʤan]
laurierblad (het)	**daun bay**	[daun bej]
paprika (de)	**paprik**	[paprik]
komijn (de)	**jintan putih**	[ʤintan putih]
saffraan (de)	**safron**	[safron]

51. Maaltijden

eten (het)	**makanan**	[makanan]
eten (ww)	**makan**	[makan]
ontbijt (het)	**makan pagi**	[makan pagi]
ontbijten (ww)	**makan pagi**	[makan pagi]
lunch (de)	**makan tengah hari**	[makan tɛŋah hari]
lunchen (ww)	**makan tengah hari**	[makan tɛŋah hari]
avondeten (het)	**makan malam**	[makan malam]
souperen (ww)	**makan malam**	[makan malam]
eetlust (de)	**selera**	[sɛlera]
Eet smakelijk!	**Selamat jamu selera!**	[sɛlamat ʤamu sɛlera]
openen (een fles ~)	**membuka**	[mɛmbuka]
morsen (koffie, enz.)	**menumpahkan**	[mɛnumpahkan]
zijn gemorst	**tertumpah**	[tɛrtumpah]
koken (water kookt bij 100°C)	**mendidih**	[mɛndidih]
koken (Hoe om water te ~)	**mendidihkan**	[mɛndidihkan]
gekookt (~ water)	**masak**	[masak]
afkoelen (koeler maken)	**menyejukkan**	[mɛnjeʤukkan]
afkoelen (koeler worden)	**menjadi sejuk**	[mɛnʤadi sɛʤuk]
smaak (de)	**rasa**	[rasa]
nasmaak (de)	**rasa kesan**	[rasa kɛsan]
volgen een dieet	**berdiet**	[berdiet]
dieet (het)	**diet**	[diet]
vitamine (de)	**vitamin**	[vitamin]
calorie (de)	**kalori**	[kalori]
vegetariër (de)	**vegetarian**	[vegetarian]
vegetarisch (bn)	**vegetarian**	[vegetarian]
vetten (mv.)	**lemak**	[lɛmak]
eiwitten (mv.)	**protein**	[protein]
koolhydraten (mv.)	**karbohidrat**	[karbohidrat]
snede (de)	**irisan**	[irisan]
stuk (bijv. een ~ taart)	**potongan**	[potoŋan]
kruimel (de)	**remah**	[remah]

52. Tafelschikking

lepel (de)	**sudu**	[sudu]
mes (het)	**pisau**	[pisau]
vork (de)	**garpu**	[garpu]
kopje (het)	**cawan**	[ʧavan]
bord (het)	**pinggan**	[piŋgan]
schoteltje (het)	**alas cawan**	[alas ʧavan]
servet (het)	**napkin**	[napkin]
tandenstoker (de)	**cungkil gigi**	[ʧuŋkil gigi]

53. Restaurant

restaurant (het)	**restoran**	[restoran]
koffiehuis (het)	**kedai kopi**	[kɛdaj kopi]
bar (de)	**bar**	[bar]
tearoom (de)	**ruang teh**	[ruaŋ te]
kelner, ober (de)	**pelayan**	[pɛlajan]
serveerster (de)	**pelayan perempuan**	[pɛlajan pɛrɛmpuan]
barman (de)	**pelayan bar**	[pɛlajan bar]
menu (het)	**menu**	[menu]
wijnkaart (de)	**kad wain**	[kad vajn]
een tafel reserveren	**menempah meja**	[mɛnɛmpah meʤa]
gerecht (het)	**masakan**	[masakan]
bestellen (eten ~)	**menempah**	[mɛnɛmpah]
een bestelling maken	**menempah**	[mɛnɛmpah]
aperitief (de/het)	**aperitif**	[aperitif]
voorgerecht (het)	**pembuka selera**	[pɛmbuka sɛlera]
dessert (het)	**pencuci mulut**	[pɛnʧuʧi mulut]
rekening (de)	**bil**	[bil]
de rekening betalen	**membayar bil**	[mɛmbajar bil]
wisselgeld teruggeven	**memberi wang baki**	[mɛmbri vaŋ baki]
fooi (de)	**tip**	[tip]

Familie, verwanten en vrienden

54. Persoonlijke informatie. Formulieren

naam (de)	**nama**	[nama]
achternaam (de)	**nama keluarga**	[nama kɛluarga]
geboortedatum (de)	**tarikh lahir**	[tarih lahir]
geboorteplaats (de)	**tempat lahir**	[tɛmpat lahir]
nationaliteit (de)	**bangsa**	[baŋsa]
woonplaats (de)	**tempat kediaman**	[tɛmpat kediaman]
land (het)	**negara**	[nɛgara]
beroep (het)	**profesion**	[profesion]
geslacht (ov. het vrouwelijk ~)	**jenis kelamin**	[ʤɛnis kɛlamin]
lengte (de)	**tinggi badan**	[tiŋgi badan]
gewicht (het)	**berat**	[brat]

55. Familieleden. Verwanten

moeder (de)	**ibu**	[ibu]
vader (de)	**bapa**	[bapa]
zoon (de)	**anak lelaki**	[anak lɛlaki]
dochter (de)	**anak perempuan**	[anak pɛrɛmpuan]
jongste dochter (de)	**anak perempuan bungsu**	[anak pɛrɛmpuan buŋsu]
jongste zoon (de)	**anak lelali bungsu**	[anak lɛlali buŋsu]
oudste dochter (de)	**anak perempuan sulung**	[anak pɛrɛmpuan suluŋ]
oudste zoon (de)	**anak lelaki sulung**	[anak lɛlaki suluŋ]
broer (de)	**saudara**	[saudara]
oudere broer (de)	**abang**	[abaŋ]
jongere broer (de)	**adik lelaki**	[adik lɛlaki]
zuster (de)	**saudara perempuan**	[saudara pɛrɛmpuan]
oudere zuster (de)	**kakak perempuan**	[kakak pɛrɛmpuan]
jongere zuster (de)	**adik perempuan**	[adik pɛrɛmpuan]
neef (zoon van oom, tante)	**sepupu lelaki**	[sɛpupu lɛlaki]
nicht (dochter van oom, tante)	**sepupu perempuan**	[sɛpupu pɛrɛmpuan]
mama (de)	**ibu**	[ibu]
papa (de)	**bapa**	[bapa]
ouders (mv.)	**ibu bapa**	[ibu bapa]
kind (het)	**anak**	[anak]
kinderen (mv.)	**anak-anak**	[anak anak]
oma (de)	**nenek**	[nenek]

opa (de)	**datuk**	[datuk]
kleinzoon (de)	**cucu lelaki**	[ʧuʧu lɛlaki]
kleindochter (de)	**cucu perempuan**	[ʧuʧu pɛrɛmpuan]
kleinkinderen (mv.)	**cucu-cicit**	[ʧuʧu ʧiʧit]
oom (de)	**pak cik**	[pak ʧik]
tante (de)	**mak cik**	[mak ʧik]
neef (zoon van broer, zus)	**anak saudara lelaki**	[anak saudara lɛlaki]
nicht (dochter van broer, zus)	**anak saudara perempuan**	[anak saudara pɛrɛmpuan]
schoonmoeder (de)	**ibu mertua**	[ibu mɛrtua]
schoonvader (de)	**bapa mertua**	[bapa mɛrtua]
schoonzoon (de)	**menantu lelaki**	[mɛnantu lɛlaki]
stiefmoeder (de)	**ibu tiri**	[ibu tiri]
stiefvader (de)	**bapa tiri**	[bapa tiri]
zuigeling (de)	**bayi**	[baji]
wiegenkind (het)	**bayi**	[baji]
kleuter (de)	**budak kecil**	[budak kɛʧil]
vrouw (de)	**isteri**	[istri]
man (de)	**suami**	[suami]
echtgenoot (de)	**suami**	[suami]
echtgenote (de)	**isteri**	[istri]
gehuwd (mann.)	**berkahwin, beristeri**	[bɛrkahvin], [bɛristri]
gehuwd (vrouw.)	**berkahwin, bersuami**	[bɛrkahvin], [bɛrsuami]
ongehuwd (mann.)	**bujang**	[budʒaŋ]
vrijgezel (de)	**bujang**	[budʒaŋ]
gescheiden (bn)	**bercerai**	[bɛrʧɛraj]
weduwe (de)	**balu**	[balu]
weduwnaar (de)	**duda**	[duda]
familielid (het)	**saudara**	[saudara]
dichte familielid (het)	**keluarga dekat**	[kɛluarga dɛkat]
verre familielid (het)	**saudara jauh**	[saudara dʒauh]
familieleden (mv.)	**keluarga**	[kɛluarga]
wees (de), weeskind (het)	**piatu**	[piatu]
voogd (de)	**wali**	[vali]
adopteren (een jongen te ~)	**mengangkat anak lelaki**	[mɛŋaŋkat anak lɛlaki]
adopteren (een meisje te ~)	**mengangkat anak perempuan**	[mɛŋaŋkat anak pɛrɛmpuan]

56. Vrienden. Collega's

vriend (de)	**sahabat**	[sahabat]
vriendin (de)	**teman wanita**	[tɛman vanita]
vriendschap (de)	**persahabatan**	[pɛrsahabatan]
bevriend zijn (ww)	**bersahabat**	[bɛrsahabat]
makker (de)	**teman**	[tɛman]
vriendin (de)	**teman wanita**	[tɛman vanita]
partner (de)	**rakan**	[rakan]

chef (de)	**bos**	[bos]
baas (de)	**kepala**	[kɛpala]
eigenaar (de)	**pemilik**	[pɛmilik]
ondergeschikte (de)	**orang bawahan**	[oraŋ bavahan]
collega (de)	**rakan**	[rakan]
kennis (de)	**kenalan**	[kɛnalan]
medereiziger (de)	**rakan seperjalanan**	[rakan sɛpɛrʤalanan]
klasgenoot (de)	**teman sedarjah**	[tɛman sɛdarʤah]
buurman (de)	**jiran lelaki**	[ʤiran lɛlaki]
buurvrouw (de)	**jiran perempuan**	[ʤiran pɛrɛmpuan]
buren (mv.)	**jiran**	[ʤiran]

57. Man. Vrouw

vrouw (de)	**perempuan**	[pɛrɛmpuan]
meisje (het)	**gadis**	[gadis]
bruid (de)	**pengantin perempuan**	[pɛŋantin pɛrɛmpuan]
mooi(e) (vrouw, meisje)	**cantik**	[ʧantik]
groot, grote (vrouw, meisje)	**tinggi**	[tiŋgi]
slank(e) (vrouw, meisje)	**ramping**	[rampiŋ]
korte, kleine (vrouw, meisje)	**pendek**	[pendek]
blondine (de)	**perempuan berambut blonde**	[pɛrɛmpuan bɛrambut blonde]
brunette (de)	**perempuan berambut perang**	[pɛrɛmpuan bɛrambut peraŋ]
dames- (abn)	**perempuan**	[pɛrɛmpuan]
maagd (de)	**perawan**	[pɛravan]
zwanger (bn)	**hamil**	[hamil]
man (de)	**lelaki**	[lɛlaki]
blonde man (de)	**lelaki berambut blonde**	[lɛlaki bɛrambut blonde]
bruinharige man (de)	**lelaki berambut perang**	[lɛlaki bɛrambut peraŋ]
groot (bn)	**tinggi**	[tiŋgi]
klein (bn)	**pendek**	[pendek]
onbeleefd (bn)	**kasar**	[kasar]
gedrongen (bn)	**pendek dan gempal**	[pendek dan gɛmpal]
robuust (bn)	**tegap**	[tɛgap]
sterk (bn)	**kuat**	[kuat]
sterkte (de)	**kekuatan**	[kɛkuatan]
mollig (bn)	**gemuk**	[gɛmuk]
getaand (bn)	**berkulit gelap**	[bɛrkulit gɛlap]
slank (bn)	**ramping**	[rampiŋ]
elegant (bn)	**bergaya**	[bɛrgaja]

58. Leeftijd

leeftijd (de)	**usia**	[usia]
jeugd (de)	**masa muda**	[masa muda]
jong (bn)	**muda**	[muda]
jonger (bn)	**lebih muda**	[lɛbih muda]
ouder (bn)	**lebih tua**	[lɛbih tua]
jongen (de)	**pemuda**	[pɛmuda]
tiener, adolescent (de)	**remaja**	[rɛmadʒa]
kerel (de)	**pemuda**	[pɛmuda]
oude man (de)	**lelaki tua**	[lɛlaki tua]
oude vrouw (de)	**perempuan tua**	[pɛrɛmpuan tua]
volwassen (bn)	**dewasa**	[devasa]
van middelbare leeftijd (bn)	**pertengahan umur**	[pɛrtɛŋahan umur]
bejaard (bn)	**lanjut usia**	[landʒut usia]
oud (bn)	**tua**	[tua]
pensioen (het)	**pencen**	[pentʃen]
met pensioen gaan	**bersara**	[bɛrsara]
gepensioneerde (de)	**pesara**	[pɛsara]

59. Kinderen

kind (het)	**anak**	[anak]
kinderen (mv.)	**anak-anak**	[anak anak]
tweeling (de)	**kembar**	[kɛmbar]
wieg (de)	**buaiyan**	[buajan]
rammelaar (de)	**kelentong**	[kelentoŋ]
luier (de)	**lampin**	[lampin]
speen (de)	**puting**	[putiŋ]
kinderwagen (de)	**kereta bayi**	[kreta baʲi]
kleuterschool (de)	**tadika**	[tadika]
babysitter (de)	**pengasuh kanak-kanak**	[pɛŋasuh kanak kanak]
kindertijd (de)	**masa kanak-kanak**	[masa kanak kanak]
pop (de)	**patung mainan**	[patuŋ majnan]
speelgoed (het)	**mainan**	[majnan]
bouwspeelgoed (het)	**permainan binaan**	[permajnan binaan]
welopgevoed (bn)	**berbudi bahasa**	[bɛrbudi bahasa]
onopgevoed (bn)	**kurang ajar**	[kuraŋ adʒar]
verwend (bn)	**manja**	[mandʒa]
stout zijn (ww)	**berbuat nakal**	[bɛrbuat nakal]
stout (bn)	**nakal**	[nakal]
stoutheid (de)	**kenakalan**	[kɛnakalan]
stouterd (de)	**budak nakal**	[budak nakal]

gehoorzaam (bn)	**patuh**	[patuh]
ongehoorzaam (bn)	**tidak patuh**	[tidak patuh]
braaf (bn)	**menurut kata**	[mɛnurut kata]
slim (verstandig)	**pandai, cerdik**	[pandaj], [ʧɛrdik]
wonderkind (het)	**kanak-kanak genius**	[kanak kanak genius]

60. Gehuwde paren. Gezinsleven

kussen (een kus geven)	**mencium**	[mɛnʧium]
elkaar kussen (ww)	**bercium-ciuman**	[bɛrʧium ʧiuman]
gezin (het)	**keluarga**	[kɛluarga]
gezins- (abn)	**keluarga, berkeluarga**	[kɛluarga], [bɛrkɛluarga]
paar (het)	**pasangan**	[pasaŋan]
huwelijk (het)	**perkahwinan**	[pɛrkahvinan]
thuis (het)	**rumah**	[rumah]
dynastie (de)	**dinasti**	[dinasti]
date (de)	**janji temu**	[ʤanʤi tɛmu]
zoen (de)	**ciuman**	[ʧiuman]
liefde (de)	**cinta**	[ʧinta]
liefhebben (ww)	**mencintai**	[mɛnʧintai]
geliefde (bn)	**kekasih**	[kɛkasih]
tederheid (de)	**kelembutan**	[kɛlɛmbutan]
teder (bn)	**lembut**	[lɛmbut]
trouw (de)	**kesetiaan**	[kesetiaan]
trouw (bn)	**setia**	[sɛtia]
zorg (bijv. bejaarden~)	**perhatian**	[pɛrhatian]
zorgzaam (bn)	**bertimbang rasa**	[bɛrtimbaŋ rasa]
jonggehuwden (mv.)	**pengantin baru**	[pɛŋantin baru]
wittebroodsweken (mv.)	**bulan madu**	[bulan madu]
trouwen (vrouw)	**berkahwin, bersuami**	[bɛrkahvin], [bɛrsuami]
trouwen (man)	**berkahwin, beristeri**	[bɛrkahvin], [bɛristri]
bruiloft (de)	**majlis perkahwinan**	[maʤlis pɛrkahvinan]
gouden bruiloft (de)	**perkahwinan emas**	[pɛrkahvinan ɛmas]
verjaardag (de)	**ulang tahun**	[ulaŋ tahun]
minnaar (de)	**kekasih**	[kɛkasih]
minnares (de)	**kekasih, perempuan simpanan**	[kɛkasih], [pɛrɛmpuan simpanan]
overspel (het)	**kecurangan**	[kɛʧuraŋan]
overspel plegen (ww)	**curang**	[ʧuraŋ]
jaloers (bn)	**cemburu**	[ʧɛmburu]
jaloers zijn (echtgenoot, enz.)	**cemburu**	[ʧɛmburu]
echtscheiding (de)	**perceraian**	[pɛrʧɛrajan]
scheiden (ww)	**bercerai**	[bɛrʧɛraj]
ruzie hebben (ww)	**bertengkar**	[bɛrtɛŋkar]
vrede sluiten (ww)	**berdamai**	[bɛrdamaj]

samen (bw)	**bersama**	[bɛrsama]
seks (de)	**seks**	[seks]
geluk (het)	**kebahagiaan**	[kɛbahagiaan]
gelukkig (bn)	**berbahagia**	[bɛrbahagia]
ongeluk (het)	**kemalangan**	[kɛmalaŋan]
ongelukkig (bn)	**malang**	[malaŋ]

Karakter. Gevoelens. Emoties

61. Gevoelens. Emoties

gevoel (het)	**perasaan**	[pɛrasaan]
gevoelens (mv.)	**perasaan**	[pɛrasaan]
voelen (ww)	**merasa**	[mɛrasa]
honger (de)	**kelaparan**	[kɛlaparan]
honger hebben (ww)	**lapar**	[lapar]
dorst (de)	**kehausan**	[kɛhausan]
dorst hebben	**haus**	[haus]
slaperigheid (de)	**rasa ngantuk**	[rasa ŋantuk]
willen slapen	**mahu tidur**	[mahu tidur]
moeheid (de)	**keletihan**	[kɛlɛtihan]
moe (bn)	**letih**	[lɛtih]
vermoeid raken (ww)	**letih**	[lɛtih]
stemming (de)	**angin**	[aŋin]
verveling (de)	**kebosanan**	[kɛbosanan]
zich vervelen (ww)	**bosan**	[bosan]
afzondering (de)	**kesepian**	[kɛsepian]
zich afzonderen (ww)	**bersunyi diri**	[bɛrsunji diri]
bezorgd maken	**merisaukan**	[mɛrisaukan]
bezorgd zijn (ww)	**khuatir**	[kuatir]
zorg (bijv. geld~en)	**kekhuatiran**	[kɛkuatiran]
ongerustheid (de)	**kekhuatiran**	[kɛkuatiran]
ongerust (bn)	**risau**	[risau]
zenuwachtig zijn (ww)	**naik resah**	[naik rɛsah]
in paniek raken	**panik**	[panik]
hoop (de)	**harapan**	[harapan]
hopen (ww)	**harap**	[harap]
zekerheid (de)	**keyakinan**	[kɛjakinan]
zeker (bn)	**yakin**	[jakin]
onzekerheid (de)	**keraguan**	[kɛraguan]
onzeker (bn)	**ragu-ragu**	[ragu ragu]
dronken (bn)	**mabuk**	[mabuk]
nuchter (bn)	**waras**	[varas]
zwak (bn)	**lemah**	[lɛmah]
gelukkig (bn)	**berbahagia**	[bɛrbahagia]
doen schrikken (ww)	**menakutkan**	[mɛnakutkan]
toorn (de)	**keberangan**	[kɛberaŋan]
woede (de)	**kemarahan**	[kɛmarahan]
depressie (de)	**kemurungan**	[kɛmuruŋat]
ongemak (het)	**ketidakselesaan**	[kɛtidaksɛlesaan]

gemak, comfort (het)	**keselesaan**	[kesɛlesaan]
spijt hebben (ww)	**terkilan**	[tɛrkilan]
spijt (de)	**rasa terkilan**	[rasa tɛrkilan]
pech (de)	**nasib malang**	[nasib malaŋ]
bedroefdheid (de)	**dukacita**	[dukaʧita]
schaamte (de)	**rasa malu**	[rasa malu]
pret (de), plezier (het)	**keriangan**	[kɛriaŋan]
enthousiasme (het)	**keghairahan**	[kɛɣairahan]
enthousiasteling (de)	**orang yang bersemangat**	[oraŋ jaŋ bɛrsɛmaŋat]
enthousiasme vertonen	**memperlihatkan keghairahan**	[mɛmpɛrlihatkan kɛɣajrahan]

62. Karakter. Persoonlijkheid

karakter (het)	**sifat**	[sifat]
karakterfout (de)	**kecacatan**	[kɛʧaʧatan]
verstand (het)	**otak**	[otak]
rede (de)	**akal**	[akal]
geweten (het)	**hati nurani**	[hati nurani]
gewoonte (de)	**kebiasaan**	[kɛbiasaan]
bekwaamheid (de)	**bakat**	[bakat]
kunnen (bijv., ~ zwemmen)	**pandai, boleh**	[pandaj], [bole]
geduldig (bn)	**sabar**	[sabar]
ongeduldig (bn)	**tidak sabar**	[tidak sabar]
nieuwsgierig (bn)	**suka ambil tahu**	[suka ambil tahu]
nieuwsgierigheid (de)	**rasa ingin tahu**	[rasa iŋin tahu]
bescheidenheid (de)	**kerendahan hati**	[kɛrɛndahan hati]
bescheiden (bn)	**rendah hati**	[rɛndah hati]
onbescheiden (bn)	**tidak kenal malu**	[tidak kɛnal malu]
luiheid (de)	**kemalasan**	[kɛmalasan]
lui (bn)	**malas**	[malas]
luiwammes (de)	**pemalas**	[pɛmalas]
sluwheid (de)	**kelicikan**	[kɛliʧikan]
sluw (bn)	**licik**	[liʧik]
wantrouwen (het)	**ketidakpercayaan**	[kɛtidakpɛrʧajaan]
wantrouwig (bn)	**tidak percaya**	[tidak pɛrʧaja]
gulheid (de)	**kemurahan hati**	[kɛmurahan hati]
gul (bn)	**murah hati**	[murah hati]
talentrijk (bn)	**berbakat**	[bɛrbakat]
talent (het)	**bakat**	[bakat]
moedig (bn)	**berani**	[brani]
moed (de)	**keberanian**	[kebranian]
eerlijk (bn)	**jujur**	[ʤuʤur]
eerlijkheid (de)	**kejujuran**	[kɛʤuʤuran]
voorzichtig (bn)	**berhati-hati**	[bɛrhati hati]
manhaftig (bn)	**berani**	[brani]

ernstig (bn)	**serius**	[serius]
streng (bn)	**tegas**	[tɛgas]
resoluut (bn)	**tegas**	[tɛgas]
onzeker, irresoluut (bn)	**ragu-ragu**	[ragu ragu]
schuchter (bn)	**malu**	[malu]
schuchterheid (de)	**sifat pemalu**	[sifat pɛmalu]
vertrouwen (het)	**kepercayaan**	[kɛpɛrʧajaan]
vertrouwen (ww)	**percaya**	[pɛrʧaja]
goedgelovig (bn)	**yang mudah percaya**	[jaŋ mudah pɛrʧaja]
oprecht (bw)	**dengan tulus ikhlas**	[dɛŋan tulus ihlas]
oprecht (bn)	**tulus ikhlas**	[tulus ihlas]
oprechtheid (de)	**ketulusikhlasan**	[kɛtulusihlasan]
open (bn)	**terbuka**	[tɛrbuka]
rustig (bn)	**tenang**	[tɛnaŋ]
openhartig (bn)	**terus terang**	[tɛrus tɛraŋ]
naïef (bn)	**naif**	[naif]
verstrooid (bn)	**lalai**	[lalaj]
leuk, grappig (bn)	**lucu**	[luʧu]
gierigheid (de)	**ketamakan**	[kɛtamakan]
gierig (bn)	**tamak**	[tamak]
inhalig (bn)	**kedekut**	[kɛdɛkut]
kwaad (bn)	**jahat**	[ʤahat]
koppig (bn)	**degil**	[dɛgil]
onaangenaam (bn)	**tidak menyenangkan**	[tidak mɛnjenaŋkan]
egoïst (de)	**egois**	[egois]
egoïstisch (bn)	**egoistik**	[egoistik]
lafaard (de)	**penakut**	[pɛnakut]
laf (bn)	**penakut**	[pɛnakut]

63. Slaap. Dromen

slapen (ww)	**tidur**	[tidur]
slaap (in ~ vallen)	**tidur**	[tidur]
droom (de)	**mimpi**	[mimpi]
dromen (in de slaap)	**bermimpi**	[bɛrmimpi]
slaperig (bn)	**ngantuk**	[ŋantuk]
bed (het)	**katil**	[katil]
matras (de)	**tilam**	[tilam]
deken (de)	**selimut**	[sɛlimut]
kussen (het)	**bantal**	[bantal]
laken (het)	**kain cadar**	[kain ʧadar]
slapeloosheid (de)	**insomnia**	[insomnia]
slapeloos (bn)	**tidak tidur**	[tidak tidur]
slaapmiddel (het)	**ubat tidur**	[ubat tidur]
slaapmiddel innemen	**menerima ubat tidur**	[mɛnɛrima ubat tidur]
willen slapen	**mahu tidur**	[mahu tidur]

geeuwen (ww)	**menguap**	[mɛŋwap]
gaan slapen	**pergi tidur**	[pɛrgi tidur]
het bed opmaken	**menyediakan katil**	[mɛnjediakan katil]
inslapen (ww)	**tidur**	[tidur]
nachtmerrie (de)	**mimpi ngeri**	[mimpi ŋɛri]
gesnurk (het)	**dengkuran**	[dɛŋkuran]
snurken (ww)	**berdengkur**	[bɛrdɛŋkur]
wekker (de)	**jam loceng**	[ʤam loʧeŋ]
wekken (ww)	**membangunkan**	[mɛmbaŋuŋkan]
wakker worden (ww)	**bangun**	[baŋun]
opstaan (ww)	**bangun**	[baŋun]
zich wassen (ww)	**mencuci muka**	[mɛnʧuʧi muka]

64. Humor. Gelach. Blijdschap

humor (de)	**humor**	[humor]
gevoel (het) voor humor	**rasa humor**	[rasa humor]
plezier hebben (ww)	**bersuka ria**	[bɛrsuka ria]
vrolijk (bn)	**riang, gembira**	[riaŋ], [gɛmbira]
pret (de), plezier (het)	**keriangan**	[kɛriaŋan]
glimlach (de)	**senyuman**	[sɛnjuman]
glimlachen (ww)	**senyum**	[sɛnjum]
beginnen te lachen (ww)	**tertawa**	[tɛrtava]
lachen (ww)	**ketawa**	[kɛtava]
lach (de)	**ketawa**	[kɛtava]
mop (de)	**anekdot**	[anekdot]
grappig (een ~ verhaal)	**lucu**	[luʧu]
grappig (~e clown)	**lucu**	[luʧu]
grappen maken (ww)	**berjenaka**	[bɛrʤɛnaka]
grap (de)	**jenaka**	[ʤɛnaka]
blijheid (de)	**kegembiraan**	[kɛgɛmbiraan]
blij zijn (ww)	**bergembira**	[bɛrgɛmbira]
blij (bn)	**gembira**	[gɛmbira]

65. Discussie, conversatie. Deel 1

communicatie (de)	**pergaulan**	[pɛrgaulan]
communiceren (ww)	**bergaul**	[bɛrgaul]
conversatie (de)	**percakapan**	[pɛrʧakapan]
dialoog (de)	**dialog**	[dialog]
discussie (de)	**perbincangan**	[pɛrbinʧaŋan]
debat (het)	**debat**	[debat]
debatteren, twisten (ww)	**berdebat**	[bɛrdebat]
gesprekspartner (de)	**kawan berbual**	[kavan bɛrbual]
thema (het)	**tema, topik**	[tema], [topik]

standpunt (het)	**pendirian**	[pɛndirian]
mening (de)	**pendapat**	[pɛndapat]
toespraak (de)	**ucapan**	[uʧapan]
bespreking (de)	**perbincangan**	[pɛrbinʧaŋan]
bespreken (spreken over)	**membincangkan**	[mɛmbinʧaŋkan]
gesprek (het)	**percakapan**	[pɛrʧakapan]
spreken (converseren)	**bercakap**	[bɛrʧakap]
ontmoeting (de)	**perjumpaan**	[pɛrʤumpaan]
ontmoeten (ww)	**berjumpa**	[bɛrʤumpa]
spreekwoord (het)	**peribahasa**	[pɛribahasa]
gezegde (het)	**perumpamaan**	[pɛrumpamaan]
raadsel (het)	**teka-teki**	[tɛka tɛki]
een raadsel opgeven	**memberi teka-teki**	[mɛmbri tɛka tɛki]
wachtwoord (het)	**kata laluan**	[kata laluan]
geheim (het)	**rahsia**	[rahsia]
eed (de)	**sumpah**	[sumpah]
zweren (een eed doen)	**bersumpah**	[bɛrsumpah]
belofte (de)	**janji**	[ʤanʤi]
beloven (ww)	**menjanji**	[mɛnʤanʤi]
advies (het)	**nasihat**	[nasihat]
adviseren (ww)	**menasihatkan**	[mɛnasihatkan]
advies volgen (iemands ~)	**mengikuti nasihat**	[mɛŋikuti nasihat]
luisteren (gehoorzamen)	**mendengar nasihat**	[mɛndɛŋar nasihat]
nieuws (het)	**berita**	[brita]
sensatie (de)	**sensasi**	[sensasi]
informatie (de)	**data**	[data]
conclusie (de)	**kesimpulan**	[kɛsimpulan]
stem (de)	**suara**	[suara]
compliment (het)	**pujian**	[puʤian]
vriendelijk (bn)	**mesra**	[mɛsra]
woord (het)	**perkataan**	[pɛrkataan]
zin (de), zinsdeel (het)	**rangkai kata**	[raŋkaj kata]
antwoord (het)	**jawapan**	[ʤavapan]
waarheid (de)	**kebenaran**	[kɛbɛnaran]
leugen (de)	**kebohongan**	[kɛbohoŋan]
gedachte (de)	**fikiran**	[fikiran]
idee (de/het)	**gagasan**	[gagasan]
fantasie (de)	**khalayan**	[halajan]

66. Discussie, conversatie. Deel 2

gerespecteerd (bn)	**yang dihormati**	[jaŋ dihormati]
respecteren (ww)	**menghormati**	[mɛŋɣormati]
respect (het)	**penghormatan**	[pɛŋɣormatan]
Geachte ... (brief)	**... yang dihormati**	[jaŋ dihormati]
voorstellen (Mag ik jullie ~)	**memperkenalkan**	[mɛmpɛrkɛnalkan]

kennismaken (met ...)	**berkenalan**	[bɛrkɛnalan]
intentie (de)	**niat**	[niat]
intentie hebben (ww)	**berniat**	[bɛrniat]
wens (de)	**pengharapan**	[pɛŋɣarapan]
wensen (ww)	**mengharapkan**	[mɛŋɣarapkan]
verbazing (de)	**kehairanan**	[kɛhajranan]
verbazen (verwonderen)	**menghairankan**	[mɛŋɣajraŋkan]
verbaasd zijn (ww)	**hairan**	[hajran]
geven (ww)	**memberi**	[mɛmbri]
nemen (ww)	**mengambil**	[mɛŋambil]
teruggeven (ww)	**mengembalikan**	[mɛŋɛmbalikan]
retourneren (ww)	**mengembalikan**	[mɛŋɛmbalikan]
zich verontschuldigen	**minta maaf**	[minta maaf]
verontschuldiging (de)	**permintaan maaf**	[pɛrmintaan maaf]
vergeven (ww)	**memaafkan**	[mɛmaafkan]
spreken (ww)	**bercakap**	[bɛrʧakap]
luisteren (ww)	**mendengar**	[mɛndɛŋar]
aanhoren (ww)	**mendengar**	[mɛndɛŋar]
begrijpen (ww)	**memahami**	[mɛmahami]
tonen (ww)	**menunjukkan**	[mɛnunʤukkan]
kijken naar ...	**memandang**	[mɛmandaŋ]
roepen (vragen te komen)	**memanggil**	[mɛmaŋgil]
afleiden (storen)	**mengusik**	[mɛŋusik]
storen (lastigvallen)	**mengganggu**	[mɛŋgaŋgu]
doorgeven (ww)	**menyerahkan**	[mɛnjerahkan]
verzoek (het)	**permintaan**	[pɛrmintaan]
verzoeken (ww)	**meminta**	[mɛminta]
eis (de)	**tuntutan**	[tuntutan]
eisen (met klem vragen)	**menuntut**	[mɛnuntut]
beledigen (beledigende namen geven)	**mengejek**	[mɛŋeʤek]
uitlachen (ww)	**mencemuhkan**	[mɛnʧɛmuhkan]
spot (de)	**cemuhan**	[ʧɛmuhan]
bijnaam (de)	**nama julukan**	[nama ʤulukan]
zinspeling (de)	**pembayang**	[pɛmbajaŋ]
zinspelen (ww)	**membayangkan**	[mɛmbajaŋkan]
impliceren (duiden op)	**bermaksud**	[bɛrmaksud]
beschrijving (de)	**penggambaran**	[pɛŋgambaran]
beschrijven (ww)	**menggambarkan**	[mɛŋgambarkan]
lof (de)	**pujian**	[puʤian]
loven (ww)	**memuji**	[mɛmuʤi]
teleurstelling (de)	**kekecewaan**	[kɛkɛʧevaan]
teleurstellen (ww)	**mengecewakan**	[meŋɛʧevakan]
teleurgesteld zijn (ww)	**kecewa**	[kɛʧeva]
veronderstelling (de)	**dugaan**	[dugaan]
veronderstellen (ww)	**menduga**	[mɛnduga]

waarschuwing (de)	**peringatan**	[pɛriŋatan]
waarschuwen (ww)	**memperingatkan**	[mɛmpɛriŋatkan]

67. Discussie, conversatie. Deel 3

aanpraten (ww)	**meyakinkan**	[mɛjakiŋkan]
kalmeren (kalm maken)	**menenangkan**	[mɛnɛnaŋkan]
stilte (de)	**diam**	[diam]
zwijgen (ww)	**diam**	[diam]
fluisteren (ww)	**membisik**	[mɛmbisik]
gefluister (het)	**bisikan**	[bisikan]
open, eerlijk (bw)	**terus terang**	[tɛrus tɛraŋ]
volgens mij ...	**menurut pendapat saya**	[mɛnurut pɛndapat saja]
detail (het)	**perincian**	[pɛrintʃian]
gedetailleerd (bn)	**terperinci**	[tɛrpɛrintʃi]
gedetailleerd (bw)	**secara terperinci**	[sɛtʃara tɛrpɛrintʃi]
hint (de)	**bayangan**	[bajaŋan]
een hint geven	**memberi bayangan**	[mɛmbri bajaŋan]
blik (de)	**pandangan**	[pandaŋan]
een kijkje nemen	**memandang**	[mɛmandaŋ]
strak (een ~ke blik)	**kaku**	[kaku]
knipperen (ww)	**mengelipkan mata**	[mɛŋelipkan mata]
knipogen (ww)	**mengelipkan**	[mɛŋɛlipkan]
knikken (ww)	**mengangguk**	[mɛŋaŋguk]
zucht (de)	**keluhan**	[kɛluhan]
zuchten (ww)	**mengeluh**	[mɛŋɛluh]
huiveren (ww)	**terkejut**	[tɛrkɛdʒut]
gebaar (het)	**isyarat**	[iɕarat]
aanraken (ww)	**menyentuh**	[mɛnjentuh]
grijpen (ww)	**menangkap**	[mɛnaŋkap]
een schouderklopje geven	**menepuk**	[mɛnɛpuk]
Kijk uit!	**Hati-hati!**	[hati hati]
Echt?	**Yakah?**	[jakah]
Bent je er zeker van?	**Awak yakin?**	[avak jakin]
Succes!	**Semoga berjaya!**	[sɛmoga bɛrdʒaja]
Juist, ja!	**Faham!**	[faham]
Wat jammer!	**Sayang!**	[sajaŋ]

68. Overeenstemming. Weigering

instemming (het)	**persetujuan**	[pɛrsɛtudʒuan]
instemmen (akkoord gaan)	**setuju**	[sɛtudʒu]
goedkeuring (de)	**persetujuan**	[pɛrsɛtudʒuan]
goedkeuren (ww)	**menyetujui**	[mɛnjetudʒui]
weigering (de)	**penolakan**	[pɛnolakan]

weigeren (ww)	**menolak**	[mɛnolak]
Geweldig!	**Baik sekali!**	[baik sɛkali]
Goed!	**Baiklah!**	[baiklah]
Akkoord!	**Okeylah!**	[okejlah]
verboden (bn)	**larangan**	[laraŋan]
het is verboden	**dilarang**	[dilaraŋ]
het is onmogelijk	**mustahil**	[mustahil]
onjuist (bn)	**salah**	[salah]
afwijzen (ww)	**menolak**	[mɛnolak]
steunen (een goed doel, enz.)	**menyokong**	[mɛnjokoŋ]
aanvaarden (excuses ~)	**menerima**	[mɛnɛrima]
bevestigen (ww)	**mengesahkan**	[mɛŋɛsahkan]
bevestiging (de)	**pengesahan**	[pɛŋɛsahan]
toestemming (de)	**izin**	[izin]
toestaan (ww)	**mengizinkan**	[mɛŋiziŋkan]
beslissing (de)	**keputusan**	[kɛputusan]
z'n mond houden (ww)	**membisu**	[mɛmbisu]
voorwaarde (de)	**syarat, terma**	[ɕarat], [tɛrma]
smoes (de)	**dalih**	[dalih]
lof (de)	**pujian**	[puʤian]
loven (ww)	**memuji**	[mɛmuʤi]

69. Succes. Veel geluk. Mislukking

succes (het)	**kejayaan**	[kɛʤajaan]
succesvol (bw)	**dengan berjaya**	[dɛŋan bɛrʤaja]
succesvol (bn)	**berjaya**	[bɛrʤaja]
geluk (het)	**tuah**	[tuah]
Succes!	**Semoga berjaya!**	[sɛmoga bɛrʤaja]
geluks- (bn)	**bertuah**	[bɛrtuah]
gelukkig (fortuinlijk)	**bertuah**	[bɛrtuah]
mislukking (de)	**kegagalan**	[kɛgagalan]
tegenslag (de)	**nasib malang**	[nasib malaŋ]
pech (de)	**nasib malang**	[nasib malaŋ]
zonder succes (bn)	**gagal**	[gagal]
catastrofe (de)	**kemalangan**	[kɛmalaŋan]
fierheid (de)	**kebanggaan**	[kɛbaŋgaan]
fier (bn)	**berbangga**	[bɛrbaŋga]
fier zijn (ww)	**bangga**	[baŋga]
winnaar (de)	**pemenang**	[pɛmɛnaŋ]
winnen (ww)	**menang**	[mɛnaŋ]
verliezen (ww)	**tewas**	[tevas]
poging (de)	**percubaan**	[pɛrʧubaan]
pogen, proberen (ww)	**mencuba**	[mɛnʧuba]
kans (de)	**peluang**	[pɛluaŋ]

70. Ruzies. Negatieve emoties

schreeuw (de)	**jeritan**	[ʤɛritan]
schreeuwen (ww)	**berjerit**	[bɛrʤɛrit]
beginnen te schreeuwen	**menjerit**	[mɛnʤɛrit]
ruzie (de)	**pertengkaran**	[pɛrtɛŋkaran]
ruzie hebben (ww)	**bertengkar**	[bɛrtɛŋkar]
schandaal (het)	**pergaduhan**	[pɛrgaduhan]
schandaal maken (ww)	**bergaduh**	[bɛrgaduh]
conflict (het)	**sengketa**	[sɛŋketa]
misverstand (het)	**salah faham**	[salah faham]
belediging (de)	**penghinaan**	[pɛŋɣinaan]
beledigen (met scheldwoorden)	**menghina**	[mɛŋɣina]
beledigd (bn)	**terhina**	[tɛrhina]
krenking (de)	**rasa tersinggung hati**	[rasa tɛrsiŋguŋ hati]
krenken (beledigen)	**menyinggung hati**	[mɛnjiŋguŋ hati]
gekwetst worden (ww)	**tersinggung hati**	[tɛrsiŋguŋ hati]
verontwaardiging (de)	**kemarahan**	[kɛmarahan]
verontwaardigd zijn (ww)	**marah**	[marah]
klacht (de)	**aduan**	[aduan]
klagen (ww)	**mengadu**	[mɛŋadu]
verontschuldiging (de)	**permintaan maaf**	[pɛrmintaan maaf]
zich verontschuldigen	**minta maaf**	[minta maaf]
excuus vragen	**minta maaf**	[minta maaf]
kritiek (de)	**kritikan**	[kritikan]
bekritiseren (ww)	**mengkritik**	[mɛŋkritik]
beschuldiging (de)	**tuduhan**	[tuduhan]
beschuldigen (ww)	**menuduh**	[mɛnuduh]
wraak (de)	**dendam**	[dɛndam]
wreken (ww)	**mendendam**	[mɛndɛndam]
wraak nemen (ww)	**membalas**	[membalas]
minachting (de)	**rasa benci**	[rasa bɛnʧi]
minachten (ww)	**benci akan**	[bɛnʧi akan]
haat (de)	**kebencian**	[kɛbɛnʧian]
haten (ww)	**membenci**	[mɛmbɛnʧi]
zenuwachtig (bn)	**resah**	[rɛsah]
zenuwachtig zijn (ww)	**naik resah**	[naik rɛsah]
boos (bn)	**marah**	[marah]
boos maken (ww)	**memarahkan**	[mɛmarahkan]
vernedering (de)	**penghinaan**	[pɛŋɣinaan]
vernederen (ww)	**merendahkan**	[mɛrɛndahkan]
zich vernederen (ww)	**merendahkan diri**	[mɛrɛndahkan diri]
schok (de)	**kejutan**	[kɛʤutan]
schokken (ww)	**mengejutkan**	[mɛŋɛʤutkan]

onaangenaamheid (de)	**kesusahan**	[kɛsusahan]
onaangenaam (bn)	**tidak menyenangkan**	[tidak mɛnjenaŋkan]
vrees (de)	**ketakutan**	[kɛtakutan]
vreselijk (bijv. ~ onweer)	**dahsyat**	[dahɕat]
eng (bn)	**seram**	[sɛram]
gruwel (de)	**rasa ngeri**	[rasa ŋɛri]
vreselijk (~ nieuws)	**mengerikan**	[mɛŋɛrikan]
beginnen te beven	**menggigil**	[mɛŋgigil]
huilen (wenen)	**menangis**	[mɛnaŋis]
beginnen te huilen (wenen)	**menangis**	[mɛnaŋis]
traan (de)	**air mata**	[air mata]
schuld (~ geven aan)	**kebersalahan**	[kɛbɛrsalahan]
schuldgevoel (het)	**rasa bersalah**	[rasa bɛrsalah]
schande (de)	**keaiban**	[keaiban]
protest (het)	**bantahan**	[bantahan]
stress (de)	**tekanan**	[tɛkanan]
storen (lastigvallen)	**mengganggu**	[mɛŋgaŋgu]
kwaad zijn (ww)	**naik berang**	[naik beraŋ]
kwaad (bn)	**marah**	[marah]
beëindigen (een relatie ~)	**memberhentikan**	[mɛmbɛrhɛntikan]
vloeken (ww)	**memarahi**	[mɛmarahi]
schrikken (schrik krijgen)	**takut**	[takut]
slaan (iemand ~)	**memukul**	[mɛmukul]
vechten (ww)	**berkelahi**	[bɛrkɛlahi]
regelen (conflict)	**menyelesaikan**	[mɛnjelɛsajkan]
ontevreden (bn)	**tidak puas**	[tidak puas]
woedend (bn)	**garang**	[garaŋ]
Dat is niet goed!	**Ini kurang baik!**	[ini kuraŋ baik]
Dat is slecht!	**Ini buruk!**	[ini buruk]

Geneeskunde

71. Ziekten

ziekte (de)	**penyakit**	[pɛnjakit]
ziek zijn (ww)	**sakit**	[sakit]
gezondheid (de)	**kesihatan**	[kɛsihatan]
snotneus (de)	**hidung berair**	[hiduŋ bɛrair]
angina (de)	**radang tenggorok**	[radaŋ tɛŋgorok]
verkoudheid (de)	**selesema**	[sɛlsɛma]
verkouden raken (ww)	**demam selesema**	[dɛmam sɛlsɛma]
bronchitis (de)	**bronkitis**	[broŋkitis]
longontsteking (de)	**radang paru-paru**	[radaŋ paru paru]
griep (de)	**selesema**	[sɛlsɛma]
bijziend (bn)	**rabun jauh**	[rabun ʤauh]
verziend (bn)	**rabun dekat**	[rabun dɛkat]
scheelheid (de)	**mata juling**	[mata ʤuliŋ]
scheel (bn)	**bermata juling**	[bɛrmata ʤuliŋ]
grauwe staar (de)	**katarak**	[katarak]
glaucoom (het)	**glaukoma**	[glaukoma]
beroerte (de)	**angin amhar**	[aŋin amhar]
hartinfarct (het)	**serangan jantung**	[sɛraŋan ʤantuŋ]
myocardiaal infarct (het)	**serangan jantung**	[sɛraŋan ʤantuŋ]
verlamming (de)	**lumpuh**	[lumpuh]
verlammen (ww)	**melumpuhkan**	[mɛlumpuhkan]
allergie (de)	**alahan**	[alahan]
astma (de/het)	**penyakit lelah**	[pɛnjakit lɛlah]
diabetes (de)	**diabetes**	[diabetes]
tandpijn (de)	**sakit gigi**	[sakit gigi]
tandbederf (het)	**karies**	[karis]
diarree (de)	**cirit-birit**	[ʧirit birit]
constipatie (de)	**sembelit**	[sɛmbɛlit]
maagstoornis (de)	**sakit perut**	[sakit prut]
voedselvergiftiging (de)	**keracunan**	[kɛraʧunan]
voedselvergiftiging oplopen	**keracunan**	[kɛraʧunan]
artritis (de)	**artritis**	[artritis]
rachitis (de)	**penyakit riket**	[penjakit riket]
reuma (het)	**reumatisme**	[reumatismɛ]
arteriosclerose (de)	**aterosklerosis**	[aterosklerosis]
gastritis (de)	**gastritis**	[gastritis]
blindedarmontsteking (de)	**apendisitis**	[apendisitis]

galblaasontsteking (de)	**radang pundi hempedu**	[radaŋ pundi hɛmpɛdu]
zweer (de)	**ulser**	[ulser]
mazelen (mv.)	**campak**	[ʧampak]
rodehond (de)	**penyakit campak Jerman**	[pɛnjakit ʧampak ʤerman]
geelzucht (de)	**sakit kuning**	[sakit kuniŋ]
leverontsteking (de)	**hepatitis**	[hepatitis]
schizofrenie (de)	**skizofrenia**	[skizofrenia]
dolheid (de)	**penyakit anjing gila**	[pɛnjakit anʤiŋ gila]
neurose (de)	**neurosis**	[neurosis]
hersenschudding (de)	**gegaran otak**	[gɛgaran otak]
kanker (de)	**barah, kanser**	[barah], [kansɛr]
sclerose (de)	**sklerosis**	[sklerosis]
multiple sclerose (de)	**sklerosis berbilang**	[sklerosis bɛrbilaŋ]
alcoholisme (het)	**alkoholisme**	[alkoholismɛ]
alcoholicus (de)	**kaki arak**	[kaki arak]
syfilis (de)	**sifilis**	[sifilis]
AIDS (de)	**AIDS**	[ejds]
tumor (de)	**tumor**	[tumor]
kwaadaardig (bn)	**ganas**	[ganas]
goedaardig (bn)	**bukan barah**	[bukan barah]
koorts (de)	**demam**	[dɛmam]
malaria (de)	**malaria**	[malaria]
gangreen (het)	**kelemayuh**	[kɛlɛmajuh]
zeeziekte (de)	**mabuk laut**	[mabuk laut]
epilepsie (de)	**epilepsi**	[epilepsi]
epidemie (de)	**wabak**	[vabak]
tyfus (de)	**tifus**	[tifus]
tuberculose (de)	**tuberkulosis**	[tubɛrkulosis]
cholera (de)	**penyakit taun**	[pɛnjakit taun]
pest (de)	**sampar**	[sampar]

72. Symptomen. Behandelingen. Deel 1

symptoom (het)	**tanda**	[tanda]
temperatuur (de)	**suhu**	[suhu]
verhoogde temperatuur (de)	**suhu tinggi**	[suhu tiŋgi]
polsslag (de)	**nadi**	[nadi]
duizeling (de)	**rasa pening**	[rasa pɛniŋ]
heet (erg warm)	**panas**	[panas]
koude rillingen (mv.)	**gigil**	[gigil]
bleek (bn)	**pucat**	[puʧat]
hoest (de)	**batuk**	[batuk]
hoesten (ww)	**batuk**	[batuk]
niezen (ww)	**bersin**	[bɛrsin]
flauwte (de)	**pengsan**	[peŋsan]

flauwvallen (ww)	**jatuh pengsan**	[ʤatuh peŋsan]
blauwe plek (de)	**luka lebam**	[luka lɛbam]
buil (de)	**bengkak**	[bɛŋkak]
zich stoten (ww)	**melanggar**	[mɛlaŋgar]
kneuzing (de)	**luka memar**	[luka mɛmar]
kneuzen (gekneusd zijn)	**kena luka memar**	[kɛna luka mɛmar]
hinken (ww)	**berjalan pincang**	[bɛrʤalan pinʧaŋ]
verstuiking (de)	**seliuh**	[sɛliuh]
verstuiken (enkel, enz.)	**terseliuh**	[terɛeliuh]
breuk (de)	**patah**	[patah]
een breuk oplopen	**patah**	[patah]
snijwond (de)	**hirisan**	[hirisan]
zich snijden (ww)	**terhiris**	[tɛrhiris]
bloeding (de)	**pendarahan**	[pɛndarahan]
brandwond (de)	**luka bakar**	[luka bakar]
zich branden (ww)	**terkena luka bakar**	[tɛrkɛna luka bakar]
prikken (ww)	**mencucuk**	[mɛnʧuʧuk]
zich prikken (ww)	**tercucuk**	[tɛrʧuʧuk]
blesseren (ww)	**mencedera**	[mnʧɛdɛra]
blessure (letsel)	**cedera**	[ʧɛdɛra]
wond (de)	**cedera**	[ʧɛdɛra]
trauma (het)	**trauma**	[trauma]
ijlen (ww)	**meracau**	[mɛraʧau]
stotteren (ww)	**gagap**	[gagap]
zonnesteek (de)	**strok matahari**	[strok matahari]

73. Symptomen. Behandelingen. Deel 2

pijn (de)	**sakit**	[sakit]
splinter (de)	**selumbar**	[sɛlumbar]
zweet (het)	**peluh**	[pɛluh]
zweten (ww)	**berpeluh**	[bɛrpɛluh]
braking (de)	**muntah**	[muntah]
stuiptrekkingen (mv.)	**kekejangan**	[kɛkɛʤaŋan]
zwanger (bn)	**hamil**	[hamil]
geboren worden (ww)	**dilahirkan**	[dilahirkan]
geboorte (de)	**kelahiran**	[kɛlahiran]
baren (ww)	**melahirkan**	[mɛlahirkan]
abortus (de)	**pengguguran anak**	[pɛŋguguran anak]
ademhaling (de)	**pernafasan**	[pɛrnafasan]
inademing (de)	**tarikan nafas**	[tarikan nafas]
uitademing (de)	**penghembusan nafas**	[pɛŋɣɛmbusan nafas]
uitademen (ww)	**menghembuskan nafas**	[mɛŋɣɛmbuskan nafas]
inademen (ww)	**menarik nafas**	[mɛnarik nafas]
invalide (de)	**orang kurang upaya**	[oraŋ kuraŋ upaja]
gehandicapte (de)	**orang kurang upaya**	[oraŋ kuraŋ upaja]

drugsverslaafde (de)	**penagih dadah**	[pɛnagih dadah]
doof (bn)	**tuli**	[tuli]
stom (bn)	**bisu**	[bisu]
doofstom (bn)	**bisu tuli**	[bisu tuli]
krankzinnig (bn)	**gila**	[gila]
krankzinnige (man)	**lelaki gila**	[lɛlaki gila]
krankzinnige (vrouw)	**perempuan gila**	[pɛrɛmpuan gila]
krankzinnig worden	**menjadi gila**	[mɛndʒadi gila]
gen (het)	**gen**	[gen]
immuniteit (de)	**kekebalan**	[kɛkɛbalan]
erfelijk (bn)	**pusaka, warisan**	[pusaka], [varisan]
aangeboren (bn)	**bawaan**	[bavaan]
virus (het)	**virus**	[virus]
microbe (de)	**kuman**	[kuman]
bacterie (de)	**kuman**	[kuman]
infectie (de)	**jangkitan**	[dʒaŋkitan]

74. Symptomen. Behandelingen. Deel 3

ziekenhuis (het)	**hospital**	[hospital]
patiënt (de)	**pesakit**	[pɛsakit]
diagnose (de)	**diagnosis**	[diagnosis]
genezing (de)	**rawatan**	[ravatan]
medische behandeling (de)	**rawatan**	[ravatan]
onder behandeling zijn	**berubat**	[bɛrubat]
behandelen (ww)	**merawat**	[mɛravat]
zorgen (zieken ~)	**merawat**	[mɛravat]
ziekenzorg (de)	**jagaan**	[dʒagaan]
operatie (de)	**pembedahan, surgeri**	[pɛmbɛdahan], ['sødʒeri]
verbinden (een arm ~)	**membalut**	[membalut]
verband (het)	**pembalutan**	[pɛmbalutan]
vaccin (het)	**suntikan**	[suntikan]
inenten (vaccineren)	**menanam cacar**	[mɛnanam ʧaʧar]
injectie (de)	**cucukan, injeksi**	[ʧuʧukan], [indʒeksi]
een injectie geven	**membuat suntikan**	[mɛmbuat suntikan]
aanval (de)	**serangan**	[sɛraŋan]
amputatie (de)	**pemotongan**	[pɛmotoŋan]
amputeren (ww)	**memotong**	[mɛmotoŋ]
coma (het)	**keadaan koma**	[kɛadaan koma]
in coma liggen	**dalam keadaan koma**	[dalam kɛadaan koma]
intensieve zorg, ICU (de)	**rawatan rapi**	[ravatan rapi]
zich herstellen (ww)	**sembuh**	[sɛmbuh]
toestand (de)	**keadaan**	[kɛadaan]
bewustzijn (het)	**kesedaran**	[kɛsedaran]
geheugen (het)	**ingatan**	[iŋatan]
trekken (een kies ~)	**mencabut**	[mɛnʧabut]

vulling (de)	**tampal gigi**	[tampal gigi]
vullen (ww)	**menampal**	[mɛnampal]
hypnose (de)	**hipnosis**	[hipnosis]
hypnotiseren (ww)	**menghipnosis**	[mɛŋɣipnosis]

75. Artsen

dokter, arts (de)	**doktor**	[doktor]
ziekenzuster (de)	**jururawat**	[ʤururavat]
lijfarts (de)	**doktor peribadi**	[doktor pribadi]
tandarts (de)	**doktor gigi**	[doktor gigi]
oogarts (de)	**doktor mata**	[doktor mata]
therapeut (de)	**doktor am**	[doktor am]
chirurg (de)	**doktor bedah**	[doktor bɛdah]
psychiater (de)	**doktor penyakit jiwa**	[doktor pɛnjakit ʤiva]
pediater (de)	**doktor kanak-kanak**	[doktor kanak kanak]
psycholoog (de)	**pakar psikologi**	[pakar psikologi]
gynaecoloog (de)	**doktor sakit puan**	[doktor sakit puan]
cardioloog (de)	**pakar kardiologi**	[pakar kardiologi]

76. Geneeskunde. Medicijnen. Accessoires

geneesmiddel (het)	**ubat**	[ubat]
middel (het)	**ubat**	[ubat]
voorschrijven (ww)	**mempreskripsikan**	[mɛmpreskripsikan]
recept (het)	**preskripsi**	[preskripsi]
tablet (de/het)	**pil**	[pil]
zalf (de)	**ubat sapu**	[ubat sapu]
ampul (de)	**ampul**	[ampul]
drank (de)	**ubat cair**	[ubat ʧair]
siroop (de)	**sirup**	[sirup]
pil (de)	**pil**	[pil]
poeder (de/het)	**serbuk**	[sɛrbuk]
verband (het)	**kain pembalut**	[kain pɛmbalut]
watten (mv.)	**kapas**	[kapas]
jodium (het)	**iodin**	[iodin]
pleister (de)	**plaster**	[plastɛr]
pipet (de)	**pipet**	[pipet]
thermometer (de)	**meter suhu**	[metɛr suhu]
spuit (de)	**picagari**	[piʧagari]
rolstoel (de)	**kerusi roda**	[krusi roda]
krukken (mv.)	**tongkat ketiak**	[toŋkat kɛtiak]
pijnstiller (de)	**ubat penahan sakit**	[ubat pɛnahan sakit]
laxeermiddel (het)	**julap**	[ʤulap]

spiritus (de)	**alkohol**	[alkohol]
medicinale kruiden (mv.)	**herba perubatan**	[hɛrba pɛrubatan]
kruiden- (abn)	**herba**	[hɛrba]

77. Roken. Tabaksproducten

tabak (de)	**tembakau**	[tɛmbakau]
sigaret (de)	**sigaret**	[sigaret]
sigaar (de)	**cerutu**	[ʧɛrutu]
pijp (de)	**paip**	[pajp]
pakje (~ sigaretten)	**kotak**	[kotak]
lucifers (mv.)	**mancis**	[manʧis]
luciferdoosje (het)	**kotak mancis**	[kotak manʧis]
aansteker (de)	**pemetik api**	[pɛmɛtik api]
asbak (de)	**tempat abu rokok**	[tɛmpat abu rokok]
sigarettendoosje (het)	**celepa rokok**	[ʧɛlɛpa rokok]
sigarettenpijpje (het)	**pemegang rokok**	[pɛmɛgaŋ rokok]
filter (de/het)	**penapis**	[pɛnapis]
roken (ww)	**merokok**	[mɛrokok]
een sigaret opsteken	**menyalakan api rokok**	[mɛnjalakan api rokok]
roken (het)	**merokok**	[mɛrokok]
roker (de)	**perokok**	[pɛrokok]
peuk (de)	**puntung rokok**	[puntuŋ rokok]
rook (de)	**asap**	[asap]
as (de)	**abu**	[abu]

HET MENSELIJKE LEEFGEBIED

Stad

78. Stad. Het leven in de stad

stad (de)	**bandar**	[bandar]
hoofdstad (de)	**ibu negara**	[ibu nɛgara]
dorp (het)	**kampung**	[kampuŋ]
plattegrond (de)	**pelan bandar**	[plan bandar]
centrum (ov. een stad)	**pusat bandar**	[pusat bandar]
voorstad (de)	**pinggir bandar**	[piŋgir bandar]
voorstads- (abn)	**pinggir bandar**	[piŋgir bandar]
randgemeente (de)	**pinggir**	[piŋgir]
omgeving (de)	**persekitaran**	[pɛrɛekitaran]
blok (huizenblok)	**blok**	[blok]
woonwijk (de)	**blok kediaman**	[blok kɛdiaman]
verkeer (het)	**lalu lintas, trafik**	[lalu lintas], [trafik]
verkeerslicht (het)	**lampu isyarat**	[lampu iɕarat]
openbaar vervoer (het)	**pengangkutan awam bandar**	[pɛŋaŋkutan avam bandar]
kruispunt (het)	**persimpangan**	[pɛrsimpaŋan]
zebrapad (oversteekplaats)	**lintasan pejalan kaki**	[lintasan pɛdʒalan kaki]
onderdoorgang (de)	**terowong pejalan kaki**	[tɛrovoŋ pɛdʒalan kaki]
oversteken (de straat ~)	**melintas**	[mɛlintas]
voetganger (de)	**pejalan kaki**	[pɛdʒalan kaki]
trottoir (het)	**kaki lima**	[kaki lima]
brug (de)	**jambatan**	[dʒambatan]
dijk (de)	**jalan tepi sungai**	[dʒalan tɛpi suŋaj]
fontein (de)	**pancutan air**	[pantʃutan air]
allee (de)	**lorong**	[loroŋ]
park (het)	**taman**	[taman]
boulevard (de)	**boulevard**	[bulevard]
plein (het)	**dataran**	[dataran]
laan (de)	**lebuh**	[lɛbuh]
straat (de)	**jalan**	[dʒalan]
zijstraat (de)	**lorong**	[loroŋ]
doodlopende straat (de)	**buntu**	[buntu]
huis (het)	**rumah**	[rumah]
gebouw (het)	**bangunan**	[baŋunan]
wolkenkrabber (de)	**cakar langit**	[tʃakar laŋit]
gevel (de)	**muka**	[muka]

dak (het)	**bumbung**	[bumbuŋ]
venster (het)	**tingkap**	[tiŋkap]
boog (de)	**lengkung**	[lɛŋkuŋ]
pilaar (de)	**tiang**	[tiaŋ]
hoek (ov. een gebouw)	**sudut**	[sudut]
vitrine (de)	**cermin pameran**	[ʧɛrmin pameran]
gevelreclame (de)	**papan nama**	[papan nama]
affiche (de/het)	**poster**	[postɛr]
reclameposter (de)	**poster iklan**	[postɛr iklan]
aanplakbord (het)	**papan iklan**	[papan iklan]
vuilnis (de/het)	**sampah**	[sampah]
vuilnisbak (de)	**tong sampah**	[toŋ sampah]
afval weggooien (ww)	**menyepah**	[mɛnjepah]
stortplaats (de)	**tempat sampah**	[tɛmpat sampah]
telefooncel (de)	**pondok telefon**	[pondok telefon]
straatlicht (het)	**tiang lampu jalan**	[tiaŋ lampu ʤalan]
bank (de)	**bangku**	[baŋku]
politieagent (de)	**anggota polis**	[aŋgota polis]
politie (de)	**polis**	[polis]
zwerver (de)	**pengemis**	[pɛŋɛmis]
dakloze (de)	**orang yang tiada tempat berteduh**	[oraŋ jaŋ tiada tɛmpat bɛrtɛduh]

79. Stedelijke instellingen

winkel (de)	**kedai**	[kɛdaj]
apotheek (de)	**kedai ubat**	[kɛdaj ubat]
optiek (de)	**kedai optik**	[kɛdaj optik]
winkelcentrum (het)	**pusat membeli-belah**	[pusat membli blah]
supermarkt (de)	**pasaraya**	[pasaraja]
bakkerij (de)	**kedai roti**	[kɛdaj roti]
bakker (de)	**pembakar roti**	[pɛmbakar roti]
banketbakkerij (de)	**kedai kuih**	[kɛdaj kuih]
kruidenier (de)	**barang-barang runcit**	[baraŋ baraŋ runʧit]
slagerij (de)	**kedai daging**	[kɛdaj dagiŋ]
groentewinkel (de)	**kedai sayur**	[kɛdaj sajur]
markt (de)	**pasar**	[pasar]
koffiehuis (het)	**kedai kopi**	[kɛdaj kopi]
restaurant (het)	**restoran**	[restoran]
bar (de)	**kedai bir**	[kɛdaj bir]
pizzeria (de)	**kedai piza**	[kɛdaj piza]
kapperssalon (de/het)	**kedai gunting rambut**	[kɛdaj guntiŋ rambut]
postkantoor (het)	**pejabat pos**	[pɛʤabat pos]
stomerij (de)	**kedai cucian kering**	[kedaj ʧuʧian kɛriŋ]
fotostudio (de)	**studio foto**	[studio foto]
schoenwinkel (de)	**kedai kasut**	[kɛdaj kasut]

boekhandel (de)	**kedai buku**	[kɛdaj buku]
sportwinkel (de)	**kedai barang sukan**	[kɛdaj baraŋ sukan]
kledingreparatie (de)	**pembaikan baju**	[pɛmbaikan badʒu]
kledingverhuur (de)	**sewaan kostum**	[sevaan kostum]
videotheek (de)	**sewa filem**	[seva filɛm]
circus (de/het)	**sarkas**	[sarkas]
dierentuin (de)	**zoo**	[zu]
bioscoop (de)	**pawagam**	[pavagam]
museum (het)	**muzium**	[muzium]
bibliotheek (de)	**perpustakaan**	[pɛrpustakaan]
theater (het)	**teater**	[teatɛr]
opera (de)	**opera**	[opɛra]
nachtclub (de)	**kelab malam**	[klab malam]
casino (het)	**kasino**	[kasino]
moskee (de)	**masjid**	[masdʒid]
synagoge (de)	**saumaah**	[saumaah]
kathedraal (de)	**katedral**	[katɛdral]
tempel (de)	**rumah ibadat**	[rumah ibadat]
kerk (de)	**gereja**	[gɛredʒa]
instituut (het)	**institut**	[institut]
universiteit (de)	**universiti**	[univɛrsiti]
school (de)	**sekolah**	[sɛkolah]
gemeentehuis (het)	**prefekture**	[prefekturɛ]
stadhuis (het)	**dewan bandaran**	[devan bandaran]
hotel (het)	**hotel**	[hotel]
bank (de)	**bank**	[baŋk]
ambassade (de)	**kedutaan besar**	[kɛdutaan bɛsar]
reisbureau (het)	**agensi pelancongan**	[agensi pɛlantʃoŋan]
informatieloket (het)	**pejabat penerangan**	[pɛdʒabat pɛnɛraŋan]
wisselkantoor (het)	**pusat pertukaran mata wang**	[pusat pɛrtukaran mata vaŋ]
metro (de)	**LRT**	[ɛl ar ti]
ziekenhuis (het)	**hospital**	[hospital]
benzinestation (het)	**stesen minyak**	[stesen minjak]
parking (de)	**tempat letak kereta**	[tɛmpat lɛtak kreta]

80. Borden

gevelreclame (de)	**papan nama**	[papan nama]
opschrift (het)	**tulisan**	[tulisan]
poster (de)	**poster**	[postɛr]
wegwijzer (de)	**penunjuk**	[pɛnundʒuk]
pijl (de)	**anak panah**	[anak panah]
waarschuwing (verwittiging)	**peringatan**	[pɛriŋatan]
waarschuwingsbord (het)	**amaran**	[amaran]

waarschuwen (ww)	**memperingati**	[mɛmpɛriŋati]
vrije dag (de)	**hari kelepasan**	[hari kɛlɛpasan]
dienstregeling (de)	**jadual waktu**	[ʤadual vaktu]
openingsuren (mv.)	**waktu pejabat**	[vaktu pɛʤabat]
WELKOM!	**SELAMAT DATANG!**	[sɛlamat dataŋ]
INGANG	**MASUK**	[masuk]
UITGANG	**KELUAR**	[kɛluar]
DUWEN	**TOLAK**	[tolak]
TREKKEN	**TARIK**	[tarik]
OPEN	**BUKA**	[buka]
GESLOTEN	**TUTUP**	[tutup]
DAMES	**PEREMPUAN**	[pɛrɛmpuan]
HEREN	**LELAKI**	[lɛlaki]
KORTING	**POTONGAN**	[potoŋan]
UITVERKOOP	**JUALAN MURAH**	[ʤualan murah]
NIEUW!	**BARU!**	[baru]
GRATIS	**PERCUMA**	[pɛrʧuma]
PAS OP!	**PERHATIAN!**	[pɛrhatian]
VOLGEBOEKT	**TIDAK ADA TEMPAT DUDUK YANG KOSONG**	[tidak ada tɛmpat duduk jaŋ kosoŋ]
GERESERVEERD	**DITEMPAH**	[ditɛmpah]
ADMINISTRATIE	**PENTADBIRAN**	[pɛntadbiran]
ALLEEN VOOR PERSONEEL	**KAKITANGAN SAJA**	[kakitaŋan saʤa]
GEVAARLIJKE HOND	**AWAS, ANJING GANAS!**	[avas], [anʤiŋ ganas]
VERBODEN TE ROKEN!	**DILARANG MEROKOK!**	[dilaraŋ mɛrokok]
NIET AANRAKEN!	**JANGAN SENTUH!**	[ʤaŋan sɛntuh]
GEVAARLIJK	**BERBAHAYA**	[bɛrbahaja]
GEVAAR	**BAHAYA**	[bahaja]
HOOGSPANNING	**VOLTAN TINGGI**	[voltan tiŋgi]
VERBODEN TE ZWEMMEN	**DILARANG BERENANG!**	[dilaraŋ bɛrɛnaŋ]
BUITEN GEBRUIK	**ROSAK**	[rosak]
ONTVLAMBAAR	**MUDAH TERBAKAR**	[mudah tɛrbakar]
VERBODEN	**DILARANG**	[dilaraŋ]
DOORGANG VERBODEN	**DILARANG MASUK!**	[dilaraŋ masuk]
OPGELET PAS GEVERFD	**CAT BASAH**	[ʧat basah]

81. Stedelijk vervoer

bus, autobus (de)	**bas**	[bas]
tram (de)	**trem**	[trem]
trolleybus (de)	**bas elektrik**	[bas elektrik]
route (de)	**laluan**	[laluan]
nummer (busnummer, enz.)	**nombor**	[nombor]
rijden met ...	**naik**	[naik]

stappen (in de bus ~)	**naik**	[naik]
afstappen (ww)	**turun**	[turun]
halte (de)	**perhentian**	[pɛrhɛntian]
volgende halte (de)	**perhentian berikut**	[pɛrhɛntian bɛrikut]
eindpunt (het)	**perhentian akhir**	[pɛrhɛntian aχir]
dienstregeling (de)	**jadual waktu**	[ʤadual vaktu]
wachten (ww)	**menunggu**	[mɛnuŋgu]
kaartje (het)	**tiket**	[tiket]
reiskosten (de)	**harga tiket**	[harga tiket]
kassier (de)	**juruwang, kasyier**	[ʤuruvaŋ], [kaʃier]
kaartcontrole (de)	**pemeriksaan tiket**	[pɛmɛriksaan tiket]
controleur (de)	**konduktor**	[konduktor]
te laat zijn (ww)	**lambat**	[lambat]
missen (de bus ~)	**ketinggalan**	[kɛtiŋgalan]
zich haasten (ww)	**tergesa-gesa**	[tɛrgɛsa gɛsa]
taxi (de)	**teksi**	[teksi]
taxichauffeur (de)	**pemandu teksi**	[pɛmandu teksi]
met de taxi (bw)	**naik teksi**	[naik tɛksi]
taxistandplaats (de)	**perhentian teksi**	[pɛrhɛntian teksi]
een taxi bestellen	**memanggil teksi**	[mɛmaŋgil teksi]
een taxi nemen	**mengambil teksi**	[mɛŋambil teksi]
verkeer (het)	**lalu lintas, trafik**	[lalu lintas], [trafik]
file (de)	**kesesakan trafik**	[kɛsɛsakan trafik]
spitsuur (het)	**jam sibuk**	[ʤam sibuk]
parkeren (on.ww.)	**meletak kereta**	[mɛlɛtak kreta]
parkeren (ov.ww.)	**meletak**	[mɛlɛtak]
parking (de)	**tempat meletak**	[tɛmpat mɛlɛtak]
metro (de)	**LRT**	[ɛl ar ti]
halte (bijv. kleine treinhalte)	**stesen**	[stesen]
de metro nemen	**naik LRT**	[naik ɛl ar ti]
trein (de)	**kereta api, tren**	[kreta api], [tren]
station (treinstation)	**stesen kereta api**	[stesen kreta api]

82. Bezienswaardigheden

monument (het)	**tugu**	[tugu]
vesting (de)	**kubu**	[kubu]
paleis (het)	**istana**	[istana]
kasteel (het)	**istana kota**	[istana kota]
toren (de)	**menara**	[mɛnara]
mausoleum (het)	**mausoleum**	[mausoleum]
architectuur (de)	**seni bina**	[sɛni bina]
middeleeuws (bn)	**abad pertengahan**	[abad pɛrtɛŋahan]
oud (bn)	**kuno**	[kuno]
nationaal (bn)	**nasional**	[nasional]
bekend (bn)	**terkenal**	[tɛrkɛnal]

toerist (de)	**pelancong**	[pɛlantʃoŋ]
gids (de)	**pemandu**	[pɛmandu]
rondleiding (de)	**darmawisata**	[darmavisata]
tonen (ww)	**menunjukkan**	[mɛnundʒukkan]
vertellen (ww)	**menceritakan**	[mɛntʃɛritakan]
vinden (ww)	**mendapati**	[mɛndapati]
verdwalen (de weg kwijt zijn)	**kehilangan**	[kɛhilaŋan]
plattegrond (~ van de metro)	**peta**	[pɛta]
plattegrond (~ van de stad)	**pelan**	[plan]
souvenir (het)	**cenderamata**	[tʃɛndramata]
souvenirwinkel (de)	**kedai cenderamata**	[kedaj tʃɛndramata]
foto's maken	**mengambil gambar**	[mɛŋambil gambar]
zich laten fotograferen	**bergambar**	[bɛrgambar]

83. Winkelen

kopen (ww)	**membeli**	[mɛmbli]
aankoop (de)	**belian**	[blian]
winkelen (ww)	**membeli-belah**	[mɛmbli blah]
winkelen (het)	**berbelanja**	[bɛrblandʒa]
open zijn (ov. een winkel, enz.)	**buka**	[buka]
gesloten zijn (ww)	**tutup**	[tutup]
schoeisel (het)	**kasut**	[kasut]
kleren (mv.)	**pakaian**	[pakajan]
cosmetica (mv.)	**alat solek**	[alat solek]
voedingswaren (mv.)	**bahan makanan**	[bahan makanan]
geschenk (het)	**hadiah**	[hadiah]
verkoper (de)	**penjual**	[pɛndʒual]
verkoopster (de)	**jurujual perempuan**	[dʒurudʒual pɛrɛmpuan]
kassa (de)	**tempat juruwang**	[tɛmpat dʒuruvaŋ]
spiegel (de)	**cermin**	[tʃɛrmin]
toonbank (de)	**kaunter**	[kaunter]
paskamer (de)	**bilik acu**	[bilik atʃu]
aanpassen (ww)	**mencuba**	[mɛntʃuba]
passen (ov. kleren)	**sesuai**	[sɛsuaj]
bevallen (prettig vinden)	**suka**	[suka]
prijs (de)	**harga**	[harga]
prijskaartje (het)	**tanda harga**	[tanda harga]
kosten (ww)	**berharga**	[bɛrharga]
Hoeveel?	**Berapa?**	[brapa]
korting (de)	**potongan**	[potoŋan]
niet duur (bn)	**tidak mahal**	[tidak mahal]
goedkoop (bn)	**murah**	[murah]
duur (bn)	**mahal**	[mahal]

Dat is duur.	**Ini mahal**	[ini mahal]
verhuur (de)	**sewaan**	[sevaan]
huren (smoking, enz.)	**menyewa**	[mɛnjeva]
krediet (het)	**pinjaman**	[pindʒaman]
op krediet (bw)	**dengan pinjaman sewa beli**	[dɛŋan pindʒaman seva eli]

84. Geld

geld (het)	**wang**	[vaŋ]
ruil (de)	**pertukaran**	[pɛrtukaran]
koers (de)	**kadar pertukaran**	[kadar pɛrtukaran]
geldautomaat (de)	**ATM**	[ɛj ti ɛm]
muntstuk (de)	**syiling**	[ʃiliŋ]
dollar (de)	**dolar**	[dolar]
euro (de)	**euro**	[euro]
lire (de)	**lire Itali**	[lirɛ itali]
Duitse mark (de)	**Deutsche Mark**	[dojtʃe mark]
frank (de)	**franc**	[fraŋk]
pond sterling (het)	**paun**	[paun]
yen (de)	**yen**	[jen]
schuld (geldbedrag)	**hutang**	[hutaŋ]
schuldenaar (de)	**si berhutang**	[si bɛrhutaŋ]
uitlenen (ww)	**meminjamkan**	[mɛmindʒamkan]
lenen (geld ~)	**meminjam**	[mɛmindʒam]
bank (de)	**bank**	[baŋk]
bankrekening (de)	**akaun**	[akaun]
storten (ww)	**memasukkan**	[mɛmasukkan]
op rekening storten	**memasukkan ke dalam akaun**	[mɛmasukkan ke dalam akaun]
opnemen (ww)	**mengeluarkan wang**	[mɛŋɛluarkan vaŋ]
kredietkaart (de)	**kad kredit**	[kad kredit]
baar geld (het)	**wang tunai**	[vaŋ tunaj]
cheque (de)	**cek**	[tʃek]
een cheque uitschrijven	**menulis cek**	[mɛnulis tʃek]
chequeboekje (het)	**buku cek**	[buku tʃek]
portefeuille (de)	**beg duit**	[beg duit]
geldbeugel (de)	**dompet**	[dompet]
safe (de)	**peti besi**	[pɛti bɛsi]
erfgenaam (de)	**pewaris**	[pɛvaris]
erfenis (de)	**warisan**	[varisan]
fortuin (het)	**kekayaan**	[kɛkajaan]
huur (de)	**sewa**	[seva]
huurprijs (de)	**sewa rumah**	[seva rumah]
huren (huis, kamer)	**menyewa**	[mɛnjeva]
prijs (de)	**harga**	[harga]
kostprijs (de)	**kos**	[kos]

som (de)	**jumlah**	[ʤumlah]
uitgeven (geld besteden)	**menghabiskan**	[mɛŋɣabiskan]
kosten (mv.)	**belanja**	[blanʤa]
bezuinigen (ww)	**menjimatkan**	[mɛnʤimatkan]
zuinig (bn)	**cermat**	[ʧɛrmat]
betalen (ww)	**membayar**	[mɛmbajar]
betaling (de)	**pembayaran**	[pɛmbajaran]
wisselgeld (het)	**sisa wang**	[sisa vaŋ]
belasting (de)	**cukai**	[ʧukaj]
boete (de)	**denda**	[dɛnda]
beboeten (bekeuren)	**mendenda**	[mɛndɛnda]

85. Post. Postkantoor

postkantoor (het)	**pejabat pos**	[pɛʤabat pos]
post (de)	**mel**	[mel]
postbode (de)	**posmen**	[posmen]
openingsuren (mv.)	**waktu pejabat**	[vaktu pɛʤabat]
brief (de)	**surat**	[surat]
aangetekende brief (de)	**surat berdaftar**	[surat bɛrdaftar]
briefkaart (de)	**poskad**	[poskad]
telegram (het)	**telegram**	[telegram]
postpakket (het)	**kiriman pos**	[kiriman pos]
overschrijving (de)	**kiriman wang**	[kiriman vaŋ]
ontvangen (ww)	**menerima**	[mɛnɛrima]
sturen (zenden)	**mengirim**	[mɛŋirim]
verzending (de)	**pengiriman**	[pɛŋiriman]
adres (het)	**alamat**	[alamat]
postcode (de)	**poskod**	[poskod]
verzender (de)	**pengirim**	[pɛŋirim]
ontvanger (de)	**penerima**	[pɛnɛrima]
naam (de)	**nama**	[nama]
achternaam (de)	**nama keluarga**	[nama kɛluarga]
tarief (het)	**tarif**	[tarif]
standaard (bn)	**biasa, lazim**	[biasa], [lazim]
zuinig (bn)	**ekonomik**	[ekonomik]
gewicht (het)	**berat**	[brat]
afwegen (op de weegschaal)	**menimbang**	[mɛnimbaŋ]
envelop (de)	**sampul surat**	[sampul surat]
postzegel (de)	**setem**	[sɛtem]
een postzegel plakken op	**melekatkan setem**	[mɛlɛkatkan ɛetem]

Woning. Huis. Thuis

86. Huis. Woning

huis (het)	**rumah**	[rumah]
thuis (bw)	**di rumah**	[di rumah]
cour (de)	**halaman**	[halaman]
omheining (de)	**jeriji pagar**	[dʒɛridʒi pagar]
baksteen (de)	**batu bata**	[batu bata]
van bakstenen	**batu bata**	[batu bata]
steen (de)	**batu**	[batu]
stenen (bn)	**batu**	[batu]
beton (het)	**konkrit**	[koŋkrit]
van beton	**konkrit**	[koŋkrit]
nieuw (bn)	**baru**	[baru]
oud (bn)	**tua**	[tua]
vervallen (bn)	**usang, uzur**	[usaŋ], [uzur]
modern (bn)	**moden**	[modɛn]
met veel verdiepingen	**bertingkat**	[bɛrtiŋkat]
hoog (bn)	**tinggi**	[tiŋgi]
verdieping (de)	**tingkat**	[tiŋkat]
met een verdieping	**satu tingkat**	[satu tiŋkat]
laagste verdieping (de)	**lantai bawah**	[lantaj bavah]
bovenverdieping (de)	**lantai atas**	[lantaj atas]
dak (het)	**bumbung**	[bumbuŋ]
schoorsteen (de)	**cerobong**	[ʧɛroboŋ]
dakpan (de)	**genting**	[gɛntiŋ]
pannen- (abn)	**genting**	[gɛntiŋ]
zolder (de)	**loteng**	[loteŋ]
venster (het)	**tingkap**	[tiŋkap]
glas (het)	**kaca**	[kaʧa]
vensterbank (de)	**ambang tingkap**	[ambaŋ tiŋkap]
luiken (mv.)	**daun tingkap**	[daun tiŋkap]
muur (de)	**dinding**	[dindiŋ]
balkon (het)	**langkan**	[laŋkan]
regenpijp (de)	**paip salir**	[pajp salir]
boven (bw)	**di atas**	[di atas]
naar boven gaan (ww)	**naik**	[naik]
afdalen (on.ww.)	**turun**	[turun]
verhuizen (ww)	**berpindah**	[bɛrpindah]

87. Huis. Ingang. Lift

ingang (de)	**pintu masuk**	[pintu masuk]
trap (de)	**tangga**	[taŋga]
treden (mv.)	**anak tangga**	[anak taŋga]
trapleuning (de)	**selusur tangan**	[sɛlusur taŋan]
hal (de)	**ruang legar**	[ruaŋ legar]
postbus (de)	**peti surat**	[pɛti surat]
vuilnisbak (de)	**tong sampah**	[toŋ sampah]
vuilniskoker (de)	**pelongsor sampah**	[pɛloŋsor sampah]
lift (de)	**lif**	[lif]
goederenlift (de)	**lif muatan**	[lif muatan]
liftcabine (de)	**gerabak lif**	[gɛrabak lif]
de lift nemen	**naik lif**	[naik lif]
appartement (het)	**pangsapuri**	[paŋsapuri]
bewoners (mv.)	**penghuni**	[pɛŋɣuni]
buurman (de)	**jiran lelaki**	[ʤiran lɛlaki]
buurvrouw (de)	**jiran perempuan**	[ʤiran pɛrɛmpuan]
buren (mv.)	**jiran**	[ʤiran]

88. Huis. Elektriciteit

elektriciteit (de)	**t'naga elektrik**	[tenaga elektrik]
lamp (de)	**bal lampu**	[bal lampu]
schakelaar (de)	**suis**	[suis]
zekering (de)	**fius**	[fius]
draad (de)	**kawat, wayar**	[kavat], [vajar]
bedrading (de)	**pemasangan wayar**	[pɛmasaŋan vajar]
elektriciteitsmeter (de)	**meter elektrik**	[metɛr elektrik]
gegevens (mv.)	**bacaan**	[baʧaan]

89. Huis. Deuren. Sloten

deur (de)	**pintu**	[pintu]
toegangspoort (de)	**pintu gerbang**	[pintu gɛrbaŋ]
deurkruk (de)	**tangkai**	[taŋkaj]
ontsluiten (ontgrendelen)	**membuka kunci**	[mɛmbuka kunʧi]
openen (ww)	**membuka**	[mɛmbuka]
sluiten (ww)	**menutup**	[mɛnutup]
sleutel (de)	**kunci**	[kunʧi]
sleutelbos (de)	**sejambak**	[sɛʤambak]
knarsen (bijv. scharnier)	**berkerik**	[bɛrɛerik]
knarsgeluid (het)	**bunyi kerik**	[bunji kɛrik]
scharnier (het)	**engsel**	[eŋsel]
deurmat (de)	**ambal**	[ambal]
slot (het)	**kunci pintu**	[kunʧi pintu]

sleutelgat (het)	**lubang kunci**	[luban kuntʃi]
grendel (de)	**selak pintu**	[sɛlak pintu]
schuif (de)	**selak pintu**	[sɛlak pintu]
hangslot (het)	**mangga**	[maŋga]
aanbellen (ww)	**membunyikan**	[mɛmbunjikan]
bel (geluid)	**bunyi loceng**	[bunji lotʃeŋ]
deurbel (de)	**loceng**	[lotʃeŋ]
belknop (de)	**tombol**	[tombol]
geklop (het)	**ketukan**	[kɛtukan]
kloppen (ww)	**mengetuk**	[mɛŋɛtuk]
code (de)	**kod**	[kod]
cijferslot (het)	**kunci kod**	[kuntʃi kod]
parlofoon (de)	**interkom**	[intɛrkom]
nummer (het)	**nombor**	[nombor]
naambordje (het)	**papan tanda**	[papan tanda]
deurspion (de)	**lubang intai**	[luban intaj]

90. Huis op het platteland

dorp (het)	**kampung**	[kampuŋ]
moestuin (de)	**kebun sayur**	[kɛbun sajur]
hek (het)	**pagar**	[pagar]
houten hekwerk (het)	**pagar**	[pagar]
tuinpoortje (het)	**pintu pagar**	[pintu pagar]
graanschuur (de)	**rengkiang**	[rɛŋkiaŋ]
wortelkelder (de)	**bilik stor bawah tanah**	[bilik stor bavah tanah]
schuur (de)	**bangsal**	[baŋsal]
waterput (de)	**perigi**	[pɛrigi]
kachel (de)	**dapur**	[dapur]
de kachel stoken	**membakar dapur**	[mɛmbakar dapur]
brandhout (het)	**kayu bakar**	[kaju bakar]
houtblok (het)	**kayu api**	[kaju api]
veranda (de)	**serambi**	[sɛrambi]
terras (het)	**serambi**	[sɛrambi]
bordes (het)	**anjung depan**	[andʒuŋ dɛpan]
schommel (de)	**buyaian**	[buajan]

91. Villa. Herenhuis

landhuisje (het)	**rumah luar bandar**	[rumah luar bandar]
villa (de)	**vila**	[vila]
vleugel (de)	**sayap**	[sajap]
tuin (de)	**kebun**	[kɛbun]
park (het)	**taman**	[taman]
oranjerie (de)	**rumah hijau**	[rumah hidʒau]
onderhouden (tuin, enz.)	**memelihara**	[mɛmɛlihara]

zwembad (het)	**kolam renang**	[kolam rɛnaŋ]
gym (het)	**gimnasium**	[gimnasium]
tennisveld (het)	**gelanggang tenis**	[gɛlaŋgaŋ tenis]
bioscoopkamer (de)	**pawagam**	[pavagam]
garage (de)	**garaj**	[garadʒ]
privé-eigendom (het)	**harta benda persendirian**	[harta bɛnda pɛrsɛndirian]
eigen terrein (het)	**ladang persendirian**	[ladaŋ pɛrsɛndirian]
waarschuwing (de)	**peringatan**	[pɛriŋatan]
waarschuwingsbord (het)	**tulisan amaran**	[tulisan amaran]
bewaking (de)	**kawalan keselamatan**	[kavalan kɛsɛlamatan]
bewaker (de)	**pengawal keselamatan**	[pɛŋaval kɛsɛlamatan]
inbraakalarm (het)	**alat penggera**	[alat pɛŋgɛra]

92. Kasteel. Paleis

kasteel (het)	**istana kota**	[istana kota]
paleis (het)	**istana**	[istana]
vesting (de)	**kubu**	[kubu]
ringmuur (de)	**tembok**	[tembok]
toren (de)	**menara**	[mɛnara]
donjon (de)	**menara utama**	[mɛnara utama]
valhek (het)	**gril pintu kota**	[gril pintu kota]
onderaardse gang (de)	**laluan bawah tanah**	[laluan bavah tanah]
slotgracht (de)	**parit**	[parit]
ketting (de)	**rantai**	[rantaj]
schietgat (het)	**lubang untuk memanah**	[lubaŋ untuk mɛmanah]
prachtig (bn)	**cemerlang**	[ʧɛmɛrlaŋ]
majestueus (bn)	**hebat dan agung**	[hebat dan aguŋ]
onneembaar (bn)	**tidak boleh dicapai**	[tidak bole diʧapaj]
middeleeuws (bn)	**abad pertengahan**	[abad pɛrtɛŋahan]

93. Appartement

appartement (het)	**pangsapuri**	[paŋsapuri]
kamer (de)	**bilik**	[bilik]
slaapkamer (de)	**bilik tidur**	[bilik tidur]
eetkamer (de)	**bilik makan**	[bilik makan]
salon (de)	**ruang tamu**	[ruaŋ tamu]
studeerkamer (de)	**bilik bacaan**	[bilik baʧaan]
gang (de)	**ruang depan**	[ruaŋ dɛpan]
badkamer (de)	**bilik mandi**	[bilik mandi]
toilet (het)	**tandas**	[tandas]
plafond (het)	**siling**	[siliŋ]
vloer (de)	**lantai**	[lantaj]
hoek (de)	**sudut**	[sudut]

94. Appartement. Schoonmaken

schoonmaken (ww)	**mengemaskan**	[mɛŋɛmaskan]
opbergen (in de kast, enz.)	**menyimpan**	[mɛnjimpan]
stof (het)	**habuk, debu**	[habuk], [dɛbu]
stoffig (bn)	**berhabuk**	[bɛrhabuk]
stoffen (ww)	**mengesat debu**	[mɛŋɛsat debu]
stofzuiger (de)	**pembersih vakum**	[pɛmbɛrsih vakum]
stofzuigen (ww)	**memvakum**	[mɛmvakum]
vegen (de vloer ~)	**menyapu**	[mɛnjapu]
veegsel (het)	**sampah**	[sampah]
orde (de)	**keteraturan**	[kɛteraturan]
wanorde (de)	**keadaan berselerak**	[kɛadaan bɛrɛelerak]
zwabber (de)	**mop lantai**	[mop lantaj]
poetsdoek (de)	**lap**	[lap]
veger (de)	**penyapu**	[pɛnjapu]
stofblik (het)	**penadah sampah**	[pɛnadah sampah]

95. Meubels. Interieur

meubels (mv.)	**perabot**	[pɛrabot]
tafel (de)	**meja**	[medʒa]
stoel (de)	**kerusi**	[krusi]
bed (het)	**katil**	[katil]
bankstel (het)	**sofa**	[sofa]
fauteuil (de)	**kerusi tangan**	[krusi taŋan]
boekenkast (de)	**almari buku**	[almari buku]
boekenrek (het)	**rak**	[rak]
kledingkast (de)	**almari**	[almari]
kapstok (de)	**tempat sangkut baju**	[tɛmpat saŋkut badʒu]
staande kapstok (de)	**penyangkut kot**	[pɛnjaŋkut kot]
commode (de)	**almari laci**	[almari latʃi]
salontafeltje (het)	**meja tamu**	[medʒa tamu]
spiegel (de)	**cermin**	[tʃɛrmin]
tapijt (het)	**permaidani**	[pɛrmajdani]
tapijtje (het)	**ambal**	[ambal]
haard (de)	**perapian**	[pɛrapian]
kaars (de)	**linlin**	[linlin]
kandelaar (de)	**kaki dian**	[kaki dian]
gordijnen (mv.)	**langsir**	[laŋsir]
behang (het)	**kertas dinding**	[kɛrtas dindiŋ]
jaloezie (de)	**kerai**	[kraj]
bureaulamp (de)	**lampu meja**	[lampu medʒa]
wandlamp (de)	**lampu dinding**	[lampu dindiŋ]

staande lamp (de)	**lampu lantai**	[lampu lantaj]
luchter (de)	**candelier**	[ʧandelir]
poot (ov. een tafel, enz.)	**kaki**	[kaki]
armleuning (de)	**lengan**	[lɛŋan]
rugleuning (de)	**sandaran**	[sandaran]
la (de)	**laci**	[laʧi]

96. Beddengoed

beddengoed (het)	**linen**	[linen]
kussen (het)	**bantal**	[bantal]
kussenovertrek (de)	**sarung bantal**	[saruŋ bantal]
deken (de)	**selimut**	[sɛlimut]
laken (het)	**kain cadar**	[kain ʧadar]
sprei (de)	**tutup tilam bantal**	[tutup tilam bantal]

97. Keuken

keuken (de)	**dapur**	[dapur]
gas (het)	**gas**	[gas]
gasfornuis (het)	**dapur gas**	[dapur gas]
elektrisch fornuis (het)	**dapur elektrik**	[dapur elektrik]
oven (de)	**oven**	[oven]
magnetronoven (de)	**dapur gelombang mikro**	[dapur gɛlombaŋ mikro]
koelkast (de)	**peti sejuk**	[pɛti sɛʤuk]
diepvriezer (de)	**petak sejuk beku**	[petak sɛʤuk bɛku]
vaatwasmachine (de)	**mesin basuh pinggan mangkuk**	[mesin basuh piŋgan maŋkuk]
vleesmolen (de)	**pengisar daging**	[pɛŋisar dagiŋ]
vruchtenpers (de)	**pemerah jus**	[pɛmɛrah ʤus]
toaster (de)	**pembakar roti**	[pɛmbakar roti]
mixer (de)	**pengadun**	[pɛŋadun]
koffiemachine (de)	**pembuat kopi**	[pɛmbuat kopi]
koffiepot (de)	**kole kopi**	[kole kopi]
koffiemolen (de)	**pengisar kopi**	[pɛŋisar kopi]
fluitketel (de)	**cerek**	[ʧerek]
theepot (de)	**poci**	[poʧi]
deksel (de/het)	**tutup**	[tutup]
theezeefje (het)	**penapis the**	[pɛnapis teh]
lepel (de)	**sudu**	[sudu]
theelepeltje (het)	**sudu teh**	[sudu teh]
eetlepel (de)	**sudu makan**	[sudu makan]
vork (de)	**garpu**	[garpu]
mes (het)	**pisau**	[pisau]
vaatwerk (het)	**pinggan mangkuk**	[piŋgan maŋkuk]
bord (het)	**pinggan**	[piŋgan]

schoteltje (het)	**alas cawan**	[alas ʧavan]
likeurglas (het)	**gelas wain kecil**	[glas vajn keʧil]
glas (het)	**gelas**	[glas]
kopje (het)	**cawan**	[ʧavan]
suikerpot (de)	**tempat gula**	[tɛmpat gula]
zoutvat (het)	**tempat garam**	[tɛmpat garam]
pepervat (het)	**tempat lada**	[tɛmpat lada]
boterschaaltje (het)	**tempat mentega**	[tɛmpat mɛntega]
pan (de)	**periuk**	[priuk]
bakpan (de)	**kuali**	[kuali]
pollepel (de)	**sendok**	[sendok]
vergiet (de/het)	**alat peniris**	[alat pɛniris]
dienblad (het)	**dulang**	[dulaŋ]
fles (de)	**botol**	[botol]
glazen pot (de)	**balang**	[balaŋ]
blik (conserven~)	**tin**	[tin]
flesopener (de)	**pembuka botol**	[pɛmbuka botol]
blikopener (de)	**pembuka tin**	[pɛmbuka tin]
kurkentrekker (de)	**skru gabus**	[skru gabus]
filter (de/het)	**penapis**	[pɛnapis]
filteren (ww)	**menapis**	[mɛnapis]
huisvuil (het)	**sampah**	[sampah]
vuilnisemmer (de)	**baldi sampah**	[baldi sampah]

98. Badkamer

badkamer (de)	**bilik mandi**	[bilik mandi]
water (het)	**air**	[air]
kraan (de)	**pili**	[pili]
warm water (het)	**air panas**	[air panas]
koud water (het)	**air sejuk**	[air sɛʤuk]
tandpasta (de)	**ubat gigi**	[ubat gigi]
tanden poetsen (ww)	**memberus gigi**	[mɛmbɛrus gigi]
tandenborstel (de)	**berus gigi**	[bɛrus gigi]
zich scheren (ww)	**bercukur**	[bɛrʧukur]
scheercrème (de)	**buih cukur**	[buih ʧukur]
scheermes (het)	**pisau cukur**	[pisau ʧukur]
wassen (ww)	**mencuci**	[mɛnʧuʧi]
een bad nemen	**mandi**	[mandi]
douche (de)	**pancuran mandi**	[panʧuran mandi]
een douche nemen	**mandi di bawah pancuran air**	[mandi di bavah panʧuran air]
bad (het)	**tab mandi**	[tab mandi]
toiletpot (de)	**mangkuk tandas**	[maŋkuk tandas]
wastafel (de)	**sink cuci tangan**	[siŋk ʧuʧi taŋan]

zeep (de)	**sabun**	[sabun]
zeepbakje (het)	**tempat sabun**	[tɛmpat sabun]
spons (de)	**span**	[span]
shampoo (de)	**syampu**	[ʃampu]
handdoek (de)	**tuala**	[tuala]
badjas (de)	**jubah mandi**	[ʤubah mandi]
was (bijv. handwas)	**pembasuhan**	[pɛmbasuhan]
wasmachine (de)	**mesin pembasuh**	[mesin pɛmbasuh]
de was doen	**membasuh**	[mɛmbasuh]
waspoeder (de)	**serbuk pencuci**	[serbuk pɛnʧuʧi]

99. Huishoudelijke apparaten

televisie (de)	**peti televisyen**	[pɛti televiʃɛn]
cassettespeler (de)	**perakam**	[pɛrakam]
videorecorder (de)	**perakam video**	[pɛrakam video]
radio (de)	**pesawat radio**	[pɛsavat radio]
speler (de)	**pemain**	[pɛmajn]
videoprojector (de)	**penayang video**	[pɛnajaŋ video]
home theater systeem (het)	**pawagam rumah**	[pavagam rumah]
DVD-speler (de)	**pemain DVD**	[pɛmajn di vi di]
versterker (de)	**penguat**	[pɛŋwat]
spelconsole (de)	**konsol permainan video**	[konsol pɛrmajnan video]
videocamera (de)	**kamera video**	[kamera video]
fotocamera (de)	**kamera foto**	[kamera foto]
digitale camera (de)	**kamera digital**	[kamera digital]
stofzuiger (de)	**pembersih vakum**	[pɛmbɛrsih vakum]
strijkijzer (het)	**seterika**	[sɛtɛrika]
strijkplank (de)	**papan seterika**	[papan sɛtɛrika]
telefoon (de)	**telefon**	[telefon]
mobieltje (het)	**telefon bimbit**	[telefon bimbit]
schrijfmachine (de)	**mesin taip**	[mesin tajp]
naaimachine (de)	**mesin jahit**	[mesin ʤahit]
microfoon (de)	**mikrofon**	[mikrofon]
koptelefoon (de)	**pendengar telinga**	[pɛndɛŋar tɛliŋa]
afstandsbediening (de)	**alat kawalan jauh**	[alat kavalan ʤauh]
CD (de)	**cakera padat**	[ʧakra padat]
cassette (de)	**kaset**	[kaset]
vinylplaat (de)	**piring hitam**	[piriŋ hitam]

100. Reparaties. Renovatie

renovatie (de)	**pembaikan**	[pɛmbaikan]
renoveren (ww)	**membuat renovasi**	[mɛmbuat renovasi]

repareren (ww)	**membaiki**	[mɛmbaiki]
op orde brengen	**membereskan**	[mɛmbereskan]
overdoen (ww)	**membuat semula**	[mɛmbuat sɛmula]
verf (de)	**cat**	[ʧat]
verven (muur ~)	**mencat**	[mɛnʧat]
schilder (de)	**tukang cat**	[tukaŋ ʧat]
kwast (de)	**berus**	[bɛrus]
kalk (de)	**cat kapur**	[ʧat kapur]
kalken (ww)	**mengapur**	[mɛŋapur]
behang (het)	**kertas dinding**	[kɛrtas dindiŋ]
behangen (ww)	**menampal kertas dinding**	[mɛnampal kɛrtas dindiŋ]
lak (de/het)	**varnis**	[varnis]
lakken (ww)	**memvarnis**	[memvarnis]

101. Loodgieterswerk

water (het)	**air**	[air]
warm water (het)	**air panas**	[air panas]
koud water (het)	**air sejuk**	[air sɛʤuk]
kraan (de)	**pili**	[pili]
druppel (de)	**titisan**	[titisan]
druppelen (ww)	**menitis**	[mɛnitis]
lekken (een lek hebben)	**bocor**	[boʧor]
lekkage (de)	**bocor**	[boʧor]
plasje (het)	**lopak**	[lopak]
buis, leiding (de)	**paip**	[pajp]
stopkraan (de)	**injap**	[inʤap]
verstopt raken (ww)	**tersumbat**	[tɛrsumbat]
gereedschap (het)	**alat-alat**	[alat alat]
Engelse sleutel (de)	**perengkuh**	[pɛrɛŋkuh]
losschroeven (ww)	**memutar-buka**	[mɛmutar buka]
aanschroeven (ww)	**mengetatkan**	[mɛŋɛtatkan]
ontstoppen (riool, enz.)	**membersihkan**	[mɛmbɛrsihkan]
loodgieter (de)	**tukang paip**	[tukaŋ pajp]
kelder (de)	**tingkat bawah tanah**	[tiŋkat bavah tanah]
riolering (de)	**saluran pembetungan**	[saluran pɛmbetuŋan]

102. Brand. Vuurzee

brand (de)	**api**	[api]
vlam (de)	**nyala**	[njala]
vonk (de)	**bunga api**	[buŋa api]
rook (de)	**asap**	[asap]
fakkel (de)	**obor**	[obor]
kampvuur (het)	**unggun api**	[uŋgun api]

benzine (de)	**minyak**	[minjak]
kerosine (de)	**minyak tanah**	[minjak tanah]
brandbaar (bn)	**mudah terbakar**	[mudah tɛrbakar]
ontplofbaar (bn)	**mudah meletup**	[mudah mɛlɛtup]
VERBODEN TE ROKEN!	**DILARANG MEROKOK!**	[dilaraŋ mɛrokok]
veiligheid (de)	**keselamatan**	[kɛsɛlamatan]
gevaar (het)	**bahaya**	[bahaja]
gevaarlijk (bn)	**berbahaya**	[bɛrbahaja]
in brand vliegen (ww)	**mula bernyala**	[mula bɛrnjala]
explosie (de)	**letupan**	[lɛtupan]
in brand steken (ww)	**membakar**	[mɛmbakar]
brandstichter (de)	**pelaku kebakaran**	[pɛlaku kɛbakaran]
brandstichting (de)	**pembakaran**	[pɛmbakaran]
vlammen (ww)	**bernyala**	[bɛrnjala]
branden (ww)	**terbakar**	[tɛrbakar]
afbranden (ww)	**terbakar**	[tɛrbakar]
de brandweer bellen	**memanggil pasukan bomba**	[mɛmaŋgil pasukan bomba]
brandweerman (de)	**anggota bomba**	[aŋgota bomba]
brandweerwagen (de)	**kereta bomba**	[kreta bomba]
brandweer (de)	**pasukan bomba**	[pasukan bomba]
uitschuifbare ladder (de)	**tangga jenjang**	[taŋga ʤɛnʤaŋ]
brandslang (de)	**hos**	[hos]
brandblusser (de)	**pemadam api**	[pɛmadam api]
helm (de)	**topi besi**	[topi bɛsi]
sirene (de)	**siren**	[sirɛn]
roepen (ww)	**berteriak**	[bɛrtɛriak]
hulp roepen	**memanggil**	[mɛmaŋgil]
redder (de)	**penyelamat**	[pɛnjelamat]
redden (ww)	**menyelamatkan**	[mɛnjelamatkan]
aankomen (per auto, enz.)	**datang**	[dataŋ]
blussen (ww)	**memadamkan**	[mɛmadamkan]
water (het)	**air**	[air]
zand (het)	**pasir**	[pasir]
ruïnes (mv.)	**puing**	[puiŋ]
instorten (gebouw, enz.)	**runtuh**	[runtuh]
ineenstorten (ww)	**jatuh**	[ʤatuh]
inzakken (ww)	**roboh**	[roboh]
brokstuk (het)	**serpihan**	[sɛrpihan]
as (de)	**abu**	[abu]
verstikken (ww)	**mati lemas**	[mati lɛmas]
omkomen (ww)	**terbunuh, mati**	[tɛrbunuh], [mati]

MENSELIJKE ACTIVITEITEN

Baan. Business. Deel 1

103. Kantoor. Op kantoor werken

kantoor (het)	**pejabat**	[pɛʤabat]
kamer (de)	**pejabat**	[pɛʤabat]
receptie (de)	**meja sambut tetamu**	[meʤa sambut tɛtamu]
secretaris (de)	**setiausaha**	[sɛtiausaha]
directeur (de)	**pengarah**	[pɛŋarah]
manager (de)	**menejar**	[mɛneʤar]
boekhouder (de)	**akauntan**	[akauntan]
werknemer (de)	**kakitangan**	[kakitaŋan]
meubilair (het)	**perabot**	[pɛrabot]
tafel (de)	**meja**	[meʤa]
bureaustoel (de)	**kerusi tangan**	[krusi taŋan]
ladeblok (het)	**almari kecil berlaci**	[almari kɛʧil bɛrlaʧi]
kapstok (de)	**penyangkut kot**	[pɛnjaŋkut kot]
computer (de)	**komputer**	[komputɛr]
printer (de)	**printer**	[printɛr]
fax (de)	**faks**	[faks]
kopieerapparaat (het)	**mesin fotokopi**	[mesin fotokopi]
papier (het)	**kertas**	[kɛrtas]
kantoorartikelen (mv.)	**alat-alat tulis**	[alat alat tulis]
muismat (de)	**alas tetikus**	[alas tɛtikus]
blad (het)	**helai**	[hɛlaj]
ordner (de)	**folder**	[foldɛr]
catalogus (de)	**katalog**	[katalog]
telefoongids (de)	**buku rujukan**	[buku ruʤukan]
documentatie (de)	**dokumentasi**	[dokumɛntasi]
brochure (de)	**brosur**	[brosur]
flyer (de)	**surat sebaran**	[surat sebaran]
monster (het), staal (de)	**contoh**	[ʧontoh]
training (de)	**latihan**	[latihan]
vergadering (de)	**mesyuarat**	[mɛɕuarat]
lunchpauze (de)	**masa rehat**	[masa rehat]
een kopie maken	**membuat salinan**	[mɛmbuat salinan]
de kopieën maken	**membuat salinan**	[mɛmbuat salinan]
een fax ontvangen	**menerima faks**	[mɛnɛrima faks]
een fax versturen	**mengirim faks**	[mɛŋirim faks]
opbellen (ww)	**menelefon**	[mɛnelefon]

antwoorden (ww)	**menjawab**	[mɛndʒavab]
doorverbinden (ww)	**menyambung**	[mɛnjambuŋ]
afspreken (ww)	**menentukan**	[mɛnɛntukan]
demonstreren (ww)	**memperlihatkan**	[mɛmpɛrlihatkan]
absent zijn (ww)	**tidak hadir**	[tidak hadir]
afwezigheid (de)	**ketidakhadiran**	[kɛtidaχadiran]

104. Bedrijfsprocessen. Deel 1

bedrijf (business)	**usaha**	[usaha]
zaak (de), beroep (het)	**pekerjaan**	[pɛkɛrdʒaan]
firma (de)	**firma**	[firma]
bedrijf (maatschap)	**syarikat**	[ɕarikat]
corporatie (de)	**perbadanan**	[pɛrbadanan]
onderneming (de)	**perusahaan**	[pɛrusahaan]
agentschap (het)	**agensi**	[agensi]
overeenkomst (de)	**perjanjian**	[pɛrdʒandʒian]
contract (het)	**kontrak**	[kontrak]
transactie (de)	**transaksi**	[transaksi]
bestelling (de)	**tempahan**	[tɛmpahan]
voorwaarde (de)	**syarat, terma**	[ɕarat], [tɛrma]
in het groot (bw)	**secara borong**	[sɛtʃara boroŋ]
groothandels- (abn)	**borongan**	[boroŋan]
groothandel (de)	**jualan borong**	[dʒualan boroŋ]
kleinhandels- (abn)	**runcit**	[runtʃit]
kleinhandel (de)	**jualan runcit**	[dʒualan runtʃit]
concurrent (de)	**pesaing**	[pɛsaiŋ]
concurrentie (de)	**persaingan**	[pɛrsaiŋan]
concurreren (ww)	**bersaing**	[bɛrsaiŋ]
partner (de)	**rakan kongsi**	[rakan koŋsi]
partnerschap (het)	**kerakanan**	[kɛrakanan]
crisis (de)	**krisis**	[krisis]
bankroet (het)	**kebankrapan**	[kɛbaŋkrapan]
bankroet gaan (ww)	**jatuh bengkrap**	[dʒatuh baŋkrap]
moeilijkheid (de)	**kesukaran**	[kɛsukaran]
probleem (het)	**masalah**	[masalah]
catastrofe (de)	**kemalangan**	[kɛmalaŋan]
economie (de)	**ekonomi**	[ekonomi]
economisch (bn)	**ekonomi**	[ekonomi]
economische recessie (de)	**kemerosotan ekonomi**	[kɛmɛrosotan ekonomi]
doel (het)	**tujuan**	[tudʒuan]
taak (de)	**tugas**	[tugas]
handelen (handel drijven)	**berdagang**	[bɛrdagaŋ]
netwerk (het)	**rangkaian**	[raŋkajan]

voorraad (de)	**stok**	[stok]
assortiment (het)	**pilihan**	[pilihan]
leider (de)	**pemimpin**	[pɛmimpin]
groot (bn)	**besar**	[bɛsar]
monopolie (het)	**monopoli**	[monopoli]
theorie (de)	**teori**	[teori]
praktijk (de)	**praktik**	[praktik]
ervaring (de)	**pengalaman**	[pɛŋalaman]
tendentie (de)	**tendensi**	[tendɛnsi]
ontwikkeling (de)	**perkembangan**	[pɛrkɛmbaŋan]

105. Bedrijfsprocessen. Deel 2

voordeel (het)	**keuntungan**	[kɛuntuŋan]
voordelig (bn)	**menguntungkan**	[mɛŋuntuŋkan]
delegatie (de)	**delegasi**	[delegasi]
salaris (het)	**gaji, upah**	[gaʤi], [upah]
corrigeren (fouten ~)	**memperbaiki**	[mɛmpɛrbaiki]
zakenreis (de)	**lawatan kerja**	[lavatan kɛrʤa]
commissie (de)	**suruhanjaya**	[suruhanʤaja]
controleren (ww)	**mengawal**	[mɛŋaval]
conferentie (de)	**persidangan**	[pɛrsidaŋan]
licentie (de)	**lesen**	[lesen]
betrouwbaar (partner, enz.)	**boleh diharap**	[bole diharap]
aanzet (de)	**inisiatif**	[inisiatif]
norm (bijv. ~ stellen)	**standard**	[standard]
omstandigheid (de)	**keadaan**	[kɛadaan]
taak, plicht (de)	**tugas**	[tugas]
organisatie (bedrijf, zaak)	**pertubuhan**	[pɛrtubuhan]
organisatie (proces)	**pengurusan**	[pɛŋurusan]
georganiseerd (bn)	**terurus**	[tɛrurus]
afzegging (de)	**pembatalan**	[pɛmbatalan]
afzeggen (ww)	**membatalkan**	[mɛmbatalkan]
verslag (het)	**penyata**	[pɛnjata]
patent (het)	**paten**	[paten]
patenteren (ww)	**berpaten**	[bɛrpaten]
plannen (ww)	**merancang**	[mɛranʧaŋ]
premie (de)	**ganjaran**	[ganʤaran]
professioneel (bn)	**profesional**	[profesional]
procedure (de)	**prosedur**	[prosedur]
onderzoeken (contract, enz.)	**meninjau**	[mɛninʤau]
berekening (de)	**penghitungan**	[pɛŋɣituŋan]
reputatie (de)	**reputasi**	[reputasi]
risico (het)	**risiko**	[risiko]
beheren (managen)	**memimpin**	[mɛmimpin]

informatie (de)	**data**	[data]
eigendom (bezit)	**milik**	[milik]
unie (de)	**kesatuan**	[kɛsatuan]
levensverzekering (de)	**insurans nyawa**	[insurans njava]
verzekeren (ww)	**menginsurans**	[mɛŋinsurans]
verzekering (de)	**insurans**	[insurans]
veiling (de)	**lelong**	[leloŋ]
verwittigen (ww)	**memberitahu**	[mɛmbritahu]
beheer (het)	**pengurusan**	[pɛŋurusan]
dienst (de)	**khidmat**	[χidmat]
forum (het)	**forum**	[forum]
functioneren (ww)	**berfungsi**	[bɛrfuŋsi]
stap, etappe (de)	**peringkat**	[priŋkat]
juridisch (bn)	**guaman**	[guaman]
jurist (de)	**peguam**	[pɛguam]

106. Productie. Werken

industriële installatie (fabriek)	**loji**	[lodʒi]
fabriek (de)	**kilang**	[kilaŋ]
werkplaatsruimte (de)	**bengkel**	[beŋkel]
productielocatie (de)	**perusahaan**	[pɛrusahaan]
industrie (de)	**industri**	[industri]
industrieel (bn)	**industri**	[industri]
zware industrie (de)	**industri berat**	[industri brat]
lichte industrie (de)	**industri ringan**	[industri riŋan]
productie (de)	**hasil pengeluaran**	[hasil pɛŋɛluaran]
produceren (ww)	**mengeluarkan**	[mɛŋɛluarkan]
grondstof (de)	**bahan mentah**	[bahan mɛntah]
voorman, ploegbaas (de)	**fomen**	[fomen]
ploeg (de)	**kumpulan pekerja**	[kumpulan pɛkɛrdʒa]
arbeider (de)	**buruh, pekerja**	[buruh], [pɛkɛrdʒa]
werkdag (de)	**hari kerja**	[hari kɛrdʒa]
pauze (de)	**perhentian**	[pɛrhɛntian]
samenkomst (de)	**mesyuarat**	[mɛɕuarat]
bespreken (spreken over)	**membincangkan**	[mɛmbintʃaŋkan]
plan (het)	**rancangan**	[rantʃaŋan]
het plan uitvoeren	**menunaikan rancangan**	[mɛnunajkan rantʃaŋan]
productienorm (de)	**norma keluaran**	[norma kɛluaran]
kwaliteit (de)	**mutu**	[mutu]
controle (de)	**pemeriksaan**	[pɛmɛriksaan]
kwaliteitscontrole (de)	**pemeriksaan mutu**	[pɛmɛriksaan mutu]
arbeidsveiligheid (de)	**keselamatan kerja**	[kɛsɛlamatan kɛrdʒa]
discipline (de)	**disiplin**	[disiplin]
overtreding (de)	**pelanggaran**	[pɛlaŋgaran]

overtreden (ww)	**melanggar**	[mɛlaŋgar]
staking (de)	**pemogokan**	[pɛmogokan]
staker (de)	**pemogok**	[pɛmogok]
staken (ww)	**mogok**	[mogok]
vakbond (de)	**kesatuan sekerja**	[kɛsatuan sɛkɛrʤa]
uitvinden (machine, enz.)	**menemu**	[mɛnɛmu]
uitvinding (de)	**penemuan**	[pɛnɛmuan]
onderzoek (het)	**penyelidikan**	[pɛnjelidikan]
verbeteren (beter maken)	**memperbaik**	[mɛmpɛrbaik]
technologie (de)	**teknologi**	[teknologi]
technische tekening (de)	**rajah**	[raʤah]
vracht (de)	**muatan**	[muatan]
lader (de)	**pemuat**	[pɛmuat]
laden (vrachtwagen)	**memuat**	[mɛmuat]
laden (het)	**pemuatan**	[pɛmuatan]
lossen (ww)	**memunggah**	[mɛmuŋgah]
lossen (het)	**pemunggahan**	[pɛmuŋgahan]
transport (het)	**pengangkutan**	[pɛŋaŋkutan]
transportbedrijf (de)	**syarikat pengangkutan**	[ɕarikat pɛŋaŋkutan]
transporteren (ww)	**mengangkut**	[mɛŋaŋkut]
goederenwagon (de)	**gerabak barang**	[gɛrabak baraŋ]
tank (bijv. ketelwagen)	**tangki**	[taŋki]
vrachtwagen (de)	**lori**	[lori]
machine (de)	**mesin**	[mesin]
mechanisme (het)	**mekanisme**	[mekanisme]
industrieel afval (het)	**sisa buangan**	[sisa buaŋan]
verpakking (de)	**pembungkusan**	[pɛmbuŋkusan]
verpakken (ww)	**membungkus**	[mɛmbuŋkus]

107. Contract. Overeenstemming

contract (het)	**kontrak**	[kontrak]
overeenkomst (de)	**perjanjian**	[pɛrʤanʤian]
bijlage (de)	**lampiran**	[lampiran]
een contract sluiten	**membuat surat perjanjian**	[mɛmbuat surat pɛrʤanʤian]
handtekening (de)	**tanda tangan**	[tanda taŋan]
ondertekenen (ww)	**menandatangani**	[mɛnandataŋani]
stempel (de)	**cap**	[ʧap]
voorwerp (het) van de overeenkomst	**subjek perjanjian**	[subʤek pɛrʤanʤian]
clausule (de)	**fasal, perkara**	[fasal], [pɛrkara]
partijen (mv.)	**pihak**	[pihak]
vestigingsadres (het)	**alamat rasmi**	[alamat rasmi]
het contract verbreken (overtreden)	**melanggar perjanjian**	[mɛlaŋgar pɛrʤanʤian]

verplichting (de)	**kewajipan**	[kɛvadʒipan]
verantwoordelijkheid (de)	**tanggungjawab**	[taŋguŋdʒavab]
overmacht (de)	**keadaan memaksa**	[kɛadaan mɛmaksa]
geschil (het)	**pertengkaran**	[pɛrtɛŋkaran]
sancties (mv.)	**sekatan**	[sɛkatan]

108. Import & Export

import (de)	**import**	[import]
importeur (de)	**pengimport**	[pɛŋimport]
importeren (ww)	**mengimport**	[mɛŋimport]
import- (abn)	**import**	[import]
uitvoer (export)	**eksport**	[eksport]
exporteur (de)	**pengeksport**	[pɛŋeksport]
exporteren (ww)	**mengeksport**	[mɛŋeksport]
uitvoer- (bijv., ~goederen)	**eksport**	[eksport]
goederen (mv.)	**barangan**	[baraŋan]
partij (de)	**konsainan**	[konsajnan]
gewicht (het)	**berat**	[brat]
volume (het)	**jumlah**	[dʒumlah]
kubieke meter (de)	**meter padu**	[metɛr padu]
producent (de)	**pembuat**	[pɛmbuat]
transportbedrijf (de)	**syarikat pengangkutan**	[ɕarikat pɛŋaŋkutan]
container (de)	**kontena**	[kontena]
grens (de)	**sempadan**	[sɛmpadan]
douane (de)	**kastam**	[kastam]
douanerecht (het)	**ikrar kastam**	[ikrar kastam]
douanier (de)	**anggota kastam**	[aŋgota kastam]
smokkelen (het)	**penyeludupan**	[pɛnjeludupan]
smokkelwaar (de)	**barang-barang seludupan**	[baraŋ baraŋ sɛludupan]

109. Financiën

aandeel (het)	**saham**	[saham]
obligatie (de)	**bon**	[bon]
wissel (de)	**bil pertukaran**	[bil pɛrtukaran]
beurs (de)	**bursa**	[bursa]
aandelenkoers (de)	**harga saham**	[harga saham]
dalen (ww)	**menjadi murah**	[mɛndʒadi murah]
stijgen (ww)	**menjadi mahal**	[mɛndʒadi mahal]
deel (het)	**pangsa**	[paŋsa]
meerderheidsbelang (het)	**saham majoriti**	[saham madʒoriti]
investeringen (mv.)	**pelaburan**	[pɛlaburan]
investeren (ww)	**melabur**	[mɛlabur]

procent (het)	**peratus**	[pɛratus]
rente (de)	**bunga**	[buŋa]
winst (de)	**untung**	[untuŋ]
winstgevend (bn)	**beruntung**	[bɛruntuŋ]
belasting (de)	**cukai**	[ʧukaj]
valuta (vreemde ~)	**mata wang**	[mata vaŋ]
nationaal (bn)	**nasional**	[nasional]
ruil (de)	**pertukaran**	[pɛrtukaran]
boekhouder (de)	**akauntan**	[akauntan]
boekhouding (de)	**pejabat perakaunan**	[pɛʤabat pɛrakaunan]
bankroet (het)	**kebankrapan**	[kɛbaŋkrapan]
ondergang (de)	**kehancuran**	[kɛhanʧuran]
faillissement (het)	**kebankrapan**	[kɛbaŋkrapan]
geruïneerd zijn (ww)	**bankrap**	[baŋkrap]
inflatie (de)	**inflasi**	[inflasi]
devaluatie (de)	**devaluisi**	[devaluisi]
kapitaal (het)	**modal**	[modal]
inkomen (het)	**pendapatan**	[pɛndapatan]
omzet (de)	**peredaran**	[pɛredaran]
middelen (mv.)	**wang**	[vaŋ]
financiële middelen (mv.)	**sumber wang**	[sumbɛr vaŋ]
operationele kosten (mv.)	**kos tidak langsung**	[kos tidak laŋsuŋ]
reduceren (kosten ~)	**mengurangkan**	[mɛŋuraŋkan]

110. Marketing

marketing (de)	**pemasaran**	[pɛmasaran]
markt (de)	**pasaran**	[pasaran]
marktsegment (het)	**segmen pasaran**	[segmɛn pasaran]
product (het)	**hasil**	[hasil]
goederen (mv.)	**barangan**	[baraŋan]
merk (het)	**jenama**	[ʤɛnama]
handelsmerk (het)	**cap dagang**	[ʧap dagaŋ]
beeldmerk (het)	**logo**	[logo]
logo (het)	**logo**	[logo]
vraag (de)	**permintaan**	[pɛrmintaan]
aanbod (het)	**penawaran**	[pɛnavaran]
behoefte (de)	**keperluan**	[kɛpɛrluan]
consument (de)	**pengguna**	[pɛŋguna]
analyse (de)	**analisis**	[analisis]
analyseren (ww)	**menganalisis**	[mɛŋanalisis]
positionering (de)	**penentududukan**	[pɛnɛntududukan]
positioneren (ww)	**menentukan kedudukan**	[mɛnɛntukan kɛdudukan]
prijs (de)	**harga**	[harga]
prijspolitiek (de)	**dasar harga**	[dasar harga]
prijsvorming (de)	**pembentukan harga**	[pɛmbentukan harga]

111. Reclame

reclame (de)	**iklan**	[iklan]
adverteren (ww)	**mengiklankan**	[mɛŋiklaŋkan]
budget (het)	**bajet**	[badʒet]
advertentie, reclame (de)	**iklan**	[iklan]
TV-reclame (de)	**iklan TV**	[iklan tivi]
radioreclame (de)	**iklan di radio**	[iklan di radio]
buitenreclame (de)	**iklan luaran**	[iklan luaran]
massamedia (de)	**sebaran am**	[sebaran am]
periodiek (de)	**terbitan berkala**	[tɛrbitan bɛrkala]
imago (het)	**imej**	[imedʒ]
slagzin (de)	**slogan**	[slogan]
motto (het)	**motto**	[motto]
campagne (de)	**kempen**	[kempen]
reclamecampagne (de)	**kempen iklan**	[kempen iklan]
doelpubliek (het)	**kelompok sasaran**	[kɛlompok sasaran]
visitekaartje (het)	**kad nama**	[kad nama]
flyer (de)	**surat sebaran**	[surat sebaran]
brochure (de)	**brosur**	[brosur]
folder (de)	**brosur**	[brosur]
nieuwsbrief (de)	**buletin**	[bulɛtin]
gevelreclame (de)	**papan nama**	[papan nama]
poster (de)	**poster**	[postɛr]
aanplakbord (het)	**papan iklan**	[papan iklan]

112. Bankieren

bank (de)	**bank**	[baŋk]
bankfiliaal (het)	**cawangan**	[ʧavaŋan]
bankbediende (de)	**perunding**	[pɛrundiŋ]
manager (de)	**pengurus**	[pɛŋurus]
bankrekening (de)	**akaun**	[akaun]
rekeningnummer (het)	**nombor akaun**	[nombor akaun]
lopende rekening (de)	**akaun semasa**	[akaun sɛmasa]
spaarrekening (de)	**akaun simpanan**	[akaun simpanan]
een rekening openen	**membuka akaun**	[mɛmbuka akaun]
de rekening sluiten	**menutup akaun**	[mɛnutup akaun]
op rekening storten	**memasukkan wang ke dalam akaun**	[mɛmasukkan vaŋ kɛ dalam akaun]
opnemen (ww)	**mengeluarkan wang**	[mɛŋɛluarkan vaŋ]
storting (de)	**simpanan wang**	[simpanan vaŋ]
een storting maken	**memasukkan wang**	[mɛmasukkan vaŋ]

overschrijving (de)	**transfer**	[transfer]
een overschrijving maken	**mengirim duit**	[mɛŋirim duit]
som (de)	**jumlah**	[ʤumlah]
Hoeveel?	**Berapa?**	[brapa]
handtekening (de)	**tanda tangan**	[tanda taŋan]
ondertekenen (ww)	**menandatangani**	[mɛnandataŋani]
kredietkaart (de)	**kad kredit**	[kad kredit]
code (de)	**kod**	[kod]
kredietkaartnummer (het)	**nombor kad kredit**	[nombor kad kredit]
geldautomaat (de)	**ATM**	[ɛj ti ɛm]
cheque (de)	**cek**	[ʧek]
een cheque uitschrijven	**menulis cek**	[mɛnulis ʧek]
chequeboekje (het)	**buku cek**	[buku ʧek]
lening, krediet (de)	**pinjaman**	[pinʤaman]
een lening aanvragen	**meminta pinjaman**	[mɛminta pinʤaman]
een lening nemen	**mengambil pinjaman**	[mɛŋambil pinʤaman]
een lening verlenen	**memberi pinjaman**	[mɛmbri pinʤaman]
garantie (de)	**jaminan**	[ʤaminan]

113. Telefoon. Telefoongesprek

telefoon (de)	**telefon**	[telefon]
mobieltje (het)	**telefon bimbit**	[telefon bimbit]
antwoordapparaat (het)	**mesin menjawab panggilan telefon**	[mesin mɛnʤavab paŋgilan telefon]
bellen (ww)	**menelefon**	[mɛnelefon]
belletje (telefoontje)	**panggilan telefon**	[paŋgilan telefon]
een nummer draaien	**mendail nombor**	[mɛndajl nombor]
Hallo!	**Helo!**	[helo]
vragen (ww)	**menyoal**	[mɛnjoal]
antwoorden (ww)	**menjawab**	[mɛnʤavab]
horen (ww)	**mendengar**	[mɛndɛŋar]
goed (bw)	**baik**	[baik]
slecht (bw)	**buruk**	[buruk]
storingen (mv.)	**bising**	[bisiŋ]
hoorn (de)	**gagang**	[gagaŋ]
opnemen (ww)	**mengankat gagang telefon**	[mɛŋaŋkat gagaŋ telefon]
ophangen (ww)	**meletakkan gagang telefon**	[mɛlɛtakkan gagaŋ telefon]
bezet (bn)	**sibuk**	[sibuk]
overgaan (ww)	**berdering**	[bɛrdɛriŋ]
telefoonboek (het)	**buku panduan telefon**	[buku panduan telefon]
lokaal (bn)	**tempatan**	[tɛmpatan]
lokaal gesprek (het)	**panggilan tempatan**	[paŋgilan tɛmpatan]

interlokaal (bn)	**antarabandar**	[antarabandar]
interlokaal gesprek (het)	**panggilan antarabandar**	[paŋgilan antarabandar]
buitenlands (bn)	**antarabangsa**	[antarabaŋsa]

114. Mobiele telefoon

mobieltje (het)	**telefon bimbit**	[telefon bimbit]
scherm (het)	**peranti paparan**	[pɛranti paparan]
toets, knop (de)	**tombol**	[tombol]
simkaart (de)	**Kad SIM**	[kad sim]
batterij (de)	**bateri**	[batɛri]
leeg zijn (ww)	**nyahcas**	[njahʧas]
acculader (de)	**pengecas**	[pɛŋɛʧas]
menu (het)	**menu**	[menu]
instellingen (mv.)	**setting**	[setiŋ]
melodie (beltoon)	**melodi nada dering**	[melodi nada dɛriŋ]
selecteren (ww)	**memilih**	[mɛmilih]
rekenmachine (de)	**mesin hitung**	[mesin hituŋ]
voicemail (de)	**mesin menjawab panggilan telefon**	[mesin mɛnʤavab paŋgilan telefon]
wekker (de)	**jam loceng**	[ʤam loʧeŋ]
contacten (mv.)	**buku panduan telefon**	[buku panduan telefon]
SMS-bericht (het)	**SMS, khidmat pesanan ringkas**	[ɛs ɛm ɛs], [hidmat pɛsanan riŋkas]
abonnee (de)	**pelanggan**	[pɛlaŋgan]

115. Schrijfbehoeften

balpen (de)	**pena mata bulat**	[pɛna mata bulat]
vulpen (de)	**pena tinta**	[pɛna tinta]
potlood (het)	**pensel**	[pensel]
marker (de)	**pen penyerlah**	[pen pɛnjerlah]
viltstift (de)	**marker**	[marker]
notitieboekje (het)	**buku catatan**	[buku ʧatatan]
agenda (boekje)	**buku harian**	[buku harian]
liniaal (de/het)	**kayu pembaris**	[kaju pɛmbaris]
rekenmachine (de)	**mesin hitung**	[mesin hituŋ]
gom (de)	**getah pemadam**	[gɛtah pɛmadam]
punaise (de)	**paku tekan**	[paku tɛkan]
paperclip (de)	**klip kertas**	[klip kɛrtas]
lijm (de)	**perekat**	[pɛrɛkat]
nietmachine (de)	**pengokot**	[pɛŋokot]
perforator (de)	**penebuk**	[pɛnɛbuk]
potloodslijper (de)	**pengasah pensel**	[pɛŋasah pensel]

116. Verschillende soorten documenten

verslag (het)	**laporan**	[laporan]
overeenkomst (de)	**perjanjian**	[pɛrdʒandʒian]
aanvraagformulier (het)	**borang permohonan**	[boraŋ pɛrmohonan]
origineel, authentiek (bn)	**asli**	[asli]
badge, kaart (de)	**tag**	[tag]
visitekaartje (het)	**kad nama**	[kad nama]
certificaat (het)	**sijil**	[sidʒil]
cheque (de)	**cek**	[tʃek]
rekening (in restaurant)	**bil**	[bil]
grondwet (de)	**perlembagaan**	[pɛrlɛmbagaan]
contract (het)	**perjanjian**	[pɛrdʒandʒian]
kopie (de)	**salinan**	[salinan]
exemplaar (het)	**naskhah**	[naskah]
douaneaangifte (de)	**ikrar kastam**	[ikrar kastam]
document (het)	**dokumen**	[dokumen]
rijbewijs (het)	**lesen memandu**	[lesen memandu]
bijlage (de)	**lampiran**	[lampiran]
formulier (het)	**borang**	[boraŋ]
identiteitskaart (de)	**surat akuan**	[surat akuan]
aanvraag (de)	**pertanyaan**	[pɛrtanjaan]
uitnodigingskaart (de)	**kad jemputan**	[kad dʒɛmputan]
factuur (de)	**invois**	[invojs]
wet (de)	**undang-undang**	[undaŋ undaŋ]
brief (de)	**surat**	[surat]
briefhoofd (het)	**kepala surat**	[kɛpala surat]
lijst (de)	**senarai, daftar**	[sɛnaraj], [daftar]
manuscript (het)	**manuskrip**	[manuskrip]
nieuwsbrief (de)	**buletin**	[bulɛtin]
briefje (het)	**nota, catatan**	[nota], [tʃatatan]
pasje (voor personeel, enz.)	**surat pas**	[surat pas]
paspoort (het)	**pasport**	[pasport]
vergunning (de)	**surat izin**	[surat izin]
CV, curriculum vitae (het)	**ringkasan**	[riŋkasan]
schuldbekentenis (de)	**resit**	[rɛsit]
kwitantie (de)	**resit**	[rɛsit]
bon (kassabon)	**slip, resit**	[slip], [rɛsit]
rapport (het)	**laporan**	[laporan]
tonen (paspoort, enz.)	**memperlihatkan**	[mɛmpɛrlihatkan]
ondertekenen (ww)	**menandatangani**	[mɛnandataŋani]
handtekening (de)	**tanda tangan**	[tanda taŋan]
stempel (de)	**cap**	[tʃap]
tekst (de)	**teks**	[teks]
biljet (het)	**tiket**	[tiket]
doorhalen (doorstrepen)	**mencoret**	[mɛntʃoret]
invullen (een formulier ~)	**mengisi**	[mɛŋisi]

vrachtbrief (de)	**surat muat**	[surat muat]
testament (het)	**surat wasiat**	[surat vasiat]

117. Soorten bedrijven

uitzendbureau (het)	**agensi pekerjaan**	[agensi pɛkɛrʤaan]
bewakingsfirma (de)	**agensi pengawal keselamatan**	[agensi pɛŋaval kɛselamatan]
persbureau (het)	**syarikat berita**	[ɕarikat brita]
reclamebureau (het)	**agensi periklanan**	[agensi periklanan]
antiek (het)	**antikuiti**	[antikuiti]
verzekering (de)	**insurans**	[insurans]
naaiatelier (het)	**kedai jahit**	[kedaj ʤahit]
banken (mv.)	**perniagaan perbankan**	[pɛrniagaan pɛrbaŋkan]
bar (de)	**bar**	[bar]
bouwbedrijven (mv.)	**pembinaan**	[pɛmbinaan]
juwelen (mv.)	**barang-barang kemas**	[baraŋ baraŋ kɛmas]
juwelier (de)	**tukang emas**	[tukaŋ ɛmas]
wasserette (de)	**dobi**	[dobi]
alcoholische dranken (mv.)	**minuman keras**	[minuman kras]
nachtclub (de)	**kelab malam**	[klab malam]
handelsbeurs (de)	**bursa**	[bursa]
bierbrouwerij (de)	**kilang bir**	[kilaŋ bir]
uitvaartcentrum (het)	**rumah urus mayat**	[rumah urus majat]
casino (het)	**kasino**	[kasino]
zakencentrum (het)	**pusat perniagaan**	[pusat pɛrniagaan]
bioscoop (de)	**pawagam**	[pavagam]
airconditioning (de)	**penghawa dingin**	[pɛŋɣava diŋin]
handel (de)	**perdagangan**	[pɛrdagaŋan]
luchtvaartmaatschappij (de)	**syarikat penerbangan**	[ɕarikat pɛnɛrbaŋan]
adviesbureau (het)	**perundingan**	[pɛrundiŋan]
koerierdienst (de)	**perkhidmatan kurier**	[pɛrχidmatan kurir]
tandheelkunde (de)	**pergigian**	[pɛrgigian]
design (het)	**reka bentuk**	[reka bɛntuk]
business school (de)	**sekolah perniagaan**	[sɛkolah pɛrniagaan]
magazijn (het)	**stor**	[stor]
kunstgalerie (de)	**balai seni lukis**	[balaj sɛni lukis]
ijsje (het)	**ais krim**	[ajs krim]
hotel (het)	**hotel**	[hotel]
vastgoed (het)	**hartanah**	[hartanah]
drukkerij (de)	**percetakan**	[pɛrʧetakan]
industrie (de)	**industri**	[industri]
Internet (het)	**Internet**	[intɛrnet]
investeringen (mv.)	**pelaburan**	[pɛlaburan]
krant (de)	**akhbar**	[ahbar]
boekhandel (de)	**kedai buku**	[kɛdaj buku]

lichte industrie (de)	**industri ringan**	[industri riŋan]
winkel (de)	**kedai**	[kɛdaj]
uitgeverij (de)	**penerbit**	[pɛnɛrbit]
medicijnen (mv.)	**perubatan**	[pɛrubatan]
meubilair (het)	**perabot**	[pɛrabot]
museum (het)	**muzium**	[muzium]
olie (aardolie)	**minyak**	[minjak]
apotheek (de)	**kedai ubat**	[kɛdaj ubat]
farmacie (de)	**farmasi**	[farmasi]
zwembad (het)	**kolam renang**	[kolam rɛnaŋ]
stomerij (de)	**kedai cucian kering**	[kedaj ʧuʧian kɛriŋ]
voedingswaren (mv.)	**bahan makanan**	[bahan makanan]
reclame (de)	**iklan**	[iklan]
radio (de)	**radio**	[radio]
afvalinzameling (de)	**pengangkutan sampah**	[pɛŋaŋkutan sampah]
restaurant (het)	**restoran**	[restoran]
tijdschrift (het)	**majalah**	[maʤalah]
schoonheidssalon (de/het)	**salon kecantikan**	[salon kɛʧantikan]
financiële diensten (mv.)	**khidmat kewangan**	[χidmat kɛvaŋan]
juridische diensten (mv.)	**khidmat guaman**	[χidmat guaman]
boekhouddiensten (mv.)	**khidmat perakaunan**	[χidmat pɛrakaunan]
audit diensten (mv.)	**perkhidmatan audit**	[pɛrχidmatan audit]
sport (de)	**sukan**	[sukan]
supermarkt (de)	**pasaraya**	[pasaraja]
televisie (de)	**televisyen**	[televiʃɛn]
theater (het)	**teater**	[teatɛr]
toerisme (het)	**pelancongan**	[pɛlanʧoŋan]
transport (het)	**pengangkutan**	[pɛŋaŋkutan]
postorderbedrijven (mv.)	**perniagaan gaya pos**	[pɛrniagaan gaja pos]
kleding (de)	**pakaian**	[pakajan]
dierenarts (de)	**pakar veterinar**	[pakar vetɛrinar]

Baan. Business. Deel 2

118. Show. Tentoonstelling

beurs (de)	**pameran**	[pameran]
vakbeurs, handelsbeurs (de)	**pameran dagangan**	[pameran dagaŋan]
deelneming (de)	**penyertaan**	[pɛnjertaan]
deelnemen (ww)	**menyertai**	[mɛnjertai]
deelnemer (de)	**peserta**	[pɛserta]
directeur (de)	**pengarah**	[pɛŋarah]
organisatiecomité (het)	**pejabat pengelola**	[pɛʤabat pɛŋɛlola]
organisator (de)	**pengurus**	[pɛŋurus]
organiseren (ww)	**mengurus**	[mɛŋurus]
deelnemingsaanvraag (de)	**borang penyertaan**	[boraŋ pɛnjertaan]
invullen (een formulier ~)	**mengisi**	[mɛŋisi]
details (mv.)	**perincian**	[pɛrintʃian]
informatie (de)	**maklumat**	[maklumat]
prijs (de)	**harga**	[harga]
inclusief (bijv. ~ BTW)	**termasuk**	[tɛrmasuk]
inbegrepen (alles ~)	**termasuk**	[tɛrmasuk]
betalen (ww)	**membayar**	[mɛmbajar]
registratietarief (het)	**yuran pendaftaran**	[juran pɛndaftaran]
ingang (de)	**masuk**	[masuk]
paviljoen (het), hal (de)	**gerai**	[gɛraj]
registreren (ww)	**mendaftar**	[mɛndaftar]
badge, kaart (de)	**lencana**	[lɛntʃana]
beursstand (de)	**gerai**	[gɛraj]
reserveren (een stand ~)	**menempah**	[mɛnɛmpah]
vitrine (de)	**almari kaca**	[almari katʃa]
licht (het)	**lampu**	[lampu]
design (het)	**reka bentuk**	[reka bɛntuk]
plaatsen (ww)	**menempatkan**	[mɛnɛmpatkan]
geplaatst zijn (ww)	**bertempat**	[bɛrtɛmpat]
distributeur (de)	**pengedar**	[pɛŋedar]
leverancier (de)	**pembekal**	[pɛmbɛkal]
leveren (ww)	**membekal**	[mɛmbɛkal]
land (het)	**negara**	[nɛgara]
buitenlands (bn)	**asing**	[asiŋ]
product (het)	**barangan**	[baraŋan]
associatie (de)	**asosiasi**	[asosiasi]
conferentiezaal (de)	**dewan persidangan**	[devan pɛrsidaŋan]

congres (het)	**kongres**	[koŋres]
wedstrijd (de)	**sayembara**	[saɛmbara]
bezoeker (de)	**pelawat**	[pɛlavat]
bezoeken (ww)	**melawat**	[mɛlavat]
afnemer (de)	**pelanggan**	[pɛlaŋgan]

119. Massamedia

krant (de)	**akhbar**	[ahbar]
tijdschrift (het)	**majalah**	[madʒalah]
pers (gedrukte media)	**akhbar**	[ahbar]
radio (de)	**radio**	[radio]
radiostation (het)	**stesen radio**	[stesen radio]
televisie (de)	**televisyen**	[televiʃɛn]
presentator (de)	**juruacara**	[dʒuruatʃara]
nieuwslezer (de)	**juruhebah**	[dʒuruhebah]
commentator (de)	**pengulas**	[pɛŋulas]
journalist (de)	**wartawan**	[vartavan]
correspondent (de)	**pemberita**	[pɛmbrita]
fotocorrespondent (de)	**wartawan foto**	[vartavan foto]
reporter (de)	**pemberita**	[pɛmbrita]
redacteur (de)	**editor**	[editor]
chef-redacteur (de)	**ketua pengarang**	[kɛtua pɛŋaraŋ]
zich abonneren op	**berlangganan**	[bɛrlaŋganan]
abonnement (het)	**langganan**	[laŋganan]
abonnee (de)	**pelanggan**	[pɛlaŋgan]
lezen (ww)	**membaca**	[mɛmbatʃa]
lezer (de)	**pembaca**	[pɛmbatʃa]
oplage (de)	**edaran**	[edaran]
maand-, maandelijks (bn)	**bulanan**	[bulanan]
wekelijks (bn)	**mingguan**	[miŋguan]
nummer (het)	**keluaran**	[kɛluaran]
vers (~ van de pers)	**baru**	[baru]
kop (de)	**tajuk**	[tadʒuk]
korte artikel (het)	**rencana kecil**	[rɛntʃana kɛtʃil]
rubriek (de)	**ruang**	[ruaŋ]
artikel (het)	**rencana**	[rɛntʃana]
pagina (de)	**halaman**	[halaman]
reportage (de)	**ulasan selari**	[ulasan sɛlari]
gebeurtenis (de)	**peristiwa**	[pɛristiva]
sensatie (de)	**sensasi**	[sensasi]
schandaal (het)	**skandal**	[skandal]
schandalig (bn)	**penuh skandal**	[pɛnuh skandal]
groot (~ schandaal, enz.)	**hebat**	[hebat]
programma (het)	**siaran**	[siaran]
interview (het)	**temu duga**	[tɛmu duga]

live uitzending (de)	**siaran langsung**	[siaran laŋsuŋ]
kanaal (het)	**saluran**	[saluran]

120. Landbouw

landbouw (de)	**pertanian**	[pɛrtanian]
boer (de)	**petani**	[pɛtani]
boerin (de)	**perempuan petani**	[pɛrɛmpuan pɛtani]
landbouwer (de)	**peladang**	[pɛladaŋ]
tractor (de)	**jentarik**	[ʤɛntarik]
maaidorser (de)	**penuai lengkap**	[pɛnuaj lɛŋkap]
ploeg (de)	**tenggala**	[tɛŋgala]
ploegen (ww)	**menenggala**	[mɛnɛŋgala]
akkerland (het)	**tanah tenggala**	[tanah tɛŋgala]
voor (de)	**alur**	[alur]
zaaien (ww)	**menyemai**	[mɛnjemaj]
zaaimachine (de)	**mesin penyemai**	[mesin pɛnjemaj]
zaaien (het)	**penyemaian**	[pɛnjemajan]
zeis (de)	**sabit besar**	[sabit bɛsar]
maaien (ww)	**menyabit**	[mɛnjabit]
schop (de)	**penyodok**	[pɛnjodok]
spitten (ww)	**menggali**	[mɛŋgali]
schoffel (de)	**cangkul**	[ʧaŋkul]
wieden (ww)	**menajak**	[mɛnaʤak]
onkruid (het)	**rumpai**	[rumpaj]
gieter (de)	**cerek penyiram**	[ʧerek pɛnjiram]
begieten (water geven)	**menyiram**	[mɛnjiram]
bewatering (de)	**penyiraman**	[pɛnjiraman]
riek, hooivork (de)	**serampang peladang**	[sɛrampaŋ pɛladaŋ]
hark (de)	**pencakar**	[pɛnʧakar]
kunstmest (de)	**baja**	[baʤa]
bemesten (ww)	**membaja**	[mɛmbaʤa]
mest (de)	**baja kandang**	[baʤa kandaŋ]
veld (het)	**ladang**	[ladaŋ]
wei (de)	**padang rumput**	[padaŋ rumput]
moestuin (de)	**kebun sayur**	[kɛbun sajur]
boomgaard (de)	**dusun**	[dusun]
weiden (ww)	**menggembala**	[mɛŋgɛmbala]
herder (de)	**penggembala**	[pɛŋgɛmbala]
weiland (de)	**padang rumput ternak**	[padaŋ rumput tɛrnak]
veehouderij (de)	**penternakan**	[pɛntɛrnakan]
schapenteelt (de)	**penternakan kambing biri-biri**	[pɛntɛrnakan kambiŋ biri biri]

plantage (de)	**perladangan**	[pɛrladaŋan]
rijtje (het)	**batas**	[batas]
broeikas (de)	**rumah hijau**	[rumah hidʒau]
droogte (de)	**kemarau**	[kɛmarau]
droog (bn)	**kontang**	[kontaŋ]
graan (het)	**padi-padian**	[padi padian]
graangewassen (mv.)	**padi-padian**	[padi padian]
oogsten (ww)	**menuai**	[mɛnuaj]
molenaar (de)	**pemilik kincir**	[pɛmilik kintʃir]
molen (de)	**kincir**	[kintʃir]
malen (graan ~)	**mengisar**	[mɛŋisar]
bloem (bijv. tarwebloem)	**tepung**	[tɛpuŋ]
stro (het)	**jerami**	[dʒɛrami]

121. Gebouw. Bouwproces

bouwplaats (de)	**tapak pembinaan**	[tapak pɛmbinaan]
bouwen (ww)	**membina**	[mɛmbina]
bouwvakker (de)	**buruh binaan**	[buruh binaan]
project (het)	**reka bentuk**	[reka bɛntuk]
architect (de)	**jurubina**	[dʒurubina]
arbeider (de)	**buruh, pekerja**	[buruh], [pɛkɛrdʒa]
fundering (de)	**asas, dasar**	[asas], [dasar]
dak (het)	**bumbung**	[bumbuŋ]
heipaal (de)	**cerucuk**	[tʃɛrutʃuk]
muur (de)	**dinding**	[dindiŋ]
betonstaal (het)	**bar penguat**	[bar pɛŋwat]
steigers (mv.)	**perancah**	[pɛrantʃah]
beton (het)	**konkrit**	[koŋkrit]
graniet (het)	**granit**	[granit]
steen (de)	**batu**	[batu]
baksteen (de)	**batu bata**	[batu bata]
zand (het)	**pasir**	[pasir]
cement (de/het)	**simen**	[simen]
pleister (het)	**turap**	[turap]
pleisteren (ww)	**menurap**	[mɛnurap]
verf (de)	**cat**	[tʃat]
verven (muur ~)	**mencat**	[mɛntʃat]
ton (de)	**tong**	[toŋ]
kraan (de)	**kran**	[kran]
heffen, hijsen (ww)	**menaikkan**	[mɛnaikkan]
neerlaten (ww)	**menurunkan**	[mɛnuruŋkan]
bulldozer (de)	**jentolak**	[dʒɛntolak]
graafmachine (de)	**jenkaut**	[dʒɛŋkaut]

graafbak (de)	**pencedok**	[pɛntʃedok]
graven (tunnel, enz.)	**menggali**	[mɛŋgali]
helm (de)	**topi besi**	[topi bɛsi]

122. Wetenschap. Onderzoek. Wetenschappers

wetenschap (de)	**ilmu, sains**	[ilmu], [sajns]
wetenschappelijk (bn)	**saintifik**	[saintifik]
wetenschapper (de)	**ilmuwan**	[ilmuvan]
theorie (de)	**teori**	[teori]
axioma (het)	**aksiom**	[aksiom]
analyse (de)	**analisis**	[analisis]
analyseren (ww)	**menganalisis**	[mɛŋanalisis]
argument (het)	**hujah**	[hudʒah]
substantie (de)	**jirim**	[dʒirim]
hypothese (de)	**hipotesis**	[hipotesis]
dilemma (het)	**dilema**	[dilema]
dissertatie (de)	**tesis**	[tesis]
dogma (het)	**dogma**	[dogma]
doctrine (de)	**doktrin**	[doktrin]
onderzoek (het)	**penyelidikan**	[pɛnjelidikan]
onderzoeken (ww)	**mengkaji**	[mɛŋkadʒi]
toetsing (de)	**pengujian**	[pɛŋudʒian]
laboratorium (het)	**makmal**	[makmal]
methode (de)	**kaedah**	[kaedah]
molecule (de/het)	**molekul**	[molekul]
monitoring (de)	**pemonitoran**	[pɛmonitoran]
ontdekking (de)	**penemuan**	[pɛnɛmuan]
postulaat (het)	**postulat**	[postulat]
principe (het)	**prinsip**	[prinsip]
voorspelling (de)	**ramalan**	[ramalan]
een prognose maken	**meramalkan**	[mɛramalkan]
synthese (de)	**sintesis**	[sintesis]
tendentie (de)	**tendensi**	[tendɛnsi]
theorema (het)	**teorem**	[teorem]
leerstellingen (mv.)	**pelajaran**	[pɛladʒaran]
feit (het)	**fakta**	[fakta]
expeditie (de)	**ekspedisi**	[ekspedisi]
experiment (het)	**percubaan**	[pɛrtʃubaan]
academicus (de)	**ahli akademi**	[ahli akademi]
bachelor (bijv. BA, LLB)	**sarjana muda**	[sardʒana muda]
doctor (de)	**doktor**	[doktor]
universitair docent (de)	**Profesor Madya**	[profesor madja]
master, magister (de)	**Sarjana**	[sardʒana]
professor (de)	**profesor**	[profesor]

Beroepen en ambachten

123. Zoeken naar werk. Ontslag

baan (de)	**kerja, pekerjaan**	[kɛrʤa], [pɛkɛrʤaan]
werknemers (mv.)	**kakitangan**	[kakitaŋan]
carrière (de)	**kerjaya**	[kɛrʤaja]
vooruitzichten (mv.)	**perspektif**	[pɛrspektif]
meesterschap (het)	**kemahiran**	[kɛmahiran]
keuze (de)	**pilihan**	[pilihan]
uitzendbureau (het)	**agensi pekerjaan**	[agensi pɛkɛrʤaan]
CV, curriculum vitae (het)	**biodata**	[biodata]
sollicitatiegesprek (het)	**temuduga**	[tɛmuduga]
vacature (de)	**lowongan**	[lovoŋan]
salaris (het)	**gaji, upah**	[gaʤi], [upah]
vaste salaris (het)	**gaji**	[gaʤi]
loon (het)	**pembayaran**	[pɛmbajaran]
betrekking (de)	**jawatan**	[ʤavatan]
taak, plicht (de)	**tugas**	[tugas]
takenpakket (het)	**bidang tugas**	[bidaŋ tugas]
bezig (~ zijn)	**sibuk**	[sibuk]
ontslagen (ww)	**memecat**	[mɛmɛʧat]
ontslag (het)	**pemecatan**	[pɛmɛʧatan]
werkloosheid (de)	**pengangguran**	[pɛŋaŋguran]
werkloze (de)	**penganggur**	[pɛŋgaŋgur]
pensioen (het)	**pencen**	[penʧen]
met pensioen gaan	**bersara**	[bɛrsara]

124. Zakenmensen

directeur (de)	**pengarah**	[pɛŋarah]
beheerder (de)	**pengurus**	[pɛŋurus]
hoofd (het)	**bos**	[bos]
baas (de)	**kepala**	[kɛpala]
superieuren (mv.)	**pihak atasan**	[pihak atasan]
president (de)	**presiden**	[presiden]
voorzitter (de)	**pengerusi**	[pɛŋɛrusi]
adjunct (de)	**timbalan**	[timbalan]
assistent (de)	**pembantu**	[pɛmbantu]
secretaris (de)	**setiausaha**	[sɛtiausaha]

persoonlijke assistent (de)	**setiausaha sulit**	[sɛtiausaha sulit]
zakenman (de)	**peniaga**	[pɛniaga]
ondernemer (de)	**pengusaha**	[pɛŋusaha]
oprichter (de)	**pengasas**	[pɛŋasas]
oprichten (een nieuw bedrijf ~)	**mengasaskan**	[mɛŋasaskan]
stichter (de)	**pengasas**	[pɛŋasas]
partner (de)	**rakan**	[rakan]
aandeelhouder (de)	**pemegang saham**	[pɛmɛgaŋ saham]
miljonair (de)	**jutawan**	[dʒutavan]
miljardair (de)	**multijutawan**	[multidʒutavan]
eigenaar (de)	**pemilik**	[pɛmilik]
landeigenaar (de)	**tuan tanah**	[tuan tanah]
klant (de)	**pelanggan**	[pɛlaŋgan]
vaste klant (de)	**pelanggan tetap**	[pɛlaŋgan tetap]
koper (de)	**pembeli**	[pɛmbli]
bezoeker (de)	**pelawat**	[pɛlavat]
professioneel (de)	**profesional**	[profesional]
expert (de)	**pakar**	[pakar]
specialist (de)	**pakar**	[pakar]
bankier (de)	**pengurus bank**	[pɛŋurus baŋk]
makelaar (de)	**broker**	[brokɛr]
kassier (de)	**juruwang, kasyier**	[dʒuruvaŋ], [kaʃier]
boekhouder (de)	**akauntan**	[akauntan]
bewaker (de)	**pengawal keselamatan**	[pɛŋaval kɛsɛlamatan]
investeerder (de)	**pelabur**	[pɛlabur]
schuldenaar (de)	**si berhutang**	[si bɛrhutaŋ]
crediteur (de)	**pemberi pinjaman**	[pɛmbri pindʒaman]
lener (de)	**peminjam**	[pɛmindʒam]
importeur (de)	**pengimport**	[pɛŋimport]
exporteur (de)	**pengeksport**	[pɛŋeksport]
producent (de)	**pembuat**	[pɛmbuat]
distributeur (de)	**pengedar**	[pɛŋedar]
bemiddelaar (de)	**perantara**	[pɛrantara]
adviseur, consulent (de)	**perunding**	[pɛrundiŋ]
vertegenwoordiger (de)	**wakil**	[vakil]
agent (de)	**ejen**	[edʒen]
verzekeringsagent (de)	**ejen insurans**	[edʒen insurans]

125. Dienstverlenende beroepen

kok (de)	**tukang masak**	[tukaŋ masak]
chef-kok (de)	**kepala tukang masak**	[kɛpala tukaŋ masak]
bakker (de)	**pembakar roti**	[pɛmbakar roti]

barman (de)	**pelayan bar**	[pɛlajan bar]
kelner, ober (de)	**pelayan lelaki**	[pɛlajan lɛlaki]
serveerster (de)	**pelayan perempuan**	[pɛlajan pɛrɛmpuan]
advocaat (de)	**peguam**	[pɛguam]
jurist (de)	**peguam**	[pɛguam]
notaris (de)	**notari awam**	[notari avam]
elektricien (de)	**juruelektrik**	[ʤuruelektrik]
loodgieter (de)	**tukang paip**	[tukaŋ pajp]
timmerman (de)	**tukang kayu**	[tukaŋ kaju]
masseur (de)	**tukang urut lelaki**	[tukaŋ urut lɛlaki]
masseuse (de)	**tukang urut perempuan**	[tukaŋ urut pɛrɛmpuan]
dokter, arts (de)	**doktor**	[doktor]
taxichauffeur (de)	**pemandu teksi**	[pɛmandu teksi]
chauffeur (de)	**pemandu**	[pɛmandu]
koerier (de)	**kurier**	[kurir]
kamermeisje (het)	**pengemas rumah**	[pɛŋɛmas rumah]
bewaker (de)	**pengawal keselamatan**	[pɛŋaval kɛsɛlamatan]
stewardess (de)	**pramugari**	[pramugari]
meester (de)	**guru**	[guru]
bibliothecaris (de)	**pustakawan**	[pustakavan]
vertaler (de)	**penterjemah**	[pɛntɛrʤɛmah]
tolk (de)	**penterjemah**	[pɛntɛrʤɛmah]
gids (de)	**pemandu**	[pɛmandu]
kapper (de)	**tukang gunting rambut**	[tukaŋ guntiŋ rambut]
postbode (de)	**posmen**	[posmen]
verkoper (de)	**jurujual**	[ʤuruʤual]
tuinman (de)	**tukang kebun**	[tukaŋ kɛbun]
huisbediende (de)	**pembantu rumah**	[pɛmbantu rumah]
dienstmeisje (het)	**amah**	[amah]
schoonmaakster (de)	**pembersih**	[pɛmbɛrsih]

126. Militaire beroepen en rangen

soldaat (rang)	**prebet**	[prebet]
sergeant (de)	**sarjan**	[sarʤan]
luitenant (de)	**leftenan**	[leftɛnan]
kapitein (de)	**kapten**	[kaptɛn]
majoor (de)	**mejar**	[meʤar]
kolonel (de)	**kolonel**	[kolonɛl]
generaal (de)	**jeneral**	[ʤɛnɛral]
maarschalk (de)	**marsyal**	[marʃal]
admiraal (de)	**laksamana**	[laksamana]
militair (de)	**anggota tentera**	[aŋgota tɛntra]
soldaat (de)	**perajurit**	[praʤurit]

officier (de)	**pegawai**	[pɛgavaj]
commandant (de)	**pemerintah**	[pɛmɛrintah]
grenswachter (de)	**pengawal sempadan**	[pɛŋaval sɛmpadan]
marconist (de)	**pengendali radio**	[pɛŋɛndali radio]
verkenner (de)	**pengintip**	[pɛŋintip]
sappeur (de)	**askar jurutera**	[askar dʒurutra]
schutter (de)	**penembak**	[pɛnembak]
stuurman (de)	**pemandu**	[pɛmandu]

127. Ambtenaren. Priesters

koning (de)	**raja**	[radʒa]
koningin (de)	**ratu**	[ratu]
prins (de)	**putera**	[putra]
prinses (de)	**puteri**	[putri]
tsaar (de)	**tsar, raja**	[ʦar], [radʒa]
tsarina (de)	**tsarina, ratu**	[ʦarina], [ratu]
president (de)	**presiden**	[presiden]
minister (de)	**menteri**	[mɛntri]
eerste minister (de)	**perdana menteri**	[perdana mɛntri]
senator (de)	**senator**	[senator]
diplomaat (de)	**diplomat**	[diplomat]
consul (de)	**konsul**	[konsul]
ambassadeur (de)	**duta besar**	[duta bɛsar]
adviseur (de)	**penasihat**	[pɛnasihat]
ambtenaar (de)	**kakitangan**	[kakitaŋan]
prefect (de)	**ketua prefekture**	[kɛtua prefekturɛ]
burgemeester (de)	**datuk bandar**	[datuk bandar]
rechter (de)	**hakim**	[hakim]
aanklager (de)	**jaksa**	[dʒaksa]
missionaris (de)	**mubaligh**	[mubaliɣ]
monnik (de)	**biarawan**	[biaravan]
abt (de)	**kepala biara**	[kɛpala biara]
rabbi, rabbijn (de)	**rabbi**	[rabbi]
vizier (de)	**wazir**	[vazir]
sjah (de)	**syah**	[ʃah]
sjeik (de)	**syeikh**	[ʃəjh]

128. Agrarische beroepen

imker (de)	**pemelihara lebah**	[pɛmɛlihara lɛbah]
herder (de)	**penggembala**	[pɛŋgɛmbala]
landbouwkundige (de)	**ahli agronomi**	[ahli agronomi]

veehouder (de)	**penternak**	[pɛntɛrnak]
dierenarts (de)	**pakar veterinar**	[pakar vetɛrinar]
landbouwer (de)	**peladang**	[pɛladaŋ]
wijnmaker (de)	**pembuat wain**	[pɛmbuat vajn]
zoöloog (de)	**ahli zoologi**	[ahli zoologi]
cowboy (de)	**koboi**	[koboj]

129. Kunst beroepen

acteur (de)	**pelakon**	[pɛlakon]
actrice (de)	**aktres**	[aktres]
zanger (de)	**penyanyi lelaki**	[pɛnjanji lɛlaki]
zangeres (de)	**penyanyi perempuan**	[pɛnjanji pɛrɛmpuan]
danser (de)	**penari lelaki**	[pɛnari lɛlaki]
danseres (de)	**penari perempuan**	[pɛnari pɛrɛmpuan]
artiest (mann.)	**artis**	[artis]
artiest (vrouw.)	**aktres**	[aktres]
muzikant (de)	**pemuzik**	[pɛmuzik]
pianist (de)	**pemain piano**	[pɛmajn piano]
gitarist (de)	**pemain gitar**	[pɛmajn gitar]
orkestdirigent (de)	**konduktor**	[konduktor]
componist (de)	**komposer**	[komposɛr]
impresario (de)	**impresario**	[impresario]
filmregisseur (de)	**pengarah**	[pɛŋarah]
filmproducent (de)	**produser**	[produsɛr]
scenarioschrijver (de)	**penulis skrip**	[pɛnulis skrip]
criticus (de)	**pengkritik**	[pɛŋkritik]
schrijver (de)	**penulis**	[pɛnulis]
dichter (de)	**penyair**	[pɛnjair]
beeldhouwer (de)	**pematung**	[pɛmatuŋ]
kunstenaar (de)	**pelukis**	[pɛlukis]
jongleur (de)	**penjugel**	[pɛndʒugɛl]
clown (de)	**badut**	[badut]
acrobaat (de)	**akrobat**	[akrobat]
goochelaar (de)	**ahli silap mata**	[ahli silap mata]

130. Verschillende beroepen

dokter, arts (de)	**doktor**	[doktor]
ziekenzuster (de)	**jururawat**	[dʒururavat]
psychiater (de)	**doktor penyakit jiwa**	[doktor pɛnjakit dʒiva]
tandarts (de)	**doktor gigi**	[doktor gigi]
chirurg (de)	**doktor bedah**	[doktor bɛdah]

astronaut (de)	**angkasawan**	[aŋkasavan]
astronoom (de)	**ahli astronomi**	[ahli astronomi]
piloot (de)	**juruterbang**	[ʤurutɛrbaŋ]
chauffeur (de)	**pemandu**	[pɛmandu]
machinist (de)	**pemandu kereta api**	[pɛmandu kreta api]
mecanicien (de)	**mekanik**	[mekanik]
mijnwerker (de)	**buruh lombong**	[buruh lomboŋ]
arbeider (de)	**buruh, pekerja**	[buruh], [pɛkɛrʤa]
bankwerker (de)	**tukang logam**	[tukaŋ logam]
houtbewerker (de)	**tukang tanggam**	[tukaŋ taŋgam]
draaier (de)	**tukang pelarik**	[tukaŋ pɛlarik]
bouwvakker (de)	**buruh binaan**	[buruh binaan]
lasser (de)	**jurukimpal**	[ʤurukimpal]
professor (de)	**profesor**	[profesor]
architect (de)	**jurubina**	[ʤurubina]
historicus (de)	**sejarawan**	[sɛʤaravan]
wetenschapper (de)	**ilmuwan**	[ilmuvan]
fysicus (de)	**ahli fizik**	[ahli fizik]
scheikundige (de)	**ahli kimia**	[ahli kimia]
archeoloog (de)	**ahli arkeologi**	[ahli arkeologi]
geoloog (de)	**ahli geologi**	[ahli geologi]
onderzoeker (de)	**penyelidik**	[pɛnjelidik]
babysitter (de)	**pengasuh kanak-kanak**	[pɛŋasuh kanak kanak]
leraar, pedagoog (de)	**guru**	[guru]
redacteur (de)	**editor**	[editor]
chef-redacteur (de)	**ketua pengarang**	[kɛtua pɛŋaraŋ]
correspondent (de)	**pemberita**	[pɛmbrita]
typiste (de)	**jurutaip**	[ʤurutajp]
designer (de)	**pereka bentuk**	[pereka bɛntuk]
computerexpert (de)	**tukang komputer**	[tukaŋ komputɛr]
programmeur (de)	**juruprogram**	[ʤuruprogram]
ingenieur (de)	**jurutera**	[ʤurutra]
matroos (de)	**pelaut**	[pɛlaut]
zeeman (de)	**kelasi**	[kɛlasi]
redder (de)	**penyelamat**	[pɛnjelamat]
brandweerman (de)	**anggota bomba**	[aŋgota bomba]
politieagent (de)	**anggota polis**	[aŋgota polis]
nachtwaker (de)	**warden**	[vardɛn]
detective (de)	**mata-mata**	[mata mata]
douanier (de)	**anggota kastam**	[aŋgota kastam]
lijfwacht (de)	**pengawal peribadi**	[pɛŋaval pribadi]
gevangenisbewaker (de)	**warden penjara**	[vardɛn pɛnʤara]
inspecteur (de)	**inspektor**	[inspektor]
sportman (de)	**atlet, ahli sukan**	[atlet], [ahli sukan]
trainer (de)	**pelatih**	[pɛlatih]

slager, beenhouwer (de)	**tukang daging**	[tukaŋ dagiŋ]
schoenlapper (de)	**tukang kasut**	[tukaŋ kasut]
handelaar (de)	**pedagang**	[pɛdagaŋ]
lader (de)	**pemuat**	[pɛmuat]
kledingstilist (de)	**pereka fesyen**	[pɛreka feʃɛn]
model (het)	**peragawati**	[pragavati]

131. Beroepen. Sociale status

scholier (de)	**budak sekolah**	[budak sɛkolah]
student (de)	**mahasiswa**	[mahasisva]
filosoof (de)	**ahli falsafah**	[ahli falsafah]
econoom (de)	**ahli ekonomi**	[ahli ekonomi]
uitvinder (de)	**penemu**	[pɛnɛmu]
werkloze (de)	**pengganggur**	[pɛŋgaŋgur]
gepensioneerde (de)	**pesara**	[pɛsara]
spion (de)	**pengintip**	[pɛŋintip]
gedetineerde (de)	**tahanan**	[tahanan]
staker (de)	**pemogok**	[pɛmogok]
bureaucraat (de)	**birokrat**	[birokrat]
reiziger (de)	**pengembara**	[pɛŋɛmbara]
homoseksueel (de)	**homoseksual**	[homoseksual]
hacker (computerkraker)	**penggodam**	[pɛŋgodam]
hippie (de)	**hipi**	[hipi]
bandiet (de)	**samseng**	[samseŋ]
huurmoordenaar (de)	**pembunuh upahan**	[pɛmbunuh upahan]
drugsverslaafde (de)	**penagih dadah**	[pɛnagih dadah]
drugshandelaar (de)	**pengedar dadah**	[pɛŋedar dadah]
prostituee (de)	**pelacur**	[pɛlatʃur]
pooier (de)	**bapa ayam**	[bapa ajam]
tovenaar (de)	**ahli sihir lelaki**	[ahli sihir lɛlaki]
tovenares (de)	**ahli sihir perempuan**	[ahli sihir pɛrɛmpuan]
piraat (de)	**lanun**	[lanun]
slaaf (de)	**hamba**	[hamba]
samoerai (de)	**samurai**	[samuraj]
wilde (de)	**orang yang tidak bertamadun**	[oraŋ jaŋ tidak bɛrtamadun]

Sport

132. Soorten sporten. Sporters

sportman (de)	**atlet, ahli sukan**	[atlet], [ahli sukan]
soort sport (de/het)	**jenis sukan**	[ʤɛnis sukan]
basketbal (het)	**bola keranjang**	[bola kranʤaŋ]
basketbalspeler (de)	**pemain bola keranjang**	[pɛmajn bola kranʤaŋ]
baseball (het)	**besbol**	[besbol]
baseballspeler (de)	**pemain besbol**	[pɛmajn besbol]
voetbal (het)	**bola sepak**	[bola sɛpak]
voetballer (de)	**pemain bola sepak**	[pɛmajn bola sepak]
doelman (de)	**penjaga gol**	[pɛnʤaga gol]
hockey (het)	**hoki**	[hoki]
hockeyspeler (de)	**pemain hoki**	[pɛmajn hoki]
volleybal (het)	**bola tampar**	[bola tampar]
volleybalspeler (de)	**pemain bola tampar**	[pɛmajn bola tampar]
boksen (het)	**tinju**	[tinʤu]
bokser (de)	**petinju**	[pɛtinʤu]
worstelen (het)	**gusti**	[gusti]
worstelaar (de)	**ahli gusti**	[ahli gusti]
karate (de)	**karate**	[karate]
karateka (de)	**atlet karate**	[atlet karate]
judo (de)	**judo**	[ʤudo]
judoka (de)	**atlet judo**	[atlet ʤudo]
tennis (het)	**tenis**	[tenis]
tennisspeler (de)	**petenis**	[pɛtenis]
zwemmen (het)	**berenang**	[bɛrɛnaŋ]
zwemmer (de)	**perenang**	[pɛrɛnaŋ]
schermen (het)	**bermain pedang**	[bɛrmajn pɛdaŋ]
schermer (de)	**pemain pedang**	[pɛmajn pɛdaŋ]
schaak (het)	**catur**	[ʧatur]
schaker (de)	**pemain catur**	[pɛmajn ʧatur]
alpinisme (het)	**mendaki gunung**	[mɛndaki gunuŋ]
alpinist (de)	**pendaki gunung**	[pɛndaki gunuŋ]
hardlopen (het)	**lari**	[lari]

renner (de)	**pelari**	[pɛlari]
atletiek (de)	**atletik**	[atletik]
atleet (de)	**ahli sukan**	[ahli sukan]
paardensport (de)	**sukan ekuestrian**	[sukan ekuestrian]
ruiter (de)	**ekuin**	[ekuin]
kunstschaatsen (het)	**luncur ais berbunga**	[luntʃur ajs bɛrbuŋa]
kunstschaatser (de)	**peluncur ais berbunga lelaki**	[pɛluntʃur ajs bɛrbuŋa lɛlaki]
kunstschaatsster (de)	**peluncur ais berbunga perempuan**	[pɛluntʃur ajs bɛrbuŋa pɛrɛmpuan]
gewichtheffen (het)	**angkat berat**	[aŋkat brat]
gewichtheffer (de)	**atlet angkat berat**	[atlet aŋkat brat]
autoraces (mv.)	**lumba kereta**	[lumba kreta]
coureur (de)	**pelumba**	[pɛlumba]
wielersport (de)	**sukan berbasikal**	[sukan bɛrbasikal]
wielrenner (de)	**penunggang basikal**	[pɛnuŋgaŋ basikal]
verspringen (het)	**lompat jauh**	[lompat dʒauh]
polsstokspringen (het)	**lompat galah**	[lompat galah]
verspringer (de)	**pelompat**	[pɛlompat]

133. Soorten sporten. Diversen

Amerikaans voetbal (het)	**bola sepak Amerika**	[bola sɛpak amerika]
badminton (het)	**bulu tangkis**	[bulu taŋkis]
biatlon (de)	**biathlon**	[biatlon]
biljart (het)	**biliard**	[biliard]
bobsleeën (het)	**bobsled**	[bobsled]
bodybuilding (de)	**bina badan**	[bina badan]
waterpolo (het)	**polo air**	[polo air]
handbal (de)	**bola baling**	[bola baliŋ]
golf (het)	**golf**	[golf]
roeisport (de)	**mendayung**	[mɛndajuŋ]
duiken (het)	**selam skuba**	[sɛlam skuba]
langlaufen (het)	**lumba ski rentas desa**	[lumba ski rɛntas desa]
tafeltennis (het)	**tenis meja**	[tenis mɛdʒa]
zeilen (het)	**sukan berlayar**	[sukan bɛrlajar]
rally (de)	**rali**	[rali]
rugby (het)	**ragbi**	[ragbi]
snowboarden (het)	**meluncur papan salji**	[mɛluntʃur papan saldʒi]
boogschieten (het)	**memanah**	[mɛmanah]

134. Fitnessruimte

lange halter (de)	**berat**	[brat]
halters (mv.)	**dumbel**	[dumbel]

training machine (de)	**alatan senaman**	[alatan sɛnaman]
hometrainer (de)	**basikal statik**	[basikal statik]
loopband (de)	**lorong lari**	[loroŋ lari]
rekstok (de)	**palang lintang**	[palaŋ lintaŋ]
brug (de) gelijke leggers	**palang selari**	[palaŋ sɛlari]
paardsprong (de)	**kekuda**	[kɛkuda]
mat (de)	**tikar**	[tikar]
springtouw (het)	**tali skip**	[tali skip]
aerobics (de)	**senamrobik**	[ɛenamrobik]
yoga (de)	**yoga**	[joga]

135. Hockey

hockey (het)	**hoki**	[hoki]
hockeyspeler (de)	**pemain hoki**	[pɛmajn hoki]
hockey spelen	**bermain hoki**	[bɛrmajn hoki]
ijs (het)	**ais**	[ajs]
puck (de)	**cakera getah**	[ʧakra gɛtah]
hockeystick (de)	**kayu pemukul**	[kaju pɛmukul]
schaatsen (mv.)	**kasut luncur ais**	[kasut lunʧur ajs]
boarding (de)	**papan**	[papan]
schot (het)	**pukulan**	[pukulan]
doelman (de)	**penjaga gol**	[pɛnʤaga gol]
goal (de)	**gol**	[gol]
een goal scoren	**menjaring gol**	[mɛnʤariŋ gol]
periode (de)	**separuh masa**	[sɛparuh masa]
tweede periode (de)	**separuh kedua**	[sɛparuh kɛdua]
reservebank (de)	**bangku pemain simpanan**	[baŋku pɛmajn simpanan]

136. Voetbal

voetbal (het)	**bola sepak**	[bola sɛpak]
voetballer (de)	**pemain bola sepak**	[pɛmajn bola sepak]
voetbal spelen	**bermain bola sepak**	[bɛrmajn bola sɛpak]
eredivisie (de)	**liga tertinggi**	[liga tɛrtiŋgi]
voetbalclub (de)	**kelab bola sepak**	[klab bola sɛpak]
trainer (de)	**pelatih**	[pɛlatih]
eigenaar (de)	**pemilik**	[pɛmilik]
team (het)	**pasukan**	[pasukan]
aanvoerder (de)	**kapten pasukan**	[kaptɛn pasukan]
speler (de)	**pemain**	[pɛmajn]
reservespeler (de)	**pemain simpanan**	[pɛmajn simpanan]
aanvaller (de)	**penyerang**	[pɛnjeraŋ]
centrale aanvaller (de)	**forward tengah**	[forvard tɛŋah]

doelpuntmaker (de)	**penjaring gol**	[pɛndʒariŋ gol]
verdediger (de)	**pembela**	[pɛmbɛla]
middenvelder (de)	**hafbek**	[hafbek]
match, wedstrijd (de)	**perlawanan**	[pɛrlavanan]
elkaar ontmoeten (ww)	**berjumpa**	[bɛrdʒumpa]
finale (de)	**penghujung**	[pɛŋɣudʒuŋ]
halve finale (de)	**separuh akhir**	[sɛparuh aχir]
kampioenschap (het)	**kejohanan**	[kɛdʒohanan]
helft (de)	**separuh masa**	[sɛparuh masa]
eerste helft (de)	**separuh pertama**	[sɛparuh pertama]
pauze (de)	**masa rehat**	[masa rehat]
doel (het)	**gol**	[gol]
doelman (de)	**penjaga gol**	[pɛndʒaga gol]
doelpaal (de)	**tiang gol**	[tiaŋ gol]
lat (de)	**palang gol**	[palaŋ gol]
doelnet (het)	**jaring**	[dʒariŋ]
een goal incasseren	**melepaskan gol**	[mɛlɛpaskan gol]
bal (de)	**bola**	[bola]
pass (de)	**hantaran**	[hantaran]
schot (het), schop (de)	**tendangan**	[tɛndaŋan]
schieten (de bal ~)	**menendang**	[mɛnɛndaŋ]
vrije schop (directe ~)	**tendangan penalti**	[tɛndaŋan penalti]
hoekschop, corner (de)	**tendangan penjuru**	[tɛndaŋan pɛndʒuru]
aanval (de)	**serangan**	[sɛraŋan]
tegenaanval (de)	**serangan balas**	[sɛraŋan balas]
combinatie (de)	**kombinasi**	[kombinasi]
scheidsrechter (de)	**hakim**	[hakim]
fluiten (ww)	**bersiul**	[bɛrsiul]
fluitsignaal (het)	**siul**	[siul]
overtreding (de)	**pelanggaran**	[pɛlaŋgaran]
een overtreding maken	**melanggar**	[mɛlaŋgar]
uit het veld te sturen	**membuang padang**	[mɛmbuaŋ padaŋ]
gele kaart (de)	**kad kuning**	[kad kuniŋ]
rode kaart (de)	**kad merah**	[kad merah]
diskwalificatie (de)	**penyingkiran**	[pɛnjiŋkiran]
diskwalificeren (ww)	**menyingkirkan**	[mɛnjiŋkirkan]
strafschop, penalty (de)	**tendangan penalti**	[tɛndaŋan penalti]
muur (de)	**benteng**	[benteŋ]
scoren (ww)	**menjaring**	[mɛndʒariŋ]
goal (de), doelpunt (het)	**gol**	[gol]
een goal scoren	**menjaring gol**	[mɛndʒariŋ gol]
vervanging (de)	**penggantian**	[pɛŋgantian]
vervangen (ov.ww.)	**mengganti**	[mɛŋganti]
regels (mv.)	**peraturan**	[pɛraturan]
tactiek (de)	**taktik**	[taktik]
stadion (het)	**stadium**	[stadium]
tribune (de)	**blok tempat duduk**	[blok tɛmpat duduk]

fan, supporter (de)	**peminat**	[pɛminat]
schreeuwen (ww)	**berteriak**	[bɛrtɛriak]
scorebord (het)	**skrin paparan**	[skrin paparan]
stand (~ is 3-1)	**kedudukan**	[kɛdudukan]
nederlaag (de)	**kekalahan**	[kɛkalahan]
verliezen (ww)	**kalah**	[kalah]
gelijkspel (het)	**seri**	[sɛri]
in gelijk spel eindigen	**main seri**	[majn sɛri]
overwinning (de)	**kemenangan**	[kɛmɛnaŋan]
overwinnen (ww)	**menang, memenangi**	[mɛnaŋ], [mɛmɛnaŋi]
kampioen (de)	**johan**	[ʤohan]
best (bn)	**terbaik**	[tɛrbaik]
feliciteren (ww)	**mengucapkan tahniah**	[mɛŋuʧapkan tahniah]
commentator (de)	**pengulas**	[pɛŋulas]
becommentariëren (ww)	**mengulas**	[mɛŋulas]
uitzending (de)	**penyiaran**	[pɛniaran]

137. Alpine skiën

ski's (mv.)	**ski**	[ski]
skiën (ww)	**main ski**	[majn ski]
skigebied (het)	**pusat peranginan ski gunung**	[pusat pɛraŋinan ski gunuŋ]
skilift (de)	**kereta kabel**	[kreta kabɛl]
skistokken (mv.)	**tongkat ski**	[toŋkat ski]
helling (de)	**cerun**	[ʧɛrun]
slalom (de)	**slalom**	[slalom]

138. Tennis. Golf

golf (het)	**golf**	[golf]
golfclub (de)	**kelab golf**	[klab golf]
golfer (de)	**pemain golf**	[pɛmajn golf]
hole (de)	**lubang**	[lubaŋ]
golfclub (de)	**pemukul golf**	[pɛmukul golf]
trolley (de)	**troli golf**	[troli golf]
tennis (het)	**tenis**	[tenis]
tennisveld (het)	**gelanggang tenis**	[gɛlaŋgaŋ tenis]
opslag (de)	**servis**	[sɛrvis]
serveren, opslaan (ww)	**melakukan servis**	[mɛlakukan sɛrvis]
racket (het)	**raket**	[raket]
net (het)	**jaring**	[ʤariŋ]
bal (de)	**bola**	[bola]

139. Schaken

schaak (het)	**catur**	[ʧatur]
schaakstukken (mv.)	**buah catur**	[buah ʧatur]
schaker (de)	**pemain catur**	[pɛmajn ʧatur]
schaakbord (het)	**papan catur**	[papan ʧatur]
schaakstuk (het)	**buah catur**	[buah ʧatur]
witte stukken (mv.)	**buah putih**	[buah putih]
zwarte stukken (mv.)	**buah hitam**	[buah hitam]
pion (de)	**bidak**	[bidak]
loper (de)	**gajah**	[gaʤah]
paard (het)	**kuda**	[kuda]
toren (de)	**tir**	[tir]
dame, koningin (de)	**menteri**	[mɛntri]
koning (de)	**raja**	[raʤa]
zet (de)	**langkah**	[laŋkah]
zetten (ww)	**melangkahkan**	[mɛlaŋkahkan]
opofferen (ww)	**mengorbankan**	[mɛŋorbaŋkan]
rokade (de)	**berkubu**	[bɛrkubu]
schaak (het)	**syahmat**	[ʃahmat]
schaakmat (het)	**mat**	[mat]
schaakwedstrijd (de)	**pertandingan catur**	[pɛrtandiŋan ʧatur]
grootmeester (de)	**Grand Master**	[grand master]
combinatie (de)	**kombinasi**	[kombinasi]
partij (de)	**permainan**	[pɛrmajnan]
dammen (de)	**dam-dam**	[dam dam]

140. Boksen

boksen (het)	**tinju**	[tinʤu]
boksgevecht (het)	**pertarungan**	[pɛrtaruŋan]
bokswedstrijd (de)	**perlawanan**	[pɛrlavanan]
ronde (de)	**pusingan**	[pusiŋan]
ring (de)	**gelanggang**	[gɛlaŋgaŋ]
gong (de)	**gong**	[goŋ]
stoot (de)	**penumbuk**	[pɛnumbuk]
knock-out (de)	**pukulan KO**	[pukulan ko]
knock-out slaan (ww)	**memukul KO**	[mɛmukul ko]
bokshandschoen (de)	**sarung tinju**	[saruŋ tinʤu]
referee (de)	**hakim**	[hakim]
lichtgewicht (het)	**berat ringan**	[brat riŋan]
middengewicht (het)	**berat middleweight**	[brat midlvejt]
zwaargewicht (het)	**kelas heavyweight**	[klas hevivejt]

141. Sporten. Diversen

Olympische Spelen (mv.)	**Sukan Olimpik**	[sukan olimpik]
winnaar (de)	**pemenang**	[pɛmɛnaŋ]
overwinnen (ww)	**memenangi**	[mɛmɛnaŋi]
winnen (ww)	**menang**	[mɛnaŋ]
leider (de)	**pemimpin**	[pɛmimpin]
leiden (ww)	**memimpin**	[mɛmimpin]
eerste plaats (de)	**tempat pertama**	[tɛmpat pɛrtama]
tweede plaats (de)	**tempat kedua**	[tɛmpat kɛdua]
derde plaats (de)	**tempat ketiga**	[tɛmpat kɛtiga]
medaille (de)	**pingat**	[piŋat]
trofee (de)	**trofi**	[trofi]
beker (de)	**piala**	[piala]
prijs (de)	**hadiah**	[hadiah]
hoofdprijs (de)	**hadiah utama**	[hadiah utama]
record (het)	**rekod**	[rekod]
een record breken	**menciptakan rekod**	[mɛntʃiptakan rekod]
finale (de)	**perlawanan akhir**	[pɛrlavanan aχir]
finale (bn)	**akhir**	[aχir]
kampioen (de)	**johan**	[dʒohan]
kampioenschap (het)	**kejohanan**	[kɛdʒohanan]
stadion (het)	**stadium**	[stadium]
tribune (de)	**blok tempat duduk**	[blok tɛmpat duduk]
fan, supporter (de)	**peminat**	[pɛminat]
tegenstander (de)	**lawan**	[lavan]
start (de)	**garis mula**	[garis mula]
finish (de)	**garis penamat**	[garis pɛnamat]
nederlaag (de)	**kekalahan**	[kɛkalahan]
verliezen (ww)	**kalah**	[kalah]
rechter (de)	**hakim**	[hakim]
jury (de)	**jemaah pengadil**	[dʒɛmaah pɛŋadil]
stand (~ is 3-1)	**kedudukan**	[kɛdudukan]
gelijkspel (het)	**seri**	[sɛri]
in gelijk spel eindigen	**main seri**	[majn sɛri]
punt (het)	**mata**	[mata]
uitslag (de)	**hasil**	[hasil]
periode (de)	**separuh masa**	[sɛparuh masa]
pauze (de)	**masa rehat**	[masa rehat]
doping (de)	**doping**	[dopiŋ]
straffen (ww)	**memberi penalti**	[mɛmbri penalti]
diskwalificeren (ww)	**menyingkirkan**	[mɛnjiŋkirkan]
toestel (het)	**perkakas**	[pɛrkakas]

speer (de)	**lembing**	[lɛmbiŋ]
kogel (de)	**peluru**	[pɛluru]
bal (de)	**bola**	[bola]
doel (het)	**sasaran**	[sasaran]
schietkaart (de)	**sasaran**	[sasaran]
schieten (ww)	**menembak**	[mɛnembak]
precies (bijv. precieze schot)	**tepat**	[tɛpat]
trainer, coach (de)	**pelatih**	[pɛlatih]
trainen (ww)	**melatih**	[mɛlatih]
zich trainen (ww)	**berlatih**	[bɛrlatih]
training (de)	**latihan**	[latihan]
gymnastiekzaal (de)	**gimnazium**	[gimnazium]
oefening (de)	**latihan**	[latihan]
opwarming (de)	**senaman pemanas badan**	[sɛnaman pɛmanas badan]

Onderwijs

142. School

school (de)	**sekolah**	[sɛkolah]
schooldirecteur (de)	**pengetua sekolah**	[pɛŋetua sɛkolah]
leerling (de)	**pelajar lelaki**	[pɛladʒar lɛlaki]
leerlinge (de)	**pelajar perempuan**	[pɛladʒar pɛrɛmpuan]
scholier (de)	**budak sekolah**	[budak sɛkolah]
scholiere (de)	**budak perempuan sekolah**	[budak pɛrɛmpuan sɛkolah]
leren (lesgeven)	**mengajar**	[mɛŋadʒar]
studeren (bijv. een taal ~)	**belajar**	[bɛladʒar]
van buiten leren	**menghafalkan**	[mɛŋɣafalkan]
leren (bijv. ~ tellen)	**belajar**	[bɛladʒar]
in school zijn (schooljongen zijn)	**bersekolah**	[bɛrsɛkolah]
naar school gaan	**pergi sekolah**	[pɛrgi sɛkolah]
alfabet (het)	**abjad**	[abdʒad]
vak (schoolvak)	**mata pelajaran**	[mata pɛladʒaran]
klaslokaal (het)	**bilik darjah**	[bilik dardʒah]
les (de)	**kelas**	[klas]
pauze (de)	**rehat**	[rehat]
bel (de)	**loceng**	[lotʃeŋ]
schooltafel (de)	**bangku sekolah**	[baŋku sɛkolah]
schoolbord (het)	**papan hitam**	[papan hitam]
cijfer (het)	**markah**	[markah]
goed cijfer (het)	**markah baik**	[markah baik]
slecht cijfer (het)	**markah tidak lulus**	[markah tidak lulus]
een cijfer geven	**memberi markah**	[mɛmbri markah]
fout (de)	**kesalahan**	[kɛsalahan]
fouten maken	**membuat kesalahan**	[mɛmbuat kɛsalahan]
corrigeren (fouten ~)	**memperbaiki**	[mɛmpɛrbaiki]
spiekbriefje (het)	**toyol**	[tojol]
huiswerk (het)	**tugasan rumah**	[tugasan rumah]
oefening (de)	**latihan**	[latihan]
aanwezig zijn (ww)	**hadir**	[hadir]
absent zijn (ww)	**tidak hadir**	[tidak hadir]
school verzuimen	**ponteng**	[ponteŋ]
bestraffen (een stout kind ~)	**menghukum**	[mɛŋɣukum]
bestraffing (de)	**hukuman**	[hukuman]

gedrag (het)	**tingkah laku**	[tiŋkah laku]
cijferlijst (de)	**buku laporan**	[buku laporan]
potlood (het)	**pensel**	[pensel]
gom (de)	**getah pemadam**	[gɛtah pɛmadam]
krijt (het)	**kapur**	[kapur]
pennendoos (de)	**kotak pensel**	[kotak pensel]
boekentas (de)	**beg sekolah**	[beg sɛkolah]
pen (de)	**pen**	[pen]
schrift (de)	**buku latihan**	[buku latihan]
leerboek (het)	**buku teks**	[buku teks]
passer (de)	**jangka lukis**	[ʤaŋka lukis]
technisch tekenen (ww)	**melukis**	[mɛlukis]
technische tekening (de)	**rajah**	[raʤah]
gedicht (het)	**puisi, sajak**	[puisi], [saʤak]
van buiten (bw)	**hafal**	[hafal]
van buiten leren	**menghafalkan**	[mɛŋɣafalkan]
vakantie (de)	**cuti**	[ʧuti]
met vakantie zijn	**bercuti**	[bɛrʧuti]
vakantie doorbrengen	**menghabiskan cuti**	[mɛŋɣabiskan ʧuti]
toets (schriftelijke ~)	**tes**	[tes]
opstel (het)	**karangan**	[karaŋan]
dictee (het)	**imla**	[imla]
examen (het)	**peperiksaan**	[pɛpɛriksaan]
examen afleggen	**menduduki peperiksaan**	[mɛnduduki pɛpɛriksaan]
experiment (het)	**uji cuba**	[uʤi ʧuba]

143. Hogeschool. Universiteit

academie (de)	**akademi**	[akadɛmi]
universiteit (de)	**universiti**	[univɛrsiti]
faculteit (de)	**fakulti**	[fakulti]
student (de)	**mahasiswa**	[mahasisva]
studente (de)	**mahasiswi**	[mahasisvi]
leraar (de)	**pensyarah**	[pɛnɕarah]
collegezaal (de)	**ruang darjah**	[ruaŋ darʤah]
afgestudeerde (de)	**tamatan**	[tamatan]
diploma (het)	**ijazah**	[iʤazah]
dissertatie (de)	**tesis**	[tesis]
onderzoek (het)	**kajian**	[kaʤian]
laboratorium (het)	**makmal**	[makmal]
college (het)	**syarahan, kuliah**	[ɕarahan], [kulijah]
medestudent (de)	**teman sedarjah**	[tɛman sɛdarʤah]
studiebeurs (de)	**biasiswa**	[biasisva]
academische graad (de)	**ijazah**	[iʤazah]

144. Wetenschappen. Disciplines

wiskunde (de)	**matematik**	[matɛmatik]
algebra (de)	**algebra**	[algebra]
meetkunde (de)	**geometri**	[geometri]
astronomie (de)	**astronomi**	[astronomi]
biologie (de)	**biologi**	[biologi]
geografie (de)	**geografi**	[geografi]
geologie (de)	**geologi**	[geologi]
geschiedenis (de)	**sejarah**	[sɛʤarah]
geneeskunde (de)	**perubatan**	[pɛrubatan]
pedagogiek (de)	**pedagogi**	[pedagogi]
rechten (mv.)	**hukum**	[hukum]
fysica, natuurkunde (de)	**fizik**	[fizik]
scheikunde (de)	**kimia**	[kimia]
filosofie (de)	**falsafah**	[falsafah]
psychologie (de)	**psikologi**	[psikologi]

145. Schrift. Spelling

grammatica (de)	**nahu**	[nahu]
vocabulaire (het)	**kosa kata**	[kosa kata]
fonetiek (de)	**fonetik**	[fonetik]
zelfstandig naamwoord (het)	**kata nama**	[kata nama]
bijvoeglijk naamwoord (het)	**kata sifat**	[kata sifat]
werkwoord (het)	**kata kerja**	[kata kɛrʤa]
bijwoord (het)	**adverba**	[advɛrba]
voornaamwoord (het)	**ganti nama**	[ganti nama]
tussenwerpsel (het)	**kata seru**	[kata sɛru]
voorzetsel (het)	**kata depan**	[kata dɛpan]
stam (de)	**kata akar**	[kata akar]
achtervoegsel (het)	**akhiran**	[aχiran]
voorvoegsel (het)	**awalan**	[avalan]
lettergreep (de)	**sukukata**	[sukukata]
achtervoegsel (het)	**akhiran**	[aχiran]
nadruk (de)	**tanda tekanan**	[tanda tɛkanan]
afkappingsteken (het)	**koma atas**	[koma atas]
punt (de)	**titik**	[titik]
komma (de/het)	**koma**	[koma]
puntkomma (de)	**koma bertitik**	[koma bɛrtitik]
dubbelpunt (de)	**tanda titik bertindih**	[tanda titik bɛrtindih]
beletselteken (het)	**tanda elipsis**	[tanda elipsis]
vraagteken (het)	**tanda tanya**	[tanda tanja]
uitroepteken (het)	**tanda seru**	[tanda sɛru]

aanhalingstekens (mv.)	**tanda petik**	[tanda pɛtik]
tussen aanhalingstekens (bw)	**dalam tanda petik**	[dalam tanda pɛtik]
haakjes (mv.)	**tanda kurung**	[tanda kuruŋ]
tussen haakjes (bw)	**dalam kurungan**	[dalam kuruŋan]
streepje (het)	**tanda pisah**	[tanda pisah]
gedachtestreepje (het)	**tanda sempang**	[tanda sɛmpaŋ]
spatie (~ tussen twee woorden)	**jarak**	[ʤarak]
letter (de)	**huruf**	[huruf]
hoofdletter (de)	**huruf besar**	[huruf bɛsar]
klinker (de)	**huruf hidup**	[huruf hidup]
medeklinker (de)	**konsonan**	[konsonan]
zin (de)	**ayat, kalimat**	[ajat], [kalimat]
onderwerp (het)	**subjek**	[subʤek]
gezegde (het)	**predikat**	[predikat]
regel (in een tekst)	**baris**	[baris]
op een nieuwe regel (bw)	**di baris baru**	[di baris baru]
alinea (de)	**perenggan**	[pɛrɛŋgan]
woord (het)	**perkataan**	[pɛrkataan]
woordgroep (de)	**rangkaian kata**	[raŋkajan kata]
uitdrukking (de)	**ungkapan**	[uŋkapan]
synoniem (het)	**kata seerti**	[kata sɛɛrti]
antoniem (het)	**antonim**	[antonim]
regel (de)	**peraturan**	[pɛraturan]
uitzondering (de)	**pengecualian**	[pɛŋɛʧualian]
correct (bijv. ~e spelling)	**betul**	[bɛtul]
vervoeging, conjugatie (de)	**konjugasi**	[konʤugasi]
verbuiging, declinatie (de)	**deklinasi**	[deklinasi]
naamval (de)	**kasus**	[kasus]
vraag (de)	**soalan**	[soalan]
onderstrepen (ww)	**menegaskan**	[mɛnɛgaskan]
stippellijn (de)	**garis titik-titik**	[garis titik titik]

146. Vreemde talen

taal (de)	**bahasa**	[bahasa]
vreemd (bn)	**asing**	[asiŋ]
vreemde taal (de)	**bahasa asing**	[bahasa asiŋ]
leren (bijv. van buiten ~)	**mempelajari**	[mɛmpɛlaʤari]
studeren (Nederlands ~)	**belajar**	[bɛlaʤar]
lezen (ww)	**membaca**	[mɛmbaʧa]
spreken (ww)	**bercakap**	[bɛrʧakap]
begrijpen (ww)	**memahami**	[mɛmahami]
schrijven (ww)	**menulis**	[mɛnulis]
snel (bw)	**fasih**	[fasih]

langzaam (bw)	**perlahan-lahan**	[pɛrlahan lahan]
vloeiend (bw)	**fasih**	[fasih]
regels (mv.)	**peraturan**	[pɛraturan]
grammatica (de)	**nahu**	[nahu]
vocabulaire (het)	**kosa kata**	[kosa kata]
fonetiek (de)	**fonetik**	[fonetik]
leerboek (het)	**buku teks**	[buku teks]
woordenboek (het)	**kamus**	[kamus]
leerboek (het) voor zelfstudie	**buku teks pembelajaran kendiri**	[buku teks pɛmbɛladʒaran kɛndiri]
taalgids (de)	**buku ungkapan**	[buku uŋkapan]
cassette (de)	**kaset**	[kaset]
videocassette (de)	**kaset video**	[kaset video]
CD (de)	**cakera padat**	[ʧakra padat]
DVD (de)	**cakera DVD**	[ʧakra dividi]
alfabet (het)	**abjad**	[abdʒad]
spellen (ww)	**mengeja**	[mɛŋedʒa]
uitspraak (de)	**sebutan**	[sɛbutan]
accent (het)	**aksen**	[aksen]
met een accent (bw)	**dengan pelat**	[dɛŋan pelat]
zonder accent (bw)	**tanpa pelat**	[tanpa pelat]
woord (het)	**perkataan**	[pɛrkataan]
betekenis (de)	**erti**	[ɛrti]
cursus (de)	**kursus**	[kursus]
zich inschrijven (ww)	**berdaftar**	[bɛrdaftar]
leraar (de)	**pensyarah**	[pɛnɕarah]
vertaling (een ~ maken)	**penterjemahan**	[pɛntɛrdʒɛmahan]
vertaling (tekst)	**terjemahan**	[tɛrdʒɛmahan]
vertaler (de)	**penterjemah**	[pɛntɛrdʒɛmah]
tolk (de)	**penterjemah**	[pɛntɛrdʒɛmah]
polyglot (de)	**penutur pelbagai bahasa**	[pɛnutur pɛlbagaj bahasa]
geheugen (het)	**ingatan**	[iŋatan]

147. Sprookjesfiguren

Sinterklaas (de)	**Santa Claus**	[santa klaus]
Assepoester (de)	**Cinderella**	[sinderella]
zeemeermin (de)	**ikan duyung**	[ikan dujuŋ]
Neptunus (de)	**Waruna**	[varuna]
magiër, tovenaar (de)	**ahli sihir**	[ahli sihir]
goede heks (de)	**sihir perempuan**	[sihir pɛrɛmpuan]
magisch (bn)	**ajaib**	[adʒaib]
toverstokje (het)	**tongkat wasiat**	[toŋkat vasiat]
sprookje (het)	**dongeng**	[doŋeŋ]

wonder (het)	**keajaiban**	[kɛadʒaiban]
dwerg (de)	**orang kerdil**	[oraŋ kɛrdil]
veranderen in ... (anders worden)	**menjelma menjadi**	[mɛndʒɛlma mɛndʒadi]
geest (de)	**hantu**	[hantu]
spook (het)	**hantu**	[hantu]
monster (het)	**bota**	[bota]
draak (de)	**naga**	[naga]
reus (de)	**gergasi**	[gɛrgasi]

148. Dierenriem

Ram (de)	**Aries**	[ariz]
Stier (de)	**Taurus**	[torɛs]
Tweelingen (mv.)	**Gemini**	[dʒeminaj]
Kreeft (de)	**Cancer**	[kɛnser]
Leeuw (de)	**Leo**	[leo]
Maagd (de)	**Virgo**	[virgo]
Weegschaal (de)	**Libra**	[libra]
Schorpioen (de)	**Scorpio**	[skorpio]
Boogschutter (de)	**Sagittarius**	[sadʒitarius]
Steenbok (de)	**Capricorn**	[kɛprikon]
Waterman (de)	**Aquarius**	[akuarius]
Vissen (mv.)	**Pisces**	[piskiz]
karakter (het)	**sifat**	[sifat]
karaktertrekken (mv.)	**sifat**	[sifat]
gedrag (het)	**tingkah laku**	[tiŋkah laku]
waarzeggen (ww)	**menilik nasib**	[mɛnilik nasib]
waarzegster (de)	**penilik nasib perempuan**	[pɛnilik nasib pɛrɛmpuan]
horoscoop (de)	**horoskop**	[horoskop]

Kunst

149. Theater

theater (het)	**teater**	[teatɛr]
opera (de)	**opera**	[opɛra]
operette (de)	**opereta**	[opɛreta]
ballet (het)	**balet**	[balet]
affiche (de/het)	**poster**	[postɛr]
theatergezelschap (het)	**rombongan teater**	[romboŋan teatɛr]
tournee (de)	**pertunjukan jelajah**	[pɛrtunʤukan ʤɛlaʤah]
op tournee zijn	**berjelajah dengan pertunjukan**	[bɛrʤɛlaʤah dɛŋan pɛrtunʤukan]
repeteren (ww)	**melatih berlakon**	[mɛlatih bɛrlakon]
repetitie (de)	**raptai**	[raptaj]
repertoire (het)	**repertoir**	[repɛrtoir]
voorstelling (de)	**pertunjukan**	[pɛrtunʤukan]
spektakel (het)	**pertunjukan**	[pɛrtunʤukan]
toneelstuk (het)	**lakon, teater**	[lakon], [teatɛr]
biljet (het)	**tiket**	[tiket]
kassa (de)	**pejabat tiket**	[pɛʤabat tiket]
foyer (de)	**ruang legar**	[ruaŋ legar]
garderobe (de)	**tempat meletak pakaian**	[tɛmpat mɛlɛtak pakajan]
garderobe nummer (het)	**teg**	[teg]
verrekijker (de)	**teropong**	[tɛropoŋ]
plaatsaanwijzer (de)	**pemeriksa tiket**	[pɛmɛriksa tiket]
parterre (de)	**tingkat bawah**	[tiŋkat bavah]
balkon (het)	**balkoni**	[balkoni]
gouden rang (de)	**bulatan dress**	[bulatan dres]
loge (de)	**boks**	[boks]
rij (de)	**baris**	[baris]
plaats (de)	**tempat duduk**	[tɛmpat duduk]
publiek (het)	**penonton, odiens**	[pɛnonton], [odiens]
kijker (de)	**penonton**	[pɛnonton]
klappen (ww)	**menepuk tangan**	[mɛnɛpuk taŋan]
applaus (het)	**tepuk tangan**	[tɛpuk taŋan]
ovatie (de)	**tepuk sorak**	[tɛpuk sorak]
toneel (op het ~ staan)	**pentas**	[pɛntas]
gordijn, doek (het)	**tirai**	[tiraj]
toneeldecor (het)	**hiasan latar**	[hiasan latar]
backstage (de)	**belakang pentas**	[blakaŋ pɛntas]
scène (de)	**adegan**	[adɛgan]
bedrijf (het)	**babak**	[babak]
pauze (de)	**waktu rehat**	[vaktu rehat]

150. Bioscoop

acteur (de)	**pelakon**	[pɛlakon]
actrice (de)	**aktres**	[aktres]
bioscoop (de)	**seni wayang gambar**	[sɛni vajaŋ gambar]
speelfilm (de)	**filem**	[filɛm]
aflevering (de)	**episod**	[episod]
detectivefilm (de)	**filem detektif**	[filɛm detektif]
actiefilm (de)	**filem aksi**	[filɛm aksi]
avonturenfilm (de)	**filem petualangan**	[filɛm pɛtualaŋan]
sciencefictionfilm (de)	**filem cereka sains**	[filɛm ʧɛreka sajns]
griezelfilm (de)	**filem seram**	[filɛm sɛram]
komedie (de)	**filem komedi**	[filɛm komedi]
melodrama (het)	**melodrama**	[melodrama]
drama (het)	**drama**	[drama]
speelfilm (de)	**filem cereka**	[filɛm ʧereka]
documentaire (de)	**filem dokumentari**	[filɛm dokumɛntari]
tekenfilm (de)	**filem kartun**	[filɛm kartun]
stomme film (de)	**filem bisu**	[filɛm bisu]
rol (de)	**peranan**	[pɛranan]
hoofdrol (de)	**peranan utama**	[pɛranan utama]
spelen (ww)	**memainkan**	[mɛmajŋkan]
filmster (de)	**bintang filem**	[bintaŋ filɛm]
bekend (bn)	**terkenal**	[tɛrkɛnal]
beroemd (bn)	**terkenal**	[tɛrkɛnal]
populair (bn)	**popular**	[popular]
scenario (het)	**skrip**	[skrip]
scenarioschrijver (de)	**penulis skrip**	[pɛnulis skrip]
regisseur (de)	**pengarah**	[pɛŋarah]
filmproducent (de)	**produser**	[produsɛr]
assistent (de)	**pembantu**	[pɛmbantu]
cameraman (de)	**jurukamera**	[ʤurukamera]
stuntman (de)	**pelakon lagak aksi**	[pɛlakon lagak aksi]
stuntdubbel (de)	**pelakon pengganti**	[pɛlakon pɛŋganti]
een film maken	**membuat penggambaran filem**	[mɛmbuat pɛŋgambaran filɛm]
auditie (de)	**uji bakat**	[uʤi bakat]
opnamen (mv.)	**penggambaran**	[pɛŋgambaran]
filmploeg (de)	**kru penggambaran**	[kru pɛŋgambaran]
filmset (de)	**tapak penggambaran**	[tapak pɛŋgambaran]
filmcamera (de)	**kamera filem**	[kamera filɛm]
bioscoop (de)	**pawagam**	[pavagam]
scherm (het)	**layar perak**	[lajar perak]
een film vertonen	**menayangkan filem**	[mɛnajaŋkan filɛm]
geluidsspoor (de)	**runut bunyi**	[runut bunji]
speciale effecten (mv.)	**kesan khas**	[kɛsan χas]

ondertiteling (de)	**sari kata**	[sari kata]
voortiteling, aftiteling (de)	**barisan kredit**	[barisan kredit]
vertaling (de)	**terjemahan**	[tɛrdʒɛmahan]

151. Schilderij

kunst (de)	**seni**	[sɛni]
schone kunsten (mv.)	**seni halus**	[sɛni halus]
kunstgalerie (de)	**balai seni lukis**	[balaj sɛni lukis]
kunsttentoonstelling (de)	**pameran lukisan**	[pameran lukisan]
schilderkunst (de)	**seni lukis**	[sɛni lukis]
grafiek (de)	**seni grafik**	[sɛni grafik]
abstracte kunst (de)	**seni abstrak**	[sɛni abstrak]
impressionisme (het)	**impresionisme**	[impresionismɛ]
schilderij (het)	**lukisan**	[lukisan]
tekening (de)	**lukisan**	[lukisan]
poster (de)	**poster**	[postɛr]
illustratie (de)	**gambar**	[gambar]
miniatuur (de)	**lukisan kenit**	[lukisan kɛnit]
kopie (de)	**salinan**	[salinan]
reproductie (de)	**reproduksi**	[reproduksi]
mozaïek (het)	**mozek**	[mozek]
gebrandschilderd glas (het)	**kaca berwarna**	[katʃa bɛrvarna]
fresco (het)	**lukisan dinding**	[lukisan dindiŋ]
gravure (de)	**ukiran**	[ukiran]
buste (de)	**patung dada**	[patuŋ dada]
beeldhouwwerk (het)	**arca**	[artʃa]
beeld (bronzen ~)	**patung**	[patuŋ]
gips (het)	**gipsum**	[gipsum]
gipsen (bn)	**daripada gipsum**	[daripada gipsum]
portret (het)	**potret**	[potret]
zelfportret (het)	**potret diri**	[potret diri]
landschap (het)	**lukisan landskap**	[lukisan landskap]
stilleven (het)	**alam benda mati**	[alam bɛnda mati]
karikatuur (de)	**karikatur**	[karikatur]
schets (de)	**sketsa**	[sketsa]
verf (de)	**cat**	[tʃat]
aquarel (de)	**cat air**	[tʃat air]
olieverf (de)	**cat minyak**	[tʃat minjak]
potlood (het)	**pensel**	[pensel]
Oost-Indische inkt (de)	**dakwat Cina**	[dakvat tʃina]
houtskool (de)	**arang**	[araŋ]
tekenen (met krijt)	**melukis**	[mɛlukis]
schilderen (ww)	**melukis**	[mɛlukis]
poseren (ww)	**bergaya**	[bɛrgaja]
naaktmodel (man)	**model lukisan lelaki**	[model lukisan lɛlaki]

naaktmodel (vrouw)	**model lukisan perempuan**	[model lukisan pɛrɛmpuan]
kunstenaar (de)	**pelukis**	[pɛlukis]
kunstwerk (het)	**karya**	[karja]
meesterwerk (het)	**karya ulung**	[kar[j]a uluŋ]
studio, werkruimte (de)	**bengkel**	[beŋkel]
schildersdoek (het)	**kain kanvas**	[kain kanvas]
schildersezel (de)	**kekuda**	[kɛkuda]
palet (het)	**palet**	[palet]
lijst (een vergulde ~)	**bingkai**	[biŋkaj]
restauratie (de)	**pemuliharaan**	[pɛmuliharaan]
restaureren (ww)	**memulihara**	[mɛmulihara]

152. Literatuur & Poëzie

literatuur (de)	**sastera**	[sastra]
auteur (de)	**pengarang**	[pɛŋaraŋ]
pseudoniem (het)	**nama pena**	[nama pɛna]
boek (het)	**buku**	[buku]
boekdeel (het)	**jilid**	[ʤilid]
inhoudsopgave (de)	**kandungan**	[kanduŋan]
pagina (de)	**halaman**	[halaman]
hoofdpersoon (de)	**hero utama**	[hero utama]
handtekening (de)	**autograf**	[autograf]
verhaal (het)	**cerpen**	[ʧɛrpen]
novelle (de)	**novel**	[novɛl]
roman (de)	**roman**	[roman]
werk (literatuur)	**karya**	[karja]
fabel (de)	**fabel**	[fabɛl]
detectiveroman (de)	**novel detektif**	[novɛl detektif]
gedicht (het)	**puisi, sajak**	[puisi], [saʤak]
poëzie (de)	**puisi**	[puisi]
epos (het)	**balada**	[balada]
dichter (de)	**penyair**	[pɛnjair]
fictie (de)	**cereka**	[ʧɛreka]
sciencefiction (de)	**cereka sains**	[ʧɛreka sains]
avonturenroman (de)	**pengembaraan**	[pɛŋɛmbaraan]
opvoedkundige literatuur (de)	**buku-buku pendidikan**	[buku buku pɛndidikan]
kinderliteratuur (de)	**sastera kanak-kanak**	[sastra kanak kanak]

153. Circus

circus (de/het)	**sarkas**	[sarkas]
chapiteau circus (de/het)	**khemah pertunjukkan sarkas**	[χemah pɛrtunʤukkan sarkas]
programma (het)	**acara**	[aʧara]
voorstelling (de)	**pertunjukan**	[pɛrtunʤukan]

nummer (circus ~)	**acara**	[atʃara]
arena (de)	**gelanggang**	[gɛlaŋgaŋ]
pantomime (de)	**pantomim**	[pantomim]
clown (de)	**badut**	[badut]
acrobaat (de)	**akrobat**	[akrobat]
acrobatiek (de)	**akrobatik**	[akrobatik]
gymnast (de)	**jimnas**	[ʤimnas]
gymnastiek (de)	**gimnastik**	[gimnastik]
salto (de)	**balik kuang**	[balik kuaŋ]
sterke man (de)	**orang kuat**	[oraŋ kuat]
temmer (de)	**penjinak**	[pɛnʤinak]
ruiter (de)	**penunggang kuda**	[pɛnuŋgaŋ kuda]
assistent (de)	**pembantu**	[pɛmbantu]
stunt (de)	**helah**	[helah]
goocheltruc (de)	**silap mata**	[silap mata]
goochelaar (de)	**ahli silap mata**	[ahli silap mata]
jongleur (de)	**penjugel**	[pɛnʤugɛl]
jongleren (ww)	**melambung-lambungkan**	[mɛlambuŋ lambuŋkan]
dierentrainer (de)	**pelatih binatang**	[pɛlatih binataŋ]
dressuur (de)	**pelatihan binatang**	[pɛlatihan binataŋ]
dresseren (ww)	**melatih**	[mɛlatih]

154. Muziek. Popmuziek

muziek (de)	**muzik**	[muzik]
muzikant (de)	**pemuzik**	[pɛmuzik]
muziekinstrument (het)	**alat muzik**	[alat muzik]
spelen (bijv. gitaar ~)	**bermain**	[bɛrmajn]
gitaar (de)	**gitar**	[gitar]
viool (de)	**biola**	[biola]
cello (de)	**selo**	[selo]
contrabas (de)	**dabal bes**	[dabal bes]
harp (de)	**harp**	[harp]
piano (de)	**piano**	[piano]
vleugel (de)	**grand piano**	[grand piano]
orgel (het)	**organ**	[organ]
blaasinstrumenten (mv.)	**alat-alat tiupan**	[alat alat tiupan]
hobo (de)	**obo**	[obo]
saxofoon (de)	**saksofon**	[saksofon]
klarinet (de)	**klarinet**	[klarinet]
fluit (de)	**serunai**	[sɛrunaj]
trompet (de)	**sangkakala**	[saŋkakala]
accordeon (de/het)	**akordion**	[akordion]
trommel (de)	**gendang**	[gɛndaŋ]
duet (het)	**duet**	[duet]

trio (het)	**trio**	[trio]
kwartet (het)	**kuartet**	[kuartet]
koor (het)	**koir**	[koir]
orkest (het)	**orkestra**	[orkestra]
popmuziek (de)	**muzik pop**	[muzik pop]
rockmuziek (de)	**muzik rock**	[muzik rok]
rockgroep (de)	**kumpulan rock**	[kumpulan rok]
jazz (de)	**jaz**	[ʤaz]
idool (het)	**idola**	[idola]
bewonderaar (de)	**peminat**	[pɛminat]
concert (het)	**konsert**	[konsɛrt]
symfonie (de)	**simfoni**	[simfoni]
compositie (de)	**gubahan**	[gubahan]
componeren (muziek ~)	**mencipta**	[mɛnʧipta]
zang (de)	**nyanyian**	[njanjian]
lied (het)	**lagu**	[lagu]
melodie (de)	**melodi**	[melodi]
ritme (het)	**irama**	[irama]
blues (de)	**muzik blues**	[muzik blus]
bladmuziek (de)	**not**	[not]
dirigeerstok (baton)	**tongkat pengarah**	[toŋkat pɛŋarah]
strijkstok (de)	**penggesek**	[pɛŋgesek]
snaar (de)	**tali**	[tali]
koffer (de)	**sarung**	[saruŋ]

Rusten. Entertainment. Reizen

155. Trip. Reizen

toerisme (het)	**pelancongan**	[pɛlantʃoŋan]
toerist (de)	**pelancong**	[pɛlantʃoŋ]
reis (de)	**pengembaraan**	[pɛŋɛmbaraan]
avontuur (het)	**petualangan**	[pɛtualaŋan]
tocht (de)	**lawatan**	[lavatan]
vakantie (de)	**cuti**	[tʃuti]
met vakantie zijn	**bercuti**	[bɛrtʃuti]
rust (de)	**rehat**	[rehat]
trein (de)	**kereta api**	[kreta api]
met de trein	**naik kereta api**	[naik kreta api]
vliegtuig (het)	**kapal terbang**	[kapal tɛrbaŋ]
met het vliegtuig	**naik kapal terbang**	[naik kapal tɛrbaŋ]
met de auto	**naik kereta**	[naik kreta]
per schip (bw)	**naik kapal**	[naik kapal]
bagage (de)	**bagasi**	[bagasi]
valies (de)	**beg pakaian**	[beg pakajan]
bagagekarretje (het)	**troli bagasi**	[troli bagasi]
paspoort (het)	**pasport**	[pasport]
visum (het)	**visa**	[visa]
kaartje (het)	**tiket**	[tiket]
vliegticket (het)	**tiket kapal terbang**	[tiket kapal tɛrbaŋ]
reisgids (de)	**buku panduan pelancongan**	[buku panduan pɛlantʃoŋan]
kaart (de)	**peta**	[pɛta]
gebied (landelijk ~)	**kawasan**	[kavasan]
plaats (de)	**tempat duduk**	[tɛmpat duduk]
exotische bestemming (de)	**keeksotikan**	[kɛeksotikan]
exotisch (bn)	**eksotik**	[eksotik]
verwonderlijk (bn)	**menakjubkan**	[mɛnakdʒubkan]
groep (de)	**kumpulan**	[kumpulan]
rondleiding (de)	**darmawisata**	[darmavisata]
gids (de)	**pemandu pelancong**	[pɛmandu pɛlantʃoŋ]

156. Hotel

hotel (het)	**hotel**	[hotel]
motel (het)	**motel**	[motel]

3-sterren	**tiga bintang**	[tiga bintaŋ]
5-sterren	**lima bintang**	[lima bintaŋ]
overnachten (ww)	**menumpang**	[mɛnumpaŋ]
kamer (de)	**bilik**	[bilik]
eenpersoonskamer (de)	**bilik untuk satu orang**	[bilik untuk satu oraŋ]
tweepersoonskamer (de)	**bilik kelamin**	[bilik kɛlamin]
een kamer reserveren	**menempah bilik**	[mɛnempah bilik]
halfpension (het)	**penginapan tanpa makanan**	[pɛŋinapan tanpa makanan]
volpension (het)	**penginapan dengan makanan**	[pɛŋinapan dɛŋan makanan]
met badkamer	**dengan tab mandi**	[dɛŋan tab mandi]
met douche	**dengan pancaran air**	[dɛŋan panʧaran air]
satelliet-tv (de)	**televisyen satelit**	[televiʃɛn satɛlit]
airconditioner (de)	**penghawa dingin**	[pɛŋɣava diŋin]
handdoek (de)	**tuala**	[tuala]
sleutel (de)	**kunci**	[kunʧi]
administrateur (de)	**pentadbir**	[pɛntadbir]
kamermeisje (het)	**pengemas rumah**	[pɛŋɛmas rumah]
piccolo (de)	**porter**	[portɛr]
portier (de)	**penjaga pintu**	[pɛnʤaga pintu]
restaurant (het)	**restoran**	[restoran]
bar (de)	**bar**	[bar]
ontbijt (het)	**makan pagi**	[makan pagi]
avondeten (het)	**makan malam**	[makan malam]
buffet (het)	**jamuan berselerak**	[ʤamuan bɛrsɛlerak]
hal (de)	**ruang legar**	[ruaŋ legar]
lift (de)	**lif**	[lif]
NIET STOREN	**JANGAN MENGGANGGU**	[ʤaŋan mɛŋgaŋgu]
VERBODEN TE ROKEN!	**DILARANG MEROKOK!**	[dilaraŋ mɛrokok]

157. Boeken. Lezen

boek (het)	**buku**	[buku]
auteur (de)	**pengarang**	[pɛŋaraŋ]
schrijver (de)	**penulis**	[pɛnulis]
schrijven (een boek)	**mengarang**	[mɛŋaraŋ]
lezer (de)	**pembaca**	[pɛmbaʧa]
lezen (ww)	**membaca**	[mɛmbaʧa]
lezen (het)	**pembacaan**	[pɛmbaʧaan]
stil (~ lezen)	**senyap**	[sɛnjap]
hardop (~ lezen)	**dengan suara kuat**	[dɛŋan suara kuat]
uitgeven (boek ~)	**menerbitkan**	[mɛnɛrbitkan]
uitgeven (het)	**penerbitan**	[pɛnɛrbitan]
uitgever (de)	**penerbit**	[pɛnɛrbit]

uitgeverij (de)	**penerbit**	[pɛnɛrbit]
verschijnen (bijv. boek)	**terbit**	[tɛrbit]
verschijnen (het)	**penerbitan**	[pɛnɛrbitan]
oplage (de)	**edaran**	[edaran]
boekhandel (de)	**kedai buku**	[kɛdaj buku]
bibliotheek (de)	**perpustakaan**	[pɛrpustakaan]
novelle (de)	**novel**	[novɛl]
verhaal (het)	**cerpen**	[ʧɛrpen]
roman (de)	**roman**	[roman]
detectiveroman (de)	**novel detektif**	[novɛl detektif]
memoires (mv.)	**kenangan hidup**	[kɛnaŋan hidup]
legende (de)	**lagenda**	[lagenda]
mythe (de)	**mitos**	[mitos]
gedichten (mv.)	**puisi**	[puisi]
autobiografie (de)	**autobiografi**	[autobiografi]
bloemlezing (de)	**karya pilihan**	[karja pilihan]
sciencefiction (de)	**cereka sains**	[ʧɛreka sains]
naam (de)	**judul**	[ʤudul]
inleiding (de)	**pengantar**	[pɛŋantar]
voorblad (het)	**halaman judul**	[halaman ʤudul]
hoofdstuk (het)	**bab**	[bab]
fragment (het)	**petikan**	[pɛtikan]
episode (de)	**episod**	[episod]
intrige (de)	**jalan cerita**	[ʤalan ʧɛrita]
inhoud (de)	**kandungan**	[kanduŋan]
inhoudsopgave (de)	**kandungan**	[kanduŋan]
hoofdpersonage (het)	**hero utama**	[hero utama]
boekdeel (het)	**jilid**	[ʤilid]
omslag (de/het)	**kulit**	[kulit]
boekband (de)	**penjilidan**	[pɛnʤilidan]
bladwijzer (de)	**penunjuk halaman**	[pɛnunʤuk halaman]
pagina (de)	**halaman**	[halaman]
bladeren (ww)	**membelek-belek**	[mɛmbelek belek]
marges (mv.)	**birai, tepi**	[biraj], [tɛpi]
annotatie (de)	**catatan**	[ʧatatan]
opmerking (de)	**catatan kaki**	[ʧatatan kaki]
tekst (de)	**teks**	[teks]
lettertype (het)	**mata huruf**	[mata huruf]
drukfout (de)	**kesalahan cetak**	[kɛsalahan ʧetak]
vertaling (de)	**terjemahan**	[tɛrʤɛmahan]
vertalen (ww)	**menterjemahkan**	[mɛntɛrʤɛmahkan]
origineel (het)	**naskhah asli**	[naskah asli]
beroemd (bn)	**terkenal**	[tɛrkɛnal]
onbekend (bn)	**tidak dikenali**	[tidak dikɛnali]

interessant (bn)	**seronok**	[ɛeronok]
bestseller (de)	**buku terlaris**	[buku tɛrlaris]
woordenboek (het)	**kamus**	[kamus]
leerboek (het)	**buku teks**	[buku teks]
encyclopedie (de)	**ensiklopedia**	[ensiklopedia]

158. Jacht. Vissen

jacht (de)	**perburuan**	[pɛrburuan]
jagen (ww)	**memburu**	[mɛmburu]
jager (de)	**pemburu**	[pɛmburu]
schieten (ww)	**menembak**	[mɛnembak]
geweer (het)	**senapang**	[sɛnapaŋ]
patroon (de)	**kartrij**	[kartriʤ]
hagel (de)	**peluru penabur**	[pɛluru pɛnabur]
val (de)	**perangkap**	[praŋkap]
valstrik (de)	**perangkap**	[praŋkap]
in de val trappen	**terperangkap**	[tɛrpraŋkap]
een val zetten	**memasang perangkap**	[mɛmasaŋ praŋkap]
stroper (de)	**pemburu haram**	[pɛmburu haram]
wild (het)	**burung buruan**	[buruŋ buruan]
jachthond (de)	**anjing pemburu**	[anʤiŋ pɛmburu]
safari (de)	**safari**	[safari]
opgezet dier (het)	**bentuk binatang**	[bɛntuk binataŋ]
visser (de)	**nelayan**	[nɛlajan]
visvangst (de)	**memancing ikan**	[mɛmanʧiŋ ikan]
vissen (ww)	**memancing**	[mɛmanʧiŋ]
hengel (de)	**pancing**	[panʧiŋ]
vislijn (de)	**tali pancing**	[tali panʧiŋ]
haak (de)	**kail**	[kail]
dobber (de)	**pelambung**	[pɛlambuŋ]
aas (het)	**umpan**	[umpan]
de hengel uitwerpen	**melemparkan tali pancing**	[mɛlemparkan tali panʧiŋ]
bijten (ov. de vissen)	**mengena**	[mɛŋɛna]
vangst (de)	**hasil tangkapan**	[hasil taŋkapan]
wak (het)	**lubang ais**	[lubaŋ ajs]
net (het)	**jala**	[ʤala]
boot (de)	**perahu**	[prahu]
vissen met netten	**menangkap dengan jala**	[mɛnaŋkap dɛŋan ʤala]
het net uitwerpen	**menabur jala**	[mɛnabur ʤala]
het net binnenhalen	**menarik jala**	[mɛnarik ʤala]
in het net vallen	**tertangkap dalam jala**	[tɛrtaŋkap dalam ʤala]
walvisvangst (de)	**pemburu ikan paus**	[pɛmburu ikan paus]
walvisvaarder (de)	**kapal pemburu ikan paus**	[kapal pɛmburu ikan paus]
harpoen (de)	**tempuling**	[tɛmpuliŋ]

159. Spellen. Biljart

biljart (het)	**biliard**	[biliard]
biljartzaal (de)	**bilik biliard**	[bilik biliard]
biljartbal (de)	**bola biliard**	[bola biliard]
een bal in het gat jagen	**memasukkan bola**	[mɛmasukkan bola]
keu (de)	**kiu**	[kiu]
gat (het)	**poket**	[poket]

160. Spellen. Speelkaarten

ruiten (mv.)	**daiman**	[dajman]
schoppen (mv.)	**sped**	[sped]
klaveren (mv.)	**lekuk**	[lɛkuk]
harten (mv.)	**kelawar**	[kɛlavar]
aas (de)	**sat**	[sat]
koning (de)	**raja**	[radʒa]
dame (de)	**ratu**	[ratu]
boer (de)	**pekak**	[pekak]
speelkaart (de)	**daun terup**	[daun tɛrup]
kaarten (mv.)	**daun terup**	[daun tɛrup]
troef (de)	**terup**	[tɛrup]
pak (het) kaarten	**pek**	[pek]
punt (bijv. vijftig ~en)	**mata**	[mata]
uitdelen (kaarten ~)	**membahagi-bahagikan**	[mɛmbahagi bahagikan]
schudden (de kaarten ~)	**mengocok**	[mɛŋotʃok]
beurt (de)	**langkah**	[laŋkah]
valsspeler (de)	**pemain yang curang**	[pɛmajn jaŋ tʃuraŋ]

161. Casino. Roulette

casino (het)	**kasino**	[kasino]
roulette (de)	**rolet**	[rolet]
inzet (de)	**taruhan**	[taruhan]
een bod doen	**bertaruh**	[bɛrtaruh]
rood (de)	**merah**	[merah]
zwart (de)	**hitam**	[hitam]
inzetten op rood	**bertaruh pada merah**	[bɛrtaruh pada merah]
inzetten op zwart	**bertaruh pada hitam**	[bɛrtaruh pada hitam]
croupier (de)	**bandar**	[bandar]
de cilinder draaien	**memutar roda**	[mɛmutar roda]
spelregels (mv.)	**peraturan permainan**	[pɛraturan pɛrmajnan]
fiche (pokerfiche, etc.)	**cip**	[tʃip]
winnen (ww)	**memenangi**	[mɛmɛnaŋi]
winst (de)	**wang kemenangan**	[vaŋ kɛmɛnaŋan]

verliezen (ww)	**rugi**	[rugi]
verlies (het)	**kerugian**	[kɛrugian]
speler (de)	**pemain**	[pɛmajn]
blackjack (kaartspel)	**Blackjack**	[blɛkʤek]
dobbelspel (het)	**permainan dadu**	[pɛrmajnan dadu]
dobbelstenen (mv.)	**dadu**	[dadu]
speelautomaat (de)	**slot mesin judi**	[slot mesin ʤudi]

162. Rusten. Spellen. Diversen

wandelen (on.ww.)	**bersiar-siar**	[bɛrsiar siar]
wandeling (de)	**bersiar-siar**	[bɛrsiar siar]
trip (per auto)	**perjalanan**	[pɛrʤalanan]
avontuur (het)	**petualangan**	[pɛtualaŋan]
picknick (de)	**kelah**	[kelah]
spel (het)	**permainan**	[pɛrmajnan]
speler (de)	**pemain**	[pɛmajn]
partij (de)	**permainan**	[pɛrmajnan]
collectioneur (de)	**pengumpul**	[pɛŋumpul]
collectioneren (ww)	**mengumpulkan**	[mɛŋumpulkan]
collectie (de)	**kumpulan**	[kumpulan]
kruiswoordraadsel (het)	**tekata**	[tɛkata]
hippodroom (de)	**padang lumba kuda**	[padaŋ lumba kuda]
discotheek (de)	**disko**	[disko]
sauna (de)	**sauna**	[sauna]
loterij (de)	**loteri**	[lotɛri]
trektocht (kampeertocht)	**darmawisata**	[darmavisata]
kamp (het)	**perkemahan**	[pɛrχemahan]
tent (de)	**khemah**	[χemah]
kompas (het)	**pedoman**	[pedoman]
rugzaktoerist (de)	**pekhemah**	[peχemah]
bekijken (een film ~)	**menonton**	[mɛnonton]
kijker (televisie~)	**penonton televisyen**	[pɛnonton televiʃɛn]
televisie-uitzending (de)	**tayangan TV**	[tajaŋan tivi]

163. Fotografie

fotocamera (de)	**kamera foto**	[kamera foto]
foto (de)	**fotografi**	[fotografi]
fotograaf (de)	**jurugambar**	[ʤurugambar]
fotostudio (de)	**studio foto**	[studio foto]
fotoalbum (het)	**album foto**	[album foto]
lens (de), objectief (het)	**kanta fotografi**	[kanta fotografi]
telelens (de)	**kanta telefoto**	[kanta telefoto]

filter (de/het)	**penapis**	[pɛnapis]
lens (de)	**kanta**	[kanta]
optiek (de)	**barang optik**	[baraŋ optik]
diafragma (het)	**bukaan lensa**	[bukaan lensa]
belichtingstijd (de)	**dedahan cahaya**	[dɛdahan ʧahaja]
zoeker (de)	**tingkap penenang**	[tiŋkap pɛnɛnaŋ]
digitale camera (de)	**kamera digital**	[kamera digital]
statief (het)	**kekaki**	[kɛkaki]
flits (de)	**lampu denyar**	[lampu dɛnjar]
fotograferen (ww)	**mengambil gambar**	[mɛŋambil gambar]
foto's maken	**mengambil gambar**	[mɛŋambil gambar]
zich laten fotograferen	**bergambar**	[bɛrgambar]
focus (de)	**fokus**	[fokus]
scherpstellen (ww)	**melaraskan kanta**	[mɛlaraskan kanta]
scherp (bn)	**jelas**	[ʤɛlas]
scherpte (de)	**jelasnya**	[ʤɛlasnja]
contrast (het)	**kontras**	[kontras]
contrastrijk (bn)	**kontras**	[kontras]
kiekje (het)	**gambar foto**	[gambar foto]
negatief (het)	**negatif**	[negatif]
filmpje (het)	**filem**	[filɛm]
beeld (frame)	**gambar pegun**	[gambar pɛgun]
afdrukken (foto's ~)	**mencetak**	[mɛnʧetak]

164. Strand. Zwemmen

strand (het)	**pantai**	[pantaj]
zand (het)	**pasir**	[pasir]
leeg (~ strand)	**lengang**	[lɛŋaŋ]
bruine kleur (de)	**hitam legam kerana berjemur**	[hitam lɛgam krana bɛrʤɛmur]
zonnebaden (ww)	**berjemur**	[bɛrʤɛmur]
gebruind (bn)	**hitam legam kerana berjemur**	[hitam lɛgam krana bɛrʤɛmur]
zonnecrème (de)	**krim pelindung cahaya matahari**	[krim pɛlinduŋ ʧahaja matahari]
bikini (de)	**bikini**	[bikini]
badpak (het)	**pakaian renang**	[pakajan rɛnaŋ]
zwembroek (de)	**seluar renang**	[sɛluar rɛnaŋ]
zwembad (het)	**kolam renang**	[kolam rɛnaŋ]
zwemmen (ww)	**berenang**	[bɛrɛnaŋ]
douche (de)	**pancuran mandi**	[panʧuran mandi]
zich omkleden (ww)	**bersalin**	[bɛrsalin]
handdoek (de)	**tuala**	[tuala]
boot (de)	**perahu**	[prahu]

motorboot (de)	**motobot**	[motobot]
waterski's (mv.)	**ski air**	[ski air]
waterfiets (de)	**bot kayuh**	[bot kajuh]
surfen (het)	**berselancar**	[bɛrsɛlanʧar]
surfer (de)	**peselancar**	[pɛsɛlanʧar]
scuba, aqualong (de)	**akualang**	[akualaŋ]
zwemvliezen (mv.)	**kaki sirip getah**	[kaki sirip gɛtah]
duikmasker (het)	**topeng**	[topeŋ]
duiker (de)	**penyelam**	[pɛnjelam]
duiken (ww)	**menyelam**	[mɛnjelam]
onder water (bw)	**di bawah air**	[di bavah air]
parasol (de)	**payung**	[pajuŋ]
ligstoel (de)	**kerusi anduh**	[krusi anduh]
zonnebril (de)	**kaca mata hitam**	[kaʧa mata hitam]
luchtmatras (de/het)	**tilam angin**	[tilam aŋin]
spelen (ww)	**bermain**	[bɛrmajn]
gaan zwemmen (ww)	**mandi**	[mandi]
bal (de)	**bola**	[bola]
opblazen (oppompen)	**meniup**	[mɛniup]
lucht-, opblaasbare (bn)	**geleca udara**	[gɛlɛʧa udara]
golf (hoge ~)	**gelombang**	[gɛlombaŋ]
boei (de)	**boya**	[boja]
verdrinken (ww)	**mati lemas**	[mati lɛmas]
redden (ww)	**menyelamatkan**	[mɛnjelamatkan]
reddingsvest (de)	**jaket keselamatan**	[ʤaket kɛsɛlamatan]
waarnemen (ww)	**menyaksikan**	[mɛnjaksikan]
redder (de)	**penyelamat**	[pɛnjelamat]

TECHNISCHE APPARATUUR. VERVOER

Technische apparatuur

165. Computer

computer (de)	**komputer**	[komputɛr]
laptop (de)	**komputer riba**	[komputɛr riba]
aanzetten (ww)	**menghidupkan**	[mɛŋɣidupkan]
uitzetten (ww)	**mematikan**	[mɛmatikan]
toetsenbord (het)	**papan kekunci**	[papan kɛkunʧi]
toets (enter~)	**kekunci**	[kɛkunʧi]
muis (de)	**tetikus**	[tɛtikus]
muismat (de)	**alas tetikus**	[alas tɛtikus]
knopje (het)	**tombol**	[tombol]
cursor (de)	**kursor**	[kursor]
monitor (de)	**monitor**	[monitor]
scherm (het)	**layar perak**	[lajar perak]
harde schijf (de)	**cakera keras**	[ʧakra kras]
volume (het) van de harde schijf	**kapasiti storan cakera keras**	[kapasiti storan ʧakra kras]
geheugen (het)	**ingatan, memori**	[iŋatan], [memori]
RAM-geheugen (het)	**ingatan capaian rawak**	[iŋatan ʧapajan ravak]
bestand (het)	**fail**	[fajl]
folder (de)	**folder**	[foldɛr]
openen (ww)	**membuka**	[mɛmbuka]
sluiten (ww)	**menutup**	[mɛnutup]
opslaan (ww)	**simpan**	[simpan]
verwijderen (wissen)	**hapus**	[hapus]
kopiëren (ww)	**menyalin**	[mɛnjalin]
sorteren (ww)	**mangasih**	[maŋasih]
overplaatsen (ww)	**menyalin**	[mɛnjalin]
programma (het)	**aplikasi**	[aplikasi]
software (de)	**perisian**	[pɛrisian]
programmeur (de)	**juruprogram**	[ʤuruprogram]
programmeren (ww)	**memprogram**	[mɛmprogram]
hacker (computerkraker)	**penggodam**	[pɛŋgodam]
wachtwoord (het)	**kata laluan**	[kata laluan]
virus (het)	**virus**	[virus]
ontdekken (virus ~)	**menemui**	[mɛnɛmui]

byte (de)	**bait**	[bajt]
megabyte (de)	**megabait**	[megabajt]
data (de)	**data**	[data]
databank (de)	**pangkalan data**	[paŋkalan data]
kabel (USB-~, enz.)	**kabel**	[kabɛl]
afsluiten (ww)	**mencabut palam**	[mɛntʃabut palam]
aansluiten op (ww)	**menyambung**	[mɛnjambuŋ]

166. Internet. E-mail

internet (het)	**Internet**	[intɛrnet]
browser (de)	**browser**	[brausur]
zoekmachine (de)	**enjin carian**	[endʒin tʃarian]
internetprovider (de)	**penyedia perkhidmatan**	[pɛnjedia pɛrχidmatan]
webmaster (de)	**webmaster**	[vebmaster]
website (de)	**laman sesawang**	[laman sɛsavaŋ]
webpagina (de)	**laman sesawang**	[laman sɛsavaŋ]
adres (het)	**alamat**	[alamat]
adresboek (het)	**buku alamat**	[buku alamat]
postvak (het)	**peti surat**	[pɛti surat]
post (de)	**mel**	[mel]
vol (~ postvak)	**penuh**	[pɛnuh]
bericht (het)	**pesanan**	[pɛsanan]
binnenkomende berichten (mv.)	**mesej masuk**	[mesedʒ masuk]
uitgaande berichten (mv.)	**mesej keluar**	[mesedʒ kɛluar]
verzender (de)	**pengirim**	[pɛŋirim]
verzenden (ww)	**mengirim**	[mɛŋirim]
verzending (de)	**pengiriman**	[pɛŋiriman]
ontvanger (de)	**penerima**	[pɛnɛrima]
ontvangen (ww)	**menerima**	[mɛnɛrima]
correspondentie (de)	**surat-menyurat**	[surat mɛnjurat]
corresponderen (met ...)	**surat-menyurat**	[surat mɛnjurat]
bestand (het)	**fail**	[fajl]
downloaden (ww)	**muat turun**	[muat turun]
creëren (ww)	**menciptakan**	[mɛntʃiptakan]
verwijderen (een bestand ~)	**hapus**	[hapus]
verwijderd (bn)	**dihapus**	[dihapus]
verbinding (de)	**perhubungan**	[pɛrhubuŋan]
snelheid (de)	**kecepatan**	[kɛtʃɛpatan]
modem (de)	**modem**	[modem]
toegang (de)	**akses**	[akses]
poort (de)	**port**	[port]

aansluiting (de)	**sambungan**	[sambuŋan]
zich aansluiten (ww)	**menyambung**	[mɛnjambuŋ]
selecteren (ww)	**memilih**	[mɛmilih]
zoeken (ww)	**mencari**	[mɛntʃari]

167. Elektriciteit

elektriciteit (de)	**tenaga elektrik**	[tɛnaga elektrik]
elektrisch (bn)	**elektrik**	[elektrik]
elektriciteitscentrale (de)	**loji jana kuasa**	[lodʒi dʒana kuasa]
energie (de)	**tenaga**	[tɛnaga]
elektrisch vermogen (het)	**tenaga elektrik**	[tɛnaga elektrik]
lamp (de)	**bal lampu**	[bal lampu]
zaklamp (de)	**lampu denyar**	[lampu dɛnjar]
straatlantaarn (de)	**lampu jalan**	[lampu dʒalan]
licht (elektriciteit)	**lampu**	[lampu]
aandoen (ww)	**menghidupkan**	[mɛŋɣidupkan]
uitdoen (ww)	**mematikan**	[mɛmatikan]
het licht uitdoen	**mematikan lampu**	[mɛmatikan lampu]
doorbranden (gloeilamp)	**hangus**	[haŋus]
kortsluiting (de)	**litar pintas**	[litar pintas]
onderbreking (de)	**putus**	[putus]
contact (het)	**kontak**	[kontak]
schakelaar (de)	**suis**	[suis]
stopcontact (het)	**soket**	[soket]
stekker (de)	**palam**	[palam]
verlengsnoer (de)	**perentas pemanjangan**	[pɛrɛntas pɛmandʒaŋan]
zekering (de)	**fius**	[fius]
kabel (de)	**kawat, wayar**	[kavat], [vajar]
bedrading (de)	**pemasangan wayar**	[pɛmasaŋan vajar]
ampère (de)	**ampere**	[amperɛ]
stroomsterkte (de)	**kekuatan arus elektrik**	[kɛkuatan arus elektrik]
volt (de)	**volt**	[volt]
spanning (de)	**voltan**	[voltan]
elektrisch toestel (het)	**alat elektrik**	[alat ɛlektrik]
indicator (de)	**penunjuk**	[pɛnundʒuk]
elektricien (de)	**juruelektrik**	[dʒuruelektrik]
solderen (ww)	**memateri**	[mɛmatɛri]
soldeerbout (de)	**besi pematerian**	[bɛsi pɛmatɛrian]
stroom (de)	**karan**	[karan]

168. Gereedschappen

werktuig (stuk gereedschap)	**alat**	[alat]
gereedschap (het)	**alat-alat**	[alat alat]

uitrusting (de)	**perlengkapan**	[pɛrlɛŋkapan]
hamer (de)	**tukul**	[tukul]
schroevendraaier (de)	**pemutar skru**	[pɛmutar skru]
bijl (de)	**kapak**	[kapak]
zaag (de)	**gergaji**	[gergadʒi]
zagen (ww)	**menggergaji**	[mɛŋgɛrgadʒi]
schaaf (de)	**ketam**	[kɛtam]
schaven (ww)	**mengetam**	[mɛŋɛtam]
soldeerbout (de)	**besi pematerian**	[bɛsi pɛmatɛrian]
solderen (ww)	**memateri**	[mɛmatɛri]
vijl (de)	**kikir**	[kikir]
nijptang (de)	**kakatua**	[kakatua]
combinatietang (de)	**playar**	[plajar]
beitel (de)	**pahat kayu**	[pahat kaju]
boorkop (de)	**mata gerudi**	[mata gɛrudi]
boormachine (de)	**gerudi**	[gɛrudi]
boren (ww)	**menggerudi**	[mɛŋgɛrudi]
mes (het)	**pisau**	[pisau]
lemmet (het)	**mata**	[mata]
scherp (bijv. ~ mes)	**tajam**	[tadʒam]
bot (bn)	**tumpul**	[tumpul]
bot raken (ww)	**menjadi tumpul**	[mɛndʒadi tumpul]
slijpen (een mes ~)	**mengasah**	[mɛŋasah]
bout (de)	**bolt**	[bolt]
moer (de)	**nat**	[nat]
schroefdraad (de)	**benang**	[bɛnaŋ]
houtschroef (de)	**skru**	[skru]
spijker (de)	**paku**	[paku]
kop (de)	**payung**	[pajuŋ]
liniaal (de/het)	**kayu pembaris**	[kaju pɛmbaris]
rolmeter (de)	**pita ukur**	[pita ukur]
waterpas (de/het)	**timbang air**	[timbaŋ air]
loep (de)	**kanta pembesar**	[kanta pɛmbɛsar]
meetinstrument (het)	**alat pengukur**	[alat pɛŋukur]
opmeten (ww)	**mengukur**	[mɛŋukur]
schaal (meetschaal)	**skala**	[skala]
gegevens (mv.)	**bacaan**	[batʃaan]
compressor (de)	**pemampat**	[pɛmampat]
microscoop (de)	**mikroskop**	[mikroskop]
pomp (de)	**pam**	[pam]
robot (de)	**robot**	[robot]
laser (de)	**laser**	[lasɛr]
moersleutel (de)	**sepana**	[sɛpana]
plakband (de)	**pita pelekat**	[pita pɛlɛkat]

lijm (de)	**perekat**	[pɛrɛkat]
schuurpapier (het)	**kertas las**	[kɛrtas las]
veer (de)	**spring, pegas**	[spriŋ], [pɛgas]
magneet (de)	**magnet**	[magnet]
handschoenen (mv.)	**sarung tangan**	[saruŋ taŋan]
touw (bijv. henneptouw)	**tali**	[tali]
snoer (het)	**tali**	[tali]
draad (de)	**wayar**	[vajar]
kabel (de)	**kabel**	[kabɛl]
moker (de)	**tukul besi**	[tukul bɛsi]
breekijzer (het)	**pengumpil**	[pɛŋumpil]
ladder (de)	**tangga**	[taŋga]
trapje (inklapbaar ~)	**tangga tapak**	[taŋga tapak]
aanschroeven (ww)	**mengetatkan**	[mɛŋɛtatkan]
losschroeven (ww)	**memutar-buka**	[mɛmutar buka]
dichtpersen (ww)	**mengepit**	[mɛŋɛpit]
vastlijmen (ww)	**melekatkan**	[mɛlɛkatkan]
snijden (ww)	**memotong**	[mɛmotoŋ]
defect (het)	**kerosakan**	[kɛrosakan]
reparatie (de)	**pembaikan**	[pɛmbaikan]
repareren (ww)	**membaiki**	[mɛmbaiki]
regelen (een machine ~)	**melaraskan**	[mɛlaraskan]
checken (ww)	**memeriksa**	[mɛmɛriksa]
controle (de)	**pemeriksaan**	[pɛmɛriksaan]
gegevens (mv.)	**bacaan**	[batʃaan]
degelijk (bijv. ~ machine)	**boleh diharap**	[bole diharap]
ingewikkeld (bn)	**rumit**	[rumit]
roesten (ww)	**berkarat**	[bɛrkarat]
roestig (bn)	**berkarat**	[bɛrkarat]
roest (de/het)	**karat**	[karat]

Vervoer

169. Vliegtuig

vliegtuig (het)	**kapal terbang**	[kapal tɛrbaŋ]
vliegticket (het)	**tiket kapal terbang**	[tiket kapal tɛrbaŋ]
luchtvaartmaatschappij (de)	**syarikat penerbangan**	[ɕarikat pɛnɛrbaŋan]
luchthaven (de)	**lapangan terbang**	[lapaŋan tɛrbaŋ]
supersonisch (bn)	**supersonik**	[supersonik]
gezagvoerder (de)	**kapten kapal**	[kaptɛn kapal]
bemanning (de)	**anak buah**	[anak buah]
piloot (de)	**juruterbang**	[dʒurutɛrbaŋ]
stewardess (de)	**pramugari**	[pramugari]
stuurman (de)	**pemandu**	[pɛmandu]
vleugels (mv.)	**sayap**	[sajap]
staart (de)	**ekor**	[ekor]
cabine (de)	**kokpit**	[kokpit]
motor (de)	**enjin**	[endʒin]
landingsgestel (het)	**roda pendarat**	[roda pɛndarat]
turbine (de)	**turbin**	[turbin]
propeller (de)	**baling-baling**	[baliŋ baliŋ]
zwarte doos (de)	**kotak hitam**	[kotak hitam]
stuur (het)	**kemudi**	[kɛmudi]
brandstof (de)	**bahan bakar**	[bahan bakar]
veiligheidskaart (de)	**kad keselamatan**	[kad kɛsɛlamatan]
zuurstofmasker (het)	**topeng oksigen**	[topeŋ oksigɛn]
uniform (het)	**pakaian seragam**	[pakajan sɛragam]
reddingsvest (de)	**jaket keselamatan**	[dʒaket kɛsɛlamatan]
parachute (de)	**payung terjun**	[pajuŋ tɛrdʒun]
opstijgen (het)	**berlepas**	[bɛrlɛpas]
opstijgen (ww)	**berlepas**	[bɛrlɛpas]
startbaan (de)	**landasan berlepas**	[landasan bɛrlɛpas]
zicht (het)	**darjah penglihatan**	[dardʒah pɛŋlihatan]
vlucht (de)	**penerbangan**	[pɛnɛrbaŋan]
hoogte (de)	**ketinggian**	[kɛtiŋgian]
luchtzak (de)	**lubang udara**	[lubaŋ udara]
plaats (de)	**tempat duduk**	[tɛmpat duduk]
koptelefoon (de)	**pendengar telinga**	[pɛndɛŋar tɛliŋa]
tafeltje (het)	**meja lipat**	[medʒa lipat]
venster (het)	**tingkap kapal terbang**	[tiŋkap kapal tɛrbaŋ]
gangpad (het)	**laluan**	[laluan]

170. Trein

trein (de)	**kereta api**	[kreta api]
elektrische trein (de)	**tren elektrik**	[tren elektrik]
sneltrein (de)	**kereta api cepat**	[kreta api ʧɛpat]
diesellocomotief (de)	**lokomotif**	[lokomotif]
stoomlocomotief (de)	**kereta api**	[kreta api]
rijtuig (het)	**gerabak penumpang**	[gɛrabak pɛnumpaŋ]
restauratierijtuig (het)	**gerabak makan minum**	[gɛrabak makan minum]
rails (mv.)	**rel**	[rel]
spoorweg (de)	**jalan kereta api**	[ʤalan kreta api]
dwarsligger (de)	**kayu landas**	[kaju landas]
perron (het)	**platform**	[platform]
spoor (het)	**trek landasan**	[trek landasan]
semafoor (de)	**lampu isyarat**	[lampu iɕarat]
halte (bijv. kleine treinhalte)	**stesen**	[stesen]
machinist (de)	**pemandu kereta api**	[pɛmandu kreta api]
kruier (de)	**porter**	[portɛr]
conducteur (de)	**konduktor kereta api**	[konduktor kreta api]
passagier (de)	**penumpang**	[pɛnumpaŋ]
controleur (de)	**konduktor**	[konduktor]
gang (in een trein)	**koridor**	[koridor]
noodrem (de)	**brek kecemasan**	[brek kɛʧɛmasan]
coupé (de)	**petak gerabak**	[petak gɛrabak]
bed (slaapplaats)	**bangku**	[baŋku]
bovenste bed (het)	**bangku atas**	[baŋku atas]
onderste bed (het)	**bangku bawah**	[baŋku bavah]
beddengoed (het)	**linen**	[linen]
kaartje (het)	**tiket**	[tiket]
dienstregeling (de)	**jadual waktu**	[ʤadual vaktu]
informatiebord (het)	**paparan jadual**	[paparan ʤadual]
vertrekken (De trein vertrekt ...)	**berlepas**	[bɛrlɛpas]
vertrek (ov. een trein)	**perlepasan**	[pɛrlɛpasan]
aankomen (ov. de treinen)	**tiba**	[tiba]
aankomst (de)	**ketibaan**	[kɛtibaan]
aankomen per trein	**datang naik kereta api**	[dataŋ naik kreta api]
in de trein stappen	**naik kereta api**	[naik kreta api]
uit de trein stappen	**turun kereta api**	[turun kreta api]
treinwrak (het)	**kemalangan**	[kɛmalaŋan]
ontspoord zijn	**keluar rel**	[kɛluar rel]
stoomlocomotief (de)	**kereta api**	[kreta api]
stoker (de)	**tukang api**	[tukaŋ api]
stookplaats (de)	**tungku**	[tuŋku]
steenkool (de)	**arang**	[araŋ]

171. Schip

schip (het)	**kapal**	[kapal]
vaartuig (het)	**kapal**	[kapal]
stoomboot (de)	**kapal api**	[kapal api]
motorschip (het)	**kapal**	[kapal]
lijnschip (het)	**kapal laut**	[kapal laut]
kruiser (de)	**kapal penjelajah**	[kapal pɛndʒɛladʒah]
jacht (het)	**kapal persiaran**	[kapal pɛrsiaran]
sleepboot (de)	**kapal tunda**	[kapal tunda]
duwbak (de)	**tongkang**	[toŋkaŋ]
ferryboot (de)	**feri**	[feri]
zeilboot (de)	**kapal layar**	[kapal lajar]
brigantijn (de)	**kapal brigantine**	[kapal brigantinɛ]
ijsbreker (de)	**kapal pemecah ais**	[kapal pɛmɛtʃah ajs]
duikboot (de)	**kapal selam**	[kapal sɛlam]
boot (de)	**perahu**	[prahu]
sloep (de)	**sekoci**	[sɛkotʃi]
reddingssloep (de)	**sekoci penyelamat**	[sɛkotʃi pɛnjelamat]
motorboot (de)	**motobot**	[motobot]
kapitein (de)	**kapten**	[kaptɛn]
zeeman (de)	**kelasi**	[kɛlasi]
matroos (de)	**pelaut**	[pɛlaut]
bemanning (de)	**anak buah**	[anak buah]
bootsman (de)	**nakhoda**	[naχoda]
scheepsjongen (de)	**kadet kapal**	[kadet kapal]
kok (de)	**tukang masak**	[tukaŋ masak]
scheepsarts (de)	**doktor kapal**	[doktor kapal]
dek (het)	**dek**	[dek]
mast (de)	**tiang**	[tiaŋ]
zeil (het)	**layar**	[lajar]
ruim (het)	**palka**	[palka]
voorsteven (de)	**haluan**	[haluan]
achtersteven (de)	**buritan**	[buritan]
roeispaan (de)	**kayuh**	[kajuh]
schroef (de)	**baling-baling**	[baliŋ baliŋ]
kajuit (de)	**kabin, bilik**	[kabin], [bilik]
officierskamer (de)	**bilik pegawai kapal**	[bilik pɛgavaj kapal]
machinekamer (de)	**bilik enjin**	[bilik endʒin]
brug (de)	**anjungan kapal**	[andʒuŋan kapal]
radiokamer (de)	**bilik siaran radio**	[bilik siaran radio]
radiogolf (de)	**gelombang**	[gɛlombaŋ]
logboek (het)	**buku log**	[buku log]
verrekijker (de)	**teropong kecil**	[tɛropoŋ kɛtʃil]
klok (de)	**loceng**	[lotʃeŋ]

vlag (de)	**bendera**	[bɛndera]
kabel (de)	**tali**	[tali]
knoop (de)	**simpul**	[simpul]
leuning (de)	**susur tangan**	[susur taŋan]
trap (de)	**tangga kapal**	[taŋga kapal]
anker (het)	**sauh**	[sauh]
het anker lichten	**mengangkat sauh**	[mɛŋaŋkat sauh]
het anker neerlaten	**berlabuh**	[bɛrlabuh]
ankerketting (de)	**rantai sauh**	[rantaj sauh]
haven (bijv. containerhaven)	**pelabuhan**	[pɛlabuhan]
kaai (de)	**jeti**	[ʤeti]
aanleggen (ww)	**merapat**	[mɛrapat]
wegvaren (ww)	**berlepas**	[bɛrlɛpas]
reis (de)	**pengembaraan**	[pɛŋɛmbaraan]
cruise (de)	**pelayaran pesiaran**	[pɛlajaran pɛsiaran]
koers (de)	**haluan**	[haluan]
route (de)	**laluan**	[laluan]
vaarwater (het)	**aluran pelayaran**	[aluran pɛlajaran]
zandbank (de)	**beting**	[bɛtiŋ]
stranden (ww)	**karam**	[karam]
storm (de)	**badai**	[badaj]
signaal (het)	**peluit**	[pɛluit]
zinken (ov. een boot)	**tenggelam**	[tɛŋgɛlam]
Man overboord!	**Orang jatuh ke laut!**	[oraŋ ʤatuh kɛ laut]
SOS (noodsignaal)	**SOS**	[sos]
reddingsboei (de)	**pelambung keselamatan**	[pɛlambuŋ kɛsɛlamatan]

172. Vliegveld

luchthaven (de)	**lapangan terbang**	[lapaŋan tɛrbaŋ]
vliegtuig (het)	**kapal terbang**	[kapal tɛrbaŋ]
luchtvaartmaatschappij (de)	**syarikat penerbangan**	[ɕarikat pɛnɛrbaŋan]
luchtverkeersleider (de)	**pengawal lalu lintas udara**	[pɛŋaval lalu lintas udara]
vertrek (het)	**berlepas**	[bɛrlɛpas]
aankomst (de)	**ketibaan**	[kɛtibaan]
aankomen (per vliegtuig)	**tiba**	[tiba]
vertrektijd (de)	**waktu berlepas**	[vaktu bɛrlɛpas]
aankomstuur (het)	**waktu ketibaan**	[vaktu kɛtibaan]
vertraagd zijn (ww)	**terlewat**	[tɛrlevat]
vluchtvertraging (de)	**kelewatan penerbangan**	[kelevatan pɛnɛrbaŋan]
informatiebord (het)	**skrin paparan maklumat**	[skrin paparan maklumat]
informatie (de)	**maklumat**	[maklumat]
aankondigen (ww)	**mengumumkan**	[mɛŋumumkan]
vlucht (bijv. KLM ~)	**penerbangan**	[pɛnɛrbaŋan]

douane (de)	**kastam**	[kastam]
douanier (de)	**anggota kastam**	[aŋgota kastam]
douaneaangifte (de)	**ikrar kastam**	[ikrar kastam]
invullen (douaneaangifte ~)	**mengisi**	[mɛŋisi]
een douaneaangifte invullen	**mengisi ikrar kastam**	[mɛŋisi ikrar kastam]
paspoortcontrole (de)	**pemeriksaan pasport**	[pɛmɛriksaan pasport]
bagage (de)	**bagasi**	[bagasi]
handbagage (de)	**bagasi tangan**	[bagasi taŋan]
bagagekarretje (het)	**troli**	[troli]
landing (de)	**pendaratan**	[pɛndaratan]
landingsbaan (de)	**jalur mendarat**	[ʤalur mɛndarat]
landen (ww)	**mendarat**	[mɛndarat]
vliegtuigtrap (de)	**tangga kapal terbang**	[taŋga kapal tɛrbaŋ]
inchecken (het)	**pendaftaran**	[pɛndaftaran]
incheckbalie (de)	**kaunter daftar masuk**	[kauntɛr daftar masuk]
inchecken (ww)	**berdaftar**	[bɛrdaftar]
instapkaart (de)	**pas masuk**	[pas masuk]
gate (de)	**pintu berlepas**	[pintu bɛrlɛpas]
transit (de)	**transit**	[transit]
wachten (ww)	**menunggu**	[mɛnuŋgu]
wachtzaal (de)	**balai menunggu**	[balaj mɛnuŋgu]
begeleiden (uitwuiven)	**menghantarkan**	[mɛŋɣantarkan]
afscheid nemen (ww)	**minta diri**	[minta diri]

173. Fiets. Motorfiets

fiets (de)	**basikal**	[basikal]
bromfiets (de)	**skuter**	[skutɛr]
motorfiets (de)	**motosikal**	[motosikal]
met de fiets rijden	**naik basikal**	[naik basikal]
stuur (het)	**kemudi**	[kɛmudi]
pedaal (de/het)	**pedal**	[pedal]
remmen (mv.)	**brek**	[brek]
fietszadel (de/het)	**pelana**	[pɛlana]
pomp (de)	**pam**	[pam]
bagagedrager (de)	**tempat bagasi**	[tɛmpat bagasi]
fietslicht (het)	**lampu depan basikal**	[lampu dɛpan basikal]
helm (de)	**helmet**	[helmet]
wiel (het)	**roda**	[roda]
spatbord (het)	**dapra**	[dapra]
velg (de)	**rim**	[rim]
spaak (de)	**jejari**	[ʤɛʤari]

Auto's

174. Soorten auto's

auto (de)	**kereta**	[kreta]
sportauto (de)	**kereta sukan**	[kreta sukan]
limousine (de)	**limusin**	[limusin]
terreinwagen (de)	**kenderaan pacuan empat roda**	[kɛndraan paʧuan ɛmpat roda]
cabriolet (de)	**kereta cabriolet**	[kreta kabriolet]
minibus (de)	**bas mini**	[bas mini]
ambulance (de)	**ambulans**	[ambulans]
sneeuwruimer (de)	**jentolak salji**	[ʤɛntolak salʤi]
vrachtwagen (de)	**lori**	[lori]
tankwagen (de)	**lori tangki minyak**	[lori taŋki minjak]
bestelwagen (de)	**van**	[van]
trekker (de)	**jentarik**	[ʤɛntarik]
aanhangwagen (de)	**treler**	[trelɛr]
comfortabel (bn)	**selesa**	[sɛlesa]
tweedehands (bn)	**terpakai**	[tɛrpakaj]

175. Auto's. Carrosserie

motorkap (de)	**bonet**	[bonet]
spatbord (het)	**dapra**	[dapra]
dak (het)	**bumbung**	[bumbuŋ]
voorruit (de)	**cermin depan**	[ʧɛrmin dɛpan]
achterruit (de)	**cermin pandang belakang**	[ʧɛrmin pandaŋ blakaŋ]
ruitensproeier (de)	**pencuci cermin**	[pɛnʧuʧi ʧɛrmin]
wisserbladen (mv.)	**pengelap cermin depan**	[pɛŋɛlap ʧɛrmin dɛpan]
zijruit (de)	**cermin tingkap sisi**	[ʧɛrmin tiŋkap sisi]
raamlift (de)	**pemutar tingkap**	[pɛmutar tiŋkap]
antenne (de)	**aerial**	[aerial]
zonnedak (het)	**tingkap bumbung**	[tiŋkap bumbuŋ]
bumper (de)	**bampar**	[bampar]
koffer (de)	**but kereta**	[but kreta]
imperiaal (de/het)	**rak bumbung**	[rak bumbuŋ]
portier (het)	**pintu kecil**	[pintu kɛʧil]
handvat (het)	**tangkai**	[taŋkaj]
slot (het)	**kunci**	[kunʧi]
nummerplaat (de)	**nombor plat**	[nombor plat]

knalpot (de)	**peredam bunyi**	[pɛrɛdam bunji]
benzinetank (de)	**tangki minyak**	[taŋki minjak]
uitlaatpijp (de)	**paip ekzos**	[pajp ekzos]
gas (het)	**pemecut**	[pɛmɛʧut]
pedaal (de/het)	**pedal**	[pedal]
gaspedaal (de/het)	**pedal pemecut**	[pedal pɛmɛʧut]
rem (de)	**brek**	[brek]
rempedaal (de/het)	**pedal brek**	[pedal brek]
remmen (ww)	**membrek**	[mɛmbrek]
handrem (de)	**brek tangan**	[brek taŋan]
koppeling (de)	**klac**	[klaʧ]
koppelingspedaal (de/het)	**pedal klac**	[pedal klaʧ]
koppelingsschijf (de)	**piring klac**	[piriŋ klaʧ]
schokdemper (de)	**penyerap kejutan**	[pɛnjerap kɛʤutan]
wiel (het)	**roda**	[roda]
reservewiel (het)	**tayar ganti**	[tajar ganti]
band (de)	**tayar**	[tajar]
wieldop (de)	**tutup hab**	[tutup hab]
aandrijfwielen (mv.)	**pemacu roda**	[pɛmaʧu roda]
met voorwielaandrijving	**pacuan depan**	[paʧuan dɛpan]
met achterwielaandrijving	**pacuan belakang**	[paʧuan blakaŋ]
met vierwielaandrijving	**pacuan semua roda**	[paʧuan sɛmua roda]
versnellingsbak (de)	**kotak gear**	[kotak gear]
automatisch (bn)	**automatik**	[automatik]
mechanisch (bn)	**mekanikal**	[mekanikal]
versnellingspook (de)	**batang gear**	[bataŋ gear]
voorlicht (het)	**lampu besar**	[lampu bɛsar]
voorlichten (mv.)	**sinar lampu besar**	[sinar lampu bɛsar]
dimlicht (het)	**lampu jarak dekat**	[lampu ʤarak dɛkat]
grootlicht (het)	**lampujarak jauh**	[lampu ʤarak ʤauh]
stoplicht (het)	**lampu brek**	[lampu brek]
standlichten (mv.)	**lampu kecil**	[lampu kɛʧil]
noodverlichting (de)	**lampu kecemasan**	[lampu keʧɛmasan]
mistlichten (mv.)	**lampu kabus**	[lampu kabus]
pinker (de)	**petunjuk arah belokan**	[pɛtunʤuk arah blokan]
achteruitrijdlicht (het)	**lampu mundur**	[lampu mundur]

176. Auto's. Passagiersruimte

interieur (het)	**bahagian dalam kereta**	[bahagian dalam kreta]
leren (van leer gemaak)	**kulit**	[kulit]
fluwelen (abn)	**velour**	[velur]
bekleding (de)	**kain upholsteri**	[kain apholsteri]
toestel (het)	**alat, perkakas**	[alat], [pɛrkakas]
instrumentenbord (het)	**papan pemuka**	[papan pɛmuka]

snelheidsmeter (de)	**meter laju**	[metɛr ladʒu]
pijltje (het)	**jarum**	[dʒarum]
kilometerteller (de)	**odometer**	[odometɛr]
sensor (de)	**lampu penunjuk**	[lampu pɛnundʒuk]
niveau (het)	**paras**	[paras]
controlelampje (het)	**lampu amaran**	[lampu amaran]
stuur (het)	**kemudi**	[kɛmudi]
toeter (de)	**hon**	[hon]
knopje (het)	**tombol**	[tombol]
schakelaar (de)	**suis**	[suis]
stoel (bestuurders~)	**tempat duduk**	[tɛmpat duduk]
rugleuning (de)	**sandaran**	[sandaran]
hoofdsteun (de)	**sandaran kepala**	[sandaran kɛpala]
veiligheidsgordel (de)	**tali pinggang keledar**	[tali piŋgaŋ kɛledar]
de gordel aandoen	**memasang tali pinggang keselamatan**	[mɛmasaŋ tali piŋgaŋ kɛsɛlamatan]
regeling (de)	**pengaturan**	[pɛŋaturan]
airbag (de)	**beg udara**	[beg udara]
airconditioner (de)	**penghawa dingin**	[pɛŋɣava diŋin]
radio (de)	**radio**	[radio]
CD-speler (de)	**pemain CD**	[pɛmajn si di]
aanzetten (bijv. radio ~)	**menghidupkan**	[mɛŋɣidupkan]
antenne (de)	**aerial**	[aerial]
handschoenenkastje (het)	**laci kereta**	[latʃi kreta]
asbak (de)	**tempat abu rokok**	[tɛmpat abu rokok]

177. Auto's. Motor

diesel- (abn)	**diesel**	[disel]
benzine- (~motor)	**minyak**	[minjak]
motorinhoud (de)	**isi padu enjin**	[isi padu ɛndʒin]
vermogen (het)	**kekuatan**	[kɛkuatan]
paardenkracht (de)	**kuasa kuda**	[kuasa kuda]
zuiger (de)	**omboh**	[omboh]
cilinder (de)	**kebuk**	[kɛbuk]
klep (de)	**injap**	[indʒap]
injectie (de)	**injektor**	[indʒektor]
generator (de)	**jana kuasa**	[dʒana kuasa]
carburator (de)	**karburetor**	[karburetor]
motorolie (de)	**minyak enjin**	[minjak endʒin]
radiator (de)	**radiator**	[radiator]
koelvloeistof (de)	**cecair penyejuk**	[tʃɛtʃair pɛnjedʒuk]
ventilator (de)	**kipas angin**	[kipas aŋin]
accu (de)	**bateri**	[batɛri]
starter (de)	**pemula**	[pɛmula]

contact (ontsteking)	**pencucuhan**	[pɛntʃutʃuhan]
bougie (de)	**palam pencucuh**	[palam pɛntʃutʃuh]
pool (de)	**pangkalan**	[paŋkalan]
positieve pool (de)	**pangkalan plus**	[paŋkalan plus]
negatieve pool (de)	**pangkalan minus**	[paŋkalan minus]
zekering (de)	**fius**	[fius]
luchtfilter (de)	**turas udara**	[turas udara]
oliefilter (de)	**turas minyak**	[turas minjak]
benzinefilter (de)	**penuras bahan bakar**	[pɛnuras bahan bakar]

178. Auto's. Botsing. Reparatie

auto-ongeval (het)	**kemalangan**	[kɛmalaŋan]
verkeersongeluk (het)	**nahas jalan**	[nahas dʒalan]
aanrijden (tegen een boom, enz.)	**melanggar**	[mɛlaŋgar]
verongelukken (ww)	**remuk kerana kemalangan**	[rɛmuk krana kɛmalaŋan]
beschadiging (de)	**kerosakan**	[kɛrosakan]
heelhuids (bn)	**tidak tersentuh**	[tidak tɛrsɛntuh]
pech (de)	**kerosakan**	[kɛrosakan]
kapot gaan (zijn gebroken)	**patah**	[patah]
sleeptouw (het)	**tali tunda**	[tali tunda]
lek (het)	**pancit**	[pantʃit]
lekke krijgen (band)	**pancit**	[pantʃit]
oppompen (ww)	**meniup**	[mɛniup]
druk (de)	**tekanan**	[tɛkanan]
checken (ww)	**memeriksa**	[mɛmɛriksa]
reparatie (de)	**pembaikan**	[pɛmbaikan]
garage (de)	**bengkel servis kereta**	[beŋkel sɛrvis kreta]
wisselstuk (het)	**alat ganti**	[alat ganti]
onderdeel (het)	**barang ganti**	[baraŋ ganti]
bout (de)	**bolt**	[bolt]
schroef (de)	**skru**	[skru]
moer (de)	**nat**	[nat]
sluitring (de)	**sesendal**	[sɛsɛndal]
kogellager (de/het)	**alas**	[alas]
pijp (de)	**paip**	[pajp]
pakking (de)	**pelapik**	[pɛlapik]
kabel (de)	**kawat, wayar**	[kavat], [vajar]
dommekracht (de)	**bicu**	[bitʃu]
moersleutel (de)	**sepana**	[sɛpana]
hamer (de)	**tukul**	[tukul]
pomp (de)	**pam**	[pam]
schroevendraaier (de)	**pemutar skru**	[pɛmutar skru]
brandblusser (de)	**pemadam api**	[pɛmadam api]
gevarendriehoek (de)	**segi tiga pengaman**	[sɛgi tiga pɛŋaman]

afslaan (ophouden te werken)	**mati**	[mati]
uitvallen (het)	**matinya**	[matinja]
zijn gebroken	**rosak**	[rosak]
oververhitten (ww)	**menjadi terlampau panas**	[mɛndʒadi tɛrlampau panas]
verstopt raken (ww)	**tersumbat**	[tɛrsumbat]
bevriezen (autodeur, enz.)	**tersumbat akibat ais**	[tɛrsumbat akibat ajs]
barsten (leidingen, enz.)	**pecah**	[pɛtʃah]
druk (de)	**tekanan**	[tɛkanan]
niveau (bijv. olieniveau)	**paras**	[paras]
slap (de drijfriem is ~)	**longgar**	[loŋgar]
deuk (de)	**kemik**	[kemik]
geklop (vreemde geluiden)	**ketukan**	[kɛtukan]
barst (de)	**retakan**	[rɛtakan]
kras (de)	**calar**	[tʃalar]

179. Auto's. Weg

weg (de)	**jalan**	[dʒalan]
snelweg (de)	**lebuh raya**	[lɛbuh raja]
autoweg (de)	**jalan raya**	[dʒalan raja]
richting (de)	**halatuju**	[halatudʒu]
afstand (de)	**jarak**	[dʒarak]
brug (de)	**jambatan**	[dʒambatan]
parking (de)	**tempat letak**	[tɛmpat lɛtak]
plein (het)	**dataran**	[dataran]
verkeersknooppunt (het)	**persimpangan**	[pɛrsimpaŋan]
tunnel (de)	**terowongan**	[tɛrovoŋan]
benzinestation (het)	**pam minyak**	[pam minjak]
parking (de)	**tempat letak kereta**	[tɛmpat lɛtak kreta]
benzinepomp (de)	**pam minyak**	[pam minjak]
garage (de)	**bengkel servis kereta**	[beŋkel sɛrvis kreta]
tanken (ww)	**mengisi**	[mɛŋisi]
brandstof (de)	**bahan bakar**	[bahan bakar]
jerrycan (de)	**tin**	[tin]
asfalt (het)	**turap**	[turap]
markering (de)	**penandaan jalan**	[pɛnandaan dʒalan]
trottoirband (de)	**bebendul jalan**	[bɛbɛndul dʒalan]
geleiderail (de)	**pagar**	[pagar]
greppel (de)	**longkang**	[loŋkaŋ]
vluchtstrook (de)	**bahu jalan**	[bahu dʒalan]
lichtmast (de)	**tiang**	[tiaŋ]
besturen (een auto ~)	**memandu**	[mɛmandu]
afslaan (naar rechts ~)	**membelok**	[mɛmblok]
U-bocht maken (ww)	**membuat pusingan U**	[mɛmbuat pusiŋan ju]
achteruit (de)	**mundur**	[mundur]
toeteren (ww)	**membunyikan hon**	[mɛmbunjikan hon]

toeter (de)	**bunyi hon**	[bunji hon]
vastzitten (in modder)	**terkandas**	[tɛrkandas]
spinnen (wielen gaan ~)	**berputar-putar**	[bɛrputar putar]
uitzetten (ww)	**mematikan**	[mɛmatikan]
snelheid (de)	**kecepatan**	[kɛʧɛpatan]
een snelheidsovertreding maken	**melebihi had laju**	[mɛlɛbihi had laʤu]
bekeuren (ww)	**mendenda**	[mɛndɛnda]
verkeerslicht (het)	**lampu isyarat**	[lampu iɕarat]
rijbewijs (het)	**lesen mengemudi**	[lesen mɛŋɛmudi]
overgang (de)	**lintasan**	[lintasan]
kruispunt (het)	**persimpangan**	[pɛrsimpaŋan]
zebrapad (oversteekplaats)	**lintasan pejalan kaki**	[lintasan pɛʤalan kaki]
bocht (de)	**belokan**	[blokan]
voetgangerszone (de)	**kawasan pejalan kaki**	[kavasan pɛʤalan kaki]

180. Verkeersborden

verkeersregels (mv.)	**peraturan lalu lintas**	[pɛraturan lalu lintas]
verkeersbord (het)	**tanda**	[tanda]
inhalen (het)	**memotong**	[mɛmotoŋ]
bocht (de)	**belokan**	[blokan]
U-bocht, kering (de)	**pusingan U**	[pusiŋan ju]
Rotonde (de)	**bulatan trafik**	[bulatan trafik]
Verboden richting	**dilarang masuk**	[dilaraŋ masuk]
Verboden toegang	**kenderaan dilarang masuk**	[kɛndraan dilaraŋ masuk]
Inhalen verboden	**dilarang memotong**	[dilaraŋ mɛmotoŋ]
Parkeerverbod	**dikosongkan**	[dikosoŋkan]
Verbod stil te staan	**dilarang berhenti**	[dilaraŋ bɛrhɛnti]
Gevaarlijke bocht	**selekoh bahaya**	[sɛlekoh bahaja]
Gevaarlijke daling	**menurun bukit curam**	[mɛnurun bukit ʧuram]
Eenrichtingsweg	**jalan sehala**	[ʤalan sɛhala]
Voetgangers	**lintasan pejalan kaki**	[lintasan pɛʤalan kaki]
Slipgevaar	**jalan licin**	[ʤalan liʧin]
Voorrang verlenen	**beri laluan**	[bri laluan]

MENSEN. GEBEURTENISSEN IN HET LEVEN

Gebeurtenissen in het leven

181. Vakanties. Evenement

feest (het)	**perayaan**	[pɛrajaan]
nationale feestdag (de)	**hari kebangsaan**	[hari kɛbaŋsaan]
feestdag (de)	**cuti umum**	[ʧuti umum]
herdenken (ww)	**merayakan**	[mɛrajakan]
gebeurtenis (de)	**peristiwa**	[pɛristiva]
evenement (het)	**acara**	[aʧara]
banket (het)	**bankuet**	[baŋkuet]
receptie (de)	**jamuan makan**	[ʤamuan makan]
feestmaal (het)	**kenduri**	[kɛnduri]
verjaardag (de)	**ulang tahun**	[ulaŋ tahun]
jubileum (het)	**jubli**	[ʤubli]
vieren (ww)	**menyambut**	[mɛnjambut]
Nieuwjaar (het)	**Tahun Baru**	[tahun baru]
Gelukkig Nieuwjaar!	**Selamat Tahun Baru!**	[sɛlamat tahun baru]
Sinterklaas (de)	**Santa Klaus**	[santa klaus]
Kerstfeest (het)	**Krismas**	[krismas]
Vrolijk kerstfeest!	**Selamat Hari Krismas!**	[sɛlamat hari krismas]
kerstboom (de)	**pokok Krismas**	[pokok krismas]
vuurwerk (het)	**pertunjukan bunga api**	[pɛrtunʤukan buŋa api]
bruiloft (de)	**majlis perkahwinan**	[maʤlis pɛrkahvinan]
bruidegom (de)	**pengantin lelaki**	[pɛŋantin lɛlaki]
bruid (de)	**pengantin perempuan**	[pɛŋantin pɛrɛmpuan]
uitnodigen (ww)	**menjemput**	[mɛnʤɛmput]
uitnodigingskaart (de)	**kad jemputan**	[kad ʤɛmputan]
gast (de)	**tamu**	[tamu]
op bezoek gaan	**berkunjung**	[bɛrkunʤuŋ]
gasten verwelkomen	**menyambut tamu**	[mɛnjambut tamu]
geschenk, cadeau (het)	**hadiah**	[hadiah]
geven (iets cadeau ~)	**menghadiahkan**	[mɛŋɣadiahkan]
geschenken ontvangen	**menerima hadiah**	[mɛnɛrima hadiah]
boeket (het)	**jambak bunga**	[ʤambak buŋa]
felicitaties (mv.)	**ucapan selamat**	[uʧapan sɛlamat]
feliciteren (ww)	**mengucapkan selamat**	[mɛŋuʧapkan sɛlamat]
wenskaart (de)	**kad ucapan selamat**	[kad uʧapan sɛlamat]

een kaartje versturen	**mengirim poskad**	[mɛŋirim poskad]
een kaartje ontvangen	**menerima poskad**	[mɛnɛrima poskad]
toast (de)	**roti bakar**	[roti bakar]
aanbieden (een drankje ~)	**menjamu**	[mɛnʤamu]
champagne (de)	**champagne**	[ʃampejn]
plezier hebben (ww)	**bersuka ria**	[bɛrsuka ria]
plezier (het)	**keriangan**	[kɛriaŋan]
vreugde (de)	**kegembiraan**	[kɛgɛmbiraan]
dans (de)	**tarian**	[tarian]
dansen (ww)	**menari**	[mɛnari]
wals (de)	**waltz**	[volʦ]
tango (de)	**tango**	[taŋo]

182. Begrafenissen. Begrafenis

kerkhof (het)	**tanah perkuburan**	[tanah pɛrkuburan]
graf (het)	**makam**	[makam]
kruis (het)	**salib**	[salib]
grafsteen (de)	**batu nisan**	[batu nisan]
omheining (de)	**pagar**	[pagar]
kapel (de)	**capel**	[ʧapel]
dood (de)	**kematian**	[kɛmatian]
sterven (ww)	**mati, meninggal**	[mati], [mɛniŋgal]
overledene (de)	**arwah**	[arvah]
rouw (de)	**perkabungan**	[pɛrkabuŋan]
begraven (ww)	**mengebumikan**	[mɛŋɛbumikan]
begrafenisonderneming (de)	**rumah urus mayat**	[rumah urus majat]
begrafenis (de)	**pemakaman**	[pɛmakaman]
krans (de)	**lingkaran bunga**	[liŋkaran buŋa]
doodskist (de)	**keranda**	[kranda]
lijkwagen (de)	**kereta jenazah**	[kreta ʤɛnazah]
lijkkleed (de)	**kafan**	[kafan]
begrafenisstoet (de)	**perarakan jenazah**	[pɛrarakan ʤɛnazah]
urn (de)	**bekas simpan abu mayat**	[bɛkas simpan abu majat]
crematorium (het)	**krematorium**	[krematorium]
overlijdensbericht (het)	**berita takziah**	[brita takziah]
huilen (wenen)	**menangis**	[mɛnaŋis]
snikken (huilen)	**meratap**	[mɛratap]

183. Oorlog. Soldaten

peloton (het)	**platun**	[platun]
compagnie (de)	**kompeni**	[kompɛni]

regiment (het)	**rejimen**	[redʒimen]
leger (armee)	**tentera**	[tɛntra]
divisie (de)	**divisyen**	[diviʃɛn]
sectie (de)	**pasukan**	[pasukan]
troep (de)	**tentera**	[tɛntra]
soldaat (militair)	**perajurit**	[pradʒurit]
officier (de)	**pegawai**	[pɛgavaj]
soldaat (rang)	**prebet**	[prebet]
sergeant (de)	**sarjan**	[sardʒan]
luitenant (de)	**leftenan**	[leftɛnan]
kapitein (de)	**kapten**	[kaptɛn]
majoor (de)	**mejar**	[medʒar]
kolonel (de)	**kolonel**	[kolonɛl]
generaal (de)	**jeneral**	[dʒɛnɛral]
matroos (de)	**pelaut**	[pɛlaut]
kapitein (de)	**kapten**	[kaptɛn]
bootsman (de)	**nakhoda**	[naχoda]
artillerist (de)	**anggota artileri**	[aŋgota artilɛri]
valschermjager (de)	**askar payung terjun**	[askar pajuŋ tɛrdʒun]
piloot (de)	**juruterbang**	[dʒurutɛrbaŋ]
stuurman (de)	**pemandu**	[pɛmandu]
mecanicien (de)	**mekanik**	[mekanik]
sappeur (de)	**askar jurutera**	[askar dʒurutra]
parachutist (de)	**ahli payung terjun**	[ahli pajuŋ tɛrdʒun]
verkenner (de)	**pengintip**	[pɛŋintip]
scherpschutter (de)	**penembak curi**	[pɛnɛmbak tʃuri]
patrouille (de)	**peronda**	[pɛronda]
patrouilleren (ww)	**meronda**	[mɛronda]
wacht (de)	**pengawal**	[pɛŋaval]
krijger (de)	**askar**	[askar]
patriot (de)	**patriot**	[patriot]
held (de)	**wira**	[vira]
heldin (de)	**srikandi**	[srikandi]
verrader (de)	**pengkhianat**	[pɛŋχianat]
verraden (ww)	**mengkhianati**	[mɛŋχianati]
deserteur (de)	**pembelot**	[pɛmbelot]
deserteren (ww)	**membelot**	[mɛmbelot]
huurling (de)	**askar upahan**	[askar upahan]
rekruut (de)	**rekrut**	[rekrut]
vrijwilliger (de)	**relawan**	[relavan]
gedode (de)	**terbunuh**	[tɛrbunuh]
gewonde (de)	**orang cedera**	[oraŋ tʃɛdɛra]
krijgsgevangene (de)	**tawanan**	[tavanan]

184. Oorlog. Militaire acties. Deel 1

oorlog (de)	**perang**	[praŋ]
oorlog voeren (ww)	**berperang**	[bɛrpraŋ]
burgeroorlog (de)	**perang saudara**	[praŋ saudara]
achterbaks (bw)	**secara khianat**	[sɛʧara χianat]
oorlogsverklaring (de)	**pengisytiharan perang**	[pɛŋiʃtiharan praŋ]
verklaren (de oorlog ~)	**mengisytiharkan perang**	[mɛŋiʃtiharkan praŋ]
agressie (de)	**pencerobohan**	[pɛnʧɛrobohan]
aanvallen (binnenvallen)	**menyerang**	[mɛnjeraŋ]
binnenvallen (ww)	**menduduki**	[mɛnduduki]
invaller (de)	**penduduk**	[pɛnduduk]
veroveraar (de)	**penakluk**	[pɛnakluk]
verdediging (de)	**pertahanan**	[pɛrtahanan]
verdedigen (je land ~)	**mempertahankan**	[mɛmpɛrtahaŋkan]
zich verdedigen (ww)	**bertahan**	[bɛrtahan]
vijand (de)	**musuh**	[musuh]
tegenstander (de)	**lawan**	[lavan]
vijandelijk (bn)	**musuh**	[musuh]
strategie (de)	**strategi**	[strategi]
tactiek (de)	**taktik**	[taktik]
order (de)	**perintah**	[printah]
bevel (het)	**perintah**	[printah]
bevelen (ww)	**memerintah**	[mɛmɛrintah]
opdracht (de)	**tugas**	[tugas]
geheim (bn)	**rahsia**	[rahsia]
strijd, slag (de)	**pertempuran**	[pɛrtɛmpuran]
aanval (de)	**serangan**	[sɛraŋan]
bestorming (de)	**serbuan**	[sɛrbuan]
bestormen (ww)	**menyerbu**	[mɛnjerbu]
bezetting (de)	**kepungan**	[kɛpuŋan]
aanval (de)	**serangan**	[sɛraŋan]
in het offensief te gaan	**menyerang**	[mɛnjeraŋ]
terugtrekking (de)	**pengunduran**	[pɛŋunduran]
zich terugtrekken (ww)	**berundur**	[bɛrundur]
omsingeling (de)	**pengepungan**	[pɛŋɛpuŋan]
omsingelen (ww)	**mengepung**	[mɛŋɛpuŋ]
bombardement (het)	**pengeboman**	[pɛŋɛboman]
een bom gooien	**menggugurkan bom**	[mɛŋgugurkan bom]
bombarderen (ww)	**mengebom**	[mɛŋebom]
ontploffing (de)	**letupan**	[lɛtupan]
schot (het)	**tembakan**	[tembakan]
een schot lossen	**menembak**	[mɛnembak]

schieten (het)	**penembakan**	[pɛnembakan]
mikken op (ww)	**mengacu**	[mɛŋaʧu]
aanleggen (een wapen ~)	**menghalakan**	[mɛŋɣalakan]
treffen (doelwit ~)	**kena**	[kɛna]
zinken (tot zinken brengen)	**menenggelamkan**	[mɛnɛŋgɛlamkan]
kogelgat (het)	**lubang**	[lubaŋ]
zinken (gezonken zijn)	**karam**	[karam]
front (het)	**medan pertempuran**	[medan pɛrtɛmpuran]
evacuatie (de)	**pengungsian**	[pɛŋuŋsian]
evacueren (ww)	**mengungsikan**	[mɛŋuŋsikan]
loopgraaf (de)	**parit pertahanan**	[parit pɛrtahanan]
prikkeldraad (de)	**dawai berduri**	[davaj bɛrduri]
verdedigingsobstakel (het)	**rintangan**	[rintaŋan]
wachttoren (de)	**menara**	[mɛnara]
hospitaal (het)	**hospital**	[hospital]
verwonden (ww)	**mencederakan**	[mɛnʧɛdɛrakan]
wond (de)	**cedera**	[ʧɛdɛra]
gewonde (de)	**orang cedera**	[oraŋ ʧɛdɛra]
gewond raken (ww)	**kena cedera**	[kɛna ʧɛdɛra]
ernstig (~e wond)	**parah**	[parah]

185. Oorlog. Militaire acties. Deel 2

krijgsgevangenschap (de)	**tawanan**	[tavanan]
krijgsgevangen nemen	**menawan**	[mɛnavan]
krijgsgevangene zijn	**ditahan**	[ditahan]
krijgsgevangen genomen worden	**tertawan**	[tɛrtavan]
concentratiekamp (het)	**kem tahanan**	[kem tahanan]
krijgsgevangene (de)	**tawanan**	[tavanan]
vluchten (ww)	**melarikan diri**	[mɛlarikan diri]
verraden (ww)	**menghianati**	[mɛŋɣianati]
verrader (de)	**penghianat**	[pɛŋɣianat]
verraad (het)	**penghianatan**	[pɛŋɣianatan]
fusilleren (executeren)	**menghukum tembak**	[mɛŋɣukum tembak]
executie (de)	**hukuman tembak**	[hukuman tembak]
uitrusting (de)	**pakaian seragam**	[pakajan sɛragam]
schouderstuk (het)	**epolet**	[epolet]
gasmasker (het)	**topeng gas**	[topeŋ gas]
portofoon (de)	**pemancar radio**	[pɛmanʧar radio]
geheime code (de)	**kod**	[kod]
samenzwering (de)	**kerahsian**	[kɛrahsian]
wachtwoord (het)	**kata laluan**	[kata laluan]
mijn (landmijn)	**periuk api**	[pɛriuk api]
ondermijnen (legden mijnen)	**memasang periuk api**	[mɛmasaŋ pɛriuk api]

mijnenveld (het)	**kawasan periuk api**	[kavasan pεriuk api]
luchtalarm (het)	**semboyan serangan udara**	[sεmbojan sεraŋan udara]
alarm (het)	**amaran bahaya**	[amaran bahaja]
signaal (het)	**isyarat**	[iɕarat]
vuurpijl (de)	**peluru isyarat**	[pεluru iɕarat]
staf (generale ~)	**markas**	[markas]
verkenning (de)	**pengintipan**	[pεŋintipan]
toestand (de)	**keadaan**	[kεadaan]
rapport (het)	**laporan**	[laporan]
hinderlaag (de)	**serang hendap**	[sεraŋ hεndap]
versterking (de)	**bala bantuan**	[bala bantuan]
doel (bewegend ~)	**sasaran**	[sasaran]
proefterrein (het)	**padang tembak**	[padaŋ tembak]
manoeuvres (mv.)	**latihan ketenteraan**	[latihan kεtεntraan]
paniek (de)	**panik**	[panik]
verwoesting (de)	**keruntuhan**	[kεruntuhan]
verwoestingen (mv.)	**kemusnahan**	[kεmusnahan]
verwoesten (ww)	**memusnahkan**	[mεmusnahkan]
overleven (ww)	**selamat**	[sεlamat]
ontwapenen (ww)	**melucutkan senjata**	[mεluʧutkan sεnʤata]
behandelen (een pistool ~)	**mengendalikan**	[mεŋεndalikan]
Geeft acht!	**Sedia!**	[sεdija]
Op de plaats rust!	**Senang diri!**	[sεnaŋ diri]
heldendaad (de)	**perbuatan gagah berani**	[pεrbuatan gagah brani]
eed (de)	**sumpah**	[sumpah]
zweren (een eed doen)	**bersumpah**	[bεrsumpah]
decoratie (de)	**anugerah**	[anugrah]
onderscheiden (een ereteken geven)	**menganugerahi**	[mεŋanugrahi]
medaille (de)	**pingat**	[piŋat]
orde (de)	**darjah kebesaran**	[darʤah kεbesaran]
overwinning (de)	**kemenangan**	[kεmεnaŋan]
verlies (het)	**kekalahan**	[kεkalahan]
wapenstilstand (de)	**gencatan senjata**	[gεnʧatan sεnʤata]
wimpel (vaandel)	**bendera**	[bεndera]
roem (de)	**kemegahan**	[kεmεgahan]
parade (de)	**perarakan**	[pεrarakan]
marcheren (ww)	**berarak**	[bεrarak]

186. Wapens

wapens (mv.)	**senjata**	[sεnʤata]
vuurwapens (mv.)	**senjata api**	[sεnʤata api]
koude wapens (mv.)	**sejata tajam**	[sεʤata taʤam]
chemische wapens (mv.)	**senjata kimia**	[sεnʤata kimia]

kern-, nucleair (bn)	**nuklear**	[nuklear]
kernwapens (mv.)	**senjata nuklear**	[sɛnʤata nuklear]
bom (de)	**bom**	[bom]
atoombom (de)	**bom atom**	[bom atom]
pistool (het)	**pistol**	[pistol]
geweer (het)	**senapang**	[sɛnapaŋ]
machinepistool (het)	**submesin gan**	[submesin gan]
machinegeweer (het)	**mesin gan**	[mesin gan]
loop (schietbuis)	**muncung**	[munʧuŋ]
loop (bijv. geweer met kortere ~)	**laras**	[laras]
kaliber (het)	**kaliber**	[kalibɛr]
trekker (de)	**picu**	[piʧu]
korrel (de)	**pembidik**	[pɛmbidik]
magazijn (het)	**kelopak peluru**	[kɛlopak pɛluru]
geweerkolf (de)	**pangkal senapang**	[paŋkal sɛnapaŋ]
granaat (handgranaat)	**bom tangan**	[bom taŋan]
explosieven (mv.)	**bahan peletup**	[bahan pɛlɛtup]
kogel (de)	**peluru**	[pɛluru]
patroon (de)	**kartrij**	[kartriʤ]
lading (de)	**isi**	[isi]
ammunitie (de)	**amunisi**	[amunisi]
bommenwerper (de)	**pengebom**	[pɛŋebom]
straaljager (de)	**jet pejuang**	[ʤet pɛʤuaŋ]
helikopter (de)	**helikopter**	[helikoptɛr]
afweergeschut (het)	**meriam penangkis udara**	[mɛrjam pɛnaŋkis udara]
tank (de)	**kereta kebal**	[kreta kɛbal]
kanon (tank met een ~ van 76 mm)	**meriam kereta kebal**	[mɛrjam kreta kɛbal]
artillerie (de)	**artileri**	[artilɛri]
kanon (het)	**meriam**	[mɛrjam]
aanleggen (een wapen ~)	**menghalakan**	[mɛŋɣalakan]
projectiel (het)	**peluru**	[pɛluru]
mortiergranaat (de)	**peluru mortar**	[pɛluru mortar]
mortier (de)	**mortar**	[mortar]
granaatscherf (de)	**serpihan**	[sɛrpihan]
duikboot (de)	**kapal selam**	[kapal sɛlam]
torpedo (de)	**torpedo**	[torpedo]
raket (de)	**misail**	[misajl]
laden (geweer, kanon)	**mengisi**	[mɛŋisi]
schieten (ww)	**menembak**	[mɛnembak]
richten op (mikken)	**mengacu**	[mɛŋaʧu]
bajonet (de)	**mata sangkur**	[mata saŋkur]
degen (de)	**pedang rapier**	[pɛdaŋ rapir]

sabel (de)	**pedang saber**	[pɛdaŋ saber]
speer (de)	**tombak**	[tombak]
boog (de)	**panah**	[panah]
pijl (de)	**anak panah**	[anak panah]
musket (de)	**senapang lantak**	[sɛnapaŋ lantak]
kruisboog (de)	**busur silang**	[busur silaŋ]

187. Oude mensen

primitief (bn)	**primitif**	[primitif]
voorhistorisch (bn)	**prasejarah**	[prasɛdʒarah]
eeuwenoude (~ beschaving)	**kuno**	[kuno]
Steentijd (de)	**Zaman Batu**	[zaman batu]
Bronstijd (de)	**Zaman Gangsa**	[zaman gaŋsa]
IJstijd (de)	**Zaman Ais**	[zaman ajs]
stam (de)	**puak**	[puak]
menseneter (de)	**kanibal**	[kanibal]
jager (de)	**pemburu**	[pɛmburu]
jagen (ww)	**memburu**	[mɛmburu]
mammoet (de)	**mamot**	[mamot]
grot (de)	**gua**	[gua]
vuur (het)	**api**	[api]
kampvuur (het)	**unggun api**	[uŋgun api]
rotstekening (de)	**lukisan gua**	[lukisan gua]
werkinstrument (het)	**alat kerja**	[alat kɛrdʒa]
speer (de)	**tombak**	[tombak]
stenen bijl (de)	**kapak batu**	[kapak batu]
oorlog voeren (ww)	**berperang**	[bɛrpraŋ]
temmen (bijv. wolf ~)	**menjinak**	[mɛndʒinak]
idool (het)	**berhala**	[bɛrhala]
aanbidden (ww)	**memuja**	[mɛmudʒa]
bijgeloof (het)	**kepercayaan karut**	[kɛpɛrtʃajaan karut]
ritueel (het)	**upacara**	[upatʃara]
evolutie (de)	**evolusi**	[evolusi]
ontwikkeling (de)	**perkembangan**	[pɛrkɛmbaŋan]
verdwijning (de)	**kehilangan**	[kɛhilaŋan]
zich aanpassen (ww)	**menyesuaikan diri**	[mɛnjesuaɪkan diri]
archeologie (de)	**arkeologi**	[arkeologi]
archeoloog (de)	**ahli arkeologi**	[ahli arkeologi]
archeologisch (bn)	**arkeologi**	[arkeologi]
opgravingsplaats (de)	**tapak ekskavasi**	[tapak ekskavasi]
opgravingen (mv.)	**ekskavasi**	[ekskavasi]
vondst (de)	**penemuan**	[pɛnɛmuan]
fragment (het)	**petikan**	[pɛtikan]

188. Middeleeuwen

volk (het)	**rakyat**	[rakjat]
volkeren (mv.)	**bangsa-bangsa**	[baŋsa baŋsa]
stam (de)	**puak**	[puak]
stammen (mv.)	**puak-puak**	[puak puak]
barbaren (mv.)	**orang gasar**	[oraŋ gasar]
Galliërs (mv.)	**orang Gaul**	[oraŋ gaul]
Goten (mv.)	**orang Goth**	[oraŋ got]
Slaven (mv.)	**orang Slavonik**	[oraŋ slavonik]
Vikings (mv.)	**Viking**	[vajkiŋ]
Romeinen (mv.)	**orang Rom**	[oraŋ rom]
Romeins (bn)	**Rom**	[rom]
Byzantijnen (mv.)	**orang Byzantium**	[oraŋ bizantium]
Byzantium (het)	**Byzantium**	[bizantium]
Byzantijns (bn)	**Byzantium**	[bizantium]
keizer (bijv. Romeinse ~)	**maharaja**	[maharadʒa]
opperhoofd (het)	**pemimpin**	[pɛmimpin]
machtig (bn)	**adi kuasa**	[adi kuasa]
koning (de)	**raja**	[radʒa]
heerser (de)	**penguasa**	[pɛŋwasa]
ridder (de)	**kesatria**	[ksatria]
feodaal (de)	**feudal**	[feudal]
feodaal (bn)	**feudal**	[feudal]
vazal (de)	**vassal**	[vasal]
hertog (de)	**duke**	[djuk]
graaf (de)	**earl**	[ørl]
baron (de)	**baron**	[baron]
bisschop (de)	**uskup**	[uskup]
harnas (het)	**baju besi**	[badʒu bɛsi]
schild (het)	**perisai**	[pɛrisaj]
zwaard (het)	**pedang**	[pɛdaŋ]
vizier (het)	**vizor**	[vizor]
maliënkolder (de)	**baju zirah**	[badʒu zirah]
kruistocht (de)	**Perang Salib**	[praŋ salib]
kruisvaarder (de)	**salibi**	[salibi]
gebied (bijv. bezette ~en)	**wilayah**	[vilajah]
aanvallen (binnenvallen)	**menyerang**	[mɛnjeraŋ]
veroveren (ww)	**menakluki**	[mɛnakluki]
innemen (binnenvallen)	**menduduki**	[mɛnduduki]
bezetting (de)	**kepungan**	[kɛpuŋan]
belegerd (bn)	**terkepung**	[tɛrkɛpuŋ]
belegeren (ww)	**mengepung**	[mɛŋɛpuŋ]
inquisitie (de)	**pasitan**	[pasitan]
inquisiteur (de)	**ahli pasitan**	[ahli pasitan]

foltering (de)	**seksaan**	[seksaan]
wreed (bn)	**kejam**	[kɛdʒam]
ketter (de)	**orang musyrik**	[oraŋ muɕrik]
ketterij (de)	**kemusyrikan**	[kɛmuɕrikan]
zeevaart (de)	**pelayaran laut**	[pɛlajaran laut]
piraat (de)	**lanun**	[lanun]
piraterij (de)	**kegiatan melanun**	[kɛgiatan mɛlanun]
enteren (het)	**penyerbuan**	[pɛnjerbuan]
buit (de)	**penjarahan**	[pɛndʒarahan]
schatten (mv.)	**harta khazanah**	[harta χazanah]
ontdekking (de)	**penemuan**	[pɛnɛmuan]
ontdekken (bijv. nieuw land)	**menemui**	[mɛnɛmui]
expeditie (de)	**ekspedisi**	[ekspedisi]
musketier (de)	**askar senapang lantak**	[askar sɛnapaŋ lantak]
kardinaal (de)	**kardinal**	[kardinal]
heraldiek (de)	**ilmu lambang**	[ilmu lambaŋ]
heraldisch (bn)	**heraldik**	[heraldik]

189. Leider. Baas. Autoriteiten

koning (de)	**raja**	[radʒa]
koningin (de)	**ratu**	[ratu]
koninklijk (bn)	**diraja**	[diradʒa]
koninkrijk (het)	**kerajaan**	[kɛradʒaan]
prins (de)	**putera**	[putra]
prinses (de)	**puteri**	[putri]
president (de)	**presiden**	[presiden]
vicepresident (de)	**naib presiden**	[naib presiden]
senator (de)	**senator**	[senator]
monarch (de)	**raja**	[radʒa]
heerser (de)	**penguasa**	[pɛŋwasa]
dictator (de)	**diktator**	[diktator]
tiran (de)	**pezalim**	[pɛzalim]
magnaat (de)	**taikun**	[tajkun]
directeur (de)	**pengarah**	[pɛŋarah]
chef (de)	**ketua**	[kɛtua]
beheerder (de)	**pengurus**	[pɛŋurus]
baas (de)	**bos**	[bos]
eigenaar (de)	**pemilik**	[pɛmilik]
leider (de)	**pemimpin**	[pɛmimpin]
hoofd (bijv. ~ van de delegatie)	**kepala**	[kɛpala]
autoriteiten (mv.)	**pihak berkuasa**	[pihak bɛrkuasa]
superieuren (mv.)	**pihak atasan**	[pihak atasan]
gouverneur (de)	**gabnor**	[gabnor]
consul (de)	**konsul**	[konsul]

diplomaat (de)	**diplomat**	[diplomat]
burgemeester (de)	**datuk bandar**	[datuk bandar]
sheriff (de)	**sheriff**	[ʃərif]
keizer (bijv. Romeinse ~)	**maharaja**	[maharadʒa]
tsaar (de)	**tsar, raja**	[ʦar], [radʒa]
farao (de)	**firaun**	[firaun]
kan (de)	**khan**	[χan]

190. Weg. Weg. Routebeschrijving

weg (de)	**jalan**	[dʒalan]
route (de kortste ~)	**jalan**	[dʒalan]
autoweg (de)	**jalan raya**	[dʒalan raja]
snelweg (de)	**lebuh raya**	[lɛbuh raja]
rijksweg (de)	**lebuh raya antara negeri**	[lɛbuh raja antara nɛgri]
hoofdweg (de)	**jalan utama**	[dʒalan utama]
landweg (de)	**jalan tanah**	[dʒalan tanah]
pad (het)	**jalan setapak**	[dʒalan sɛtapak]
paadje (het)	**jalan setapak**	[dʒalan sɛtapak]
Waar?	**Di mana?**	[di mana]
Waarheen?	**Ke mana?**	[kɛ mana]
Waarvandaan?	**Dari mana?**	[dari mana]
richting (de)	**halatuju**	[halatudʒu]
aanwijzen (de weg ~)	**menunjukkan**	[mɛnundʒukkan]
naar links (bw)	**ke kiri**	[kɛ kiri]
naar rechts (bw)	**ke kanan**	[kɛ kanan]
rechtdoor (bw)	**terus**	[trus]
terug (bijv. ~ keren)	**ke belakang**	[kɛ blakaŋ]
bocht (de)	**belokan**	[blokan]
afslaan (naar rechts ~)	**membelok**	[mɛmblok]
U-bocht maken (ww)	**membuat pusingan U**	[mɛmbuat pusiŋan ju]
zichtbaar worden (ww)	**kelihatan**	[kɛlihatan]
verschijnen (in zicht komen)	**muncul**	[munʧul]
stop (korte onderbreking)	**perhentian**	[pɛrhɛntian]
zich verpozen (uitrusten)	**berehat**	[bɛrehat]
rust (de)	**rehat**	[rehat]
verdwalen (de weg kwijt zijn)	**sesat jalan**	[sɛsat dʒalan]
leiden naar ... (de weg)	**menuju**	[mɛnudʒu]
bereiken (ergens aankomen)	**sampai**	[sampaj]
deel (~ van de weg)	**bahagian**	[bahagian]
asfalt (het)	**turap**	[turap]
trottoirband (de)	**bebendul jalan**	[bɛbɛndul dʒalan]

greppel (de)	**parit**	[parit]
putdeksel (het)	**lurang**	[luraŋ]
vluchtstrook (de)	**bahu jalan**	[bahu ʤalan]
kuil (de)	**lubang**	[lubaŋ]
gaan (te voet)	**berjalan**	[bɛrʤalan]
inhalen (voorbijgaan)	**memotong**	[mɛmotoŋ]
stap (de)	**langkah**	[laŋkah]
te voet (bw)	**berjalan kaki**	[bɛrʤalan kaki]
blokkeren (de weg ~)	**merintangi**	[mɛrintaŋi]
slagboom (de)	**palang jalan**	[palaŋ ʤalan]
doodlopende straat (de)	**buntu**	[buntu]

191. De wet overtreden. Criminelen. Deel 1

bandiet (de)	**samseng**	[samsɛŋ]
misdaad (de)	**jenayah**	[ʤɛnajah]
misdadiger (de)	**penjenayah**	[pɛnʤɛnajah]
dief (de)	**pencuri**	[pɛnʧuri]
stelen (ww)	**mencuri**	[mɛnʧuri]
stelen, diefstal (de)	**pencurian**	[pɛnʧurian]
kidnappen (ww)	**menculik**	[mɛnʧulik]
kidnapping (de)	**penculikan**	[pɛnʧulikan]
kidnapper (de)	**penculik**	[pɛnʧulik]
losgeld (het)	**wang tebusan**	[vaŋ tɛbusan]
eisen losgeld (ww)	**menuntut wang tebusan**	[mɛnuntut vaŋ tɛbusan]
overvallen (ww)	**merampok**	[mɛrampok]
overval (de)	**perampokan**	[pɛrampokan]
overvaller (de)	**perampok**	[pɛrampok]
afpersen (ww)	**memeras ugut**	[mɛmɛras ugut]
afperser (de)	**pemeras ugut**	[pɛmɛras ugut]
afpersing (de)	**peras ugut**	[pɛras ugut]
vermoorden (ww)	**membunuh**	[mɛmbunuh]
moord (de)	**pembunuhan**	[pɛmbunuhan]
moordenaar (de)	**pembunuh**	[pɛmbunuh]
schot (het)	**tembakan**	[tembakan]
een schot lossen	**melepalkan tembakan**	[mɛlɛpaskan tembakan]
neerschieten (ww)	**menembak mati**	[mɛnembak mati]
schieten (ww)	**menembak**	[mɛnembak]
schieten (het)	**penembakan**	[pɛnembakan]
ongeluk (gevecht, enz.)	**kejadian**	[kɛʤadian]
gevecht (het)	**perkelahian**	[pɛrkɛlahian]
Help!	**Tolong!**	[toloŋ]
slachtoffer (het)	**mangsa**	[maŋsa]

beschadigen (ww)	**merosak**	[mɛrosak]
schade (de)	**rugi**	[rugi]
lijk (het)	**bangkai**	[baŋkaj]
zwaar (~ misdrijf)	**berat**	[brat]
aanvallen (ww)	**menyerang**	[mɛnjeraŋ]
slaan (iemand ~)	**memukul**	[mɛmukul]
in elkaar slaan (toetakelen)	**memukul-mukul**	[mɛmukul mukul]
ontnemen (beroven)	**merebut**	[mɛrɛbut]
steken (met een mes)	**menikam mati**	[mɛnikam mati]
verminken (ww)	**mencacatkan**	[mɛnʧaʧatkan]
verwonden (ww)	**mencederakan**	[mɛnʧɛdɛrakan]
chantage (de)	**peras ugut**	[pɛras ugut]
chanteren (ww)	**memeras ugut**	[mɛmɛras ugut]
chanteur (de)	**pemeras ugut**	[pɛmɛras ugut]
afpersing (de)	**peras ugut wang perlindungan**	[pɛras ugut vaŋ perlinduŋan]
afperser (de)	**pemeras ugut wang perlindungan**	[pɛmɛras ugut vaŋ pɛrlinduŋan]
gangster (de)	**gengster**	[geŋstɛr]
maffia (de)	**mafia**	[mafia]
kruimeldief (de)	**penyeluk saku**	[pɛnjeluk saku]
inbreker (de)	**pemecah rumah**	[pɛmɛʧah rumah]
smokkelen (het)	**penyeludupan**	[pɛnjeludupan]
smokkelaar (de)	**penyeludup**	[pɛnjeludup]
namaak (de)	**pemalsuan**	[pɛmalsuan]
namaken (ww)	**memalsukan**	[mɛmalsukan]
namaak-, vals (bn)	**palsu**	[palsu]

192. De wet overtreden. Criminelen. Deel 2

verkrachting (de)	**pemerkosaan**	[pɛmɛrkosaan]
verkrachten (ww)	**memerkosa**	[mɛmɛrkosa]
verkrachter (de)	**pemerkosa**	[pɛmɛrkosa]
maniak (de)	**maniak**	[maniak]
prostituee (de)	**pelacur**	[pɛlaʧur]
prostitutie (de)	**pelacuran**	[pɛlaʧuran]
pooier (de)	**bapa ayam**	[bapa ajam]
drugsverslaafde (de)	**penagih dadah**	[pɛnagih dadah]
drugshandelaar (de)	**pengedar dadah**	[pɛŋedar dadah]
opblazen (ww)	**meletupkan**	[mɛlɛtupkan]
explosie (de)	**letupan**	[lɛtupan]
in brand steken (ww)	**membakar**	[mɛmbakar]
brandstichter (de)	**pelaku kebakaran**	[pɛlaku kɛbakaran]
terrorisme (het)	**keganasan**	[keganasan]
terrorist (de)	**pengganas**	[pɛŋganas]

gijzelaar (de)	**tebusan**	[tɛbusan]
bedriegen (ww)	**menipu**	[mɛnipu]
bedrog (het)	**penipuan**	[pɛnipuan]
oplichter (de)	**penipu**	[pɛnipu]
omkopen (ww)	**menyuap**	[mɛnjuap]
omkoperij (de)	**penyuapan**	[pɛnjuapan]
smeergeld (het)	**suapan**	[suapan]
vergif (het)	**racun**	[ratʃun]
vergiftigen (ww)	**meracuni**	[mɛratʃuni]
vergif innemen (ww)	**bunuh diri makan racun**	[bunuh diri makan ratʃun]
zelfmoord (de)	**bunuh diri**	[bunuh diri]
zelfmoordenaar (de)	**pembunuh diri**	[pɛmbunuh diri]
bedreigen (bijv. met een pistool)	**mengugut**	[mɛŋugut]
bedreiging (de)	**ugutan**	[ugutan]
een aanslag plegen	**mencuba**	[mɛntʃuba]
aanslag (de)	**percubaan membunuh**	[pɛrtʃubaan mɛmbunuh]
stelen (een auto)	**melarikan**	[mɛlarikan]
kapen (een vliegtuig)	**membajak**	[mɛmbadʒak]
wraak (de)	**dendam**	[dɛndam]
wreken (ww)	**mendendam**	[mɛndɛndam]
martelen (gevangenen)	**menyeksa**	[mɛnjeksa]
foltering (de)	**seksaan**	[seksaan]
folteren (ww)	**menyeksa**	[mɛnjeksa]
piraat (de)	**lanun**	[lanun]
straatschender (de)	**kaki gaduh**	[kaki gaduh]
gewapend (bn)	**bersenjata**	[bɛrsɛndʒata]
geweld (het)	**kekerasan**	[kɛkɛrasan]
onwettig (strafbaar)	**ilegal**	[ilegal]
spionage (de)	**pengintipan**	[pɛŋintipan]
spioneren (ww)	**mengintip**	[mɛŋintip]

193. Politie. Wet. Deel 1

justitie (de)	**keadilan**	[kɛadilan]
gerechtshof (het)	**mahkamah**	[mahkamah]
rechter (de)	**hakim**	[hakim]
jury (de)	**ahli juri**	[ahli dʒuri]
juryrechtspraak (de)	**juri**	[dʒuri]
berechten (ww)	**mengadili**	[mɛŋadili]
advocaat (de)	**peguam**	[pɛguam]
beklaagde (de)	**tertuduh**	[tɛrtuduh]
beklaagdenbank (de)	**kandang orang tertuduh**	[kandaŋ oraŋ tɛrtuduh]

beschuldiging (de) **tuduhan** [tuduhan]
beschuldigde (de) **tertuduh** [tɛrtuduh]

vonnis (het) **hukuman** [hukuman]
veroordelen (in een rechtszaak) **menjatuhkan hukuman** [mɛnʤatuhkan hukuman]

schuldige (de) **pesalah** [pɛsalah]
straffen (ww) **menghukum** [mɛŋɣukum]
bestraffing (de) **hukuman** [hukuman]

boete (de) **denda** [dɛnda]
levenslange opsluiting (de) **penjara seumur hidup** [pɛnʤara sɛumur hidup]
doodstraf (de) **hukuman mati** [hukuman mati]
elektrische stoel (de) **kerusi elektrik** [krusi elektrik]
schavot (het) **tali gantung** [tali gantuŋ]

executeren (ww) **menjalankan hukuman mati** [mɛnʤalaŋkan hukuman mati]
executie (de) **hukuman** [hukuman]

gevangenis (de) **penjara** [pɛnʤara]
cel (de) **sel** [sel]

konvooi (het) **pengiring** [pɛŋiriŋ]
gevangenisbewaker (de) **warden** [vardɛn]
gedetineerde (de) **tahanan** [tahanan]

handboeien (mv.) **gari** [gari]
handboeien omdoen **mengenakan gari** [mɛŋɛnakan gari]

ontsnapping (de) **pelarkan** [pɛlarian]
ontsnappen (ww) **melarikan diri** [mɛlarikan diri]
verdwijnen (ww) **hilang** [hilaŋ]
vrijlaten (uit de gevangenis) **melepaskan** [mɛlɛpaskan]
amnestie (de) **pengampunan** [pɛŋampunan]

politie (de) **polis** [polis]
politieagent (de) **anggota polis** [aŋgota polis]
politiebureau (het) **balai polis** [balaj polis]

knuppel (de) **belantan getah** [bɛlantan gɛtah]
megafoon (de) **corong suara** [ʧoroŋ suara]

patrouilleerwagen (de) **kereta peronda** [kreta pɛronda]
sirene (de) **siren** [sirɛn]

de sirene aansteken **menghidupkan siren** [mɛŋɣidupkan sirɛn]
geloei (het) van de sirene **bunyi penggera** [bunji pɛŋgera]

plaats delict (de) **tempat kelakuan jenayah** [tɛmpat kɛlakuan ʤɛnajah]
getuige (de) **saksi** [saksi]
vrijheid (de) **kebebasan** [kɛbɛbasan]
handlanger (de) **subahat** [subahat]
ontvluchten (ww) **melarikan diri** [mɛlarikan diri]
spoor (het) **jejak** [ʤɛʤak]

194. Politie. Wet. Deel 2

opsporing (de)	**pencarian**	[pɛntʃarian]
opsporen (ww)	**mencari**	[mɛntʃari]
verdenking (de)	**kecurigaan**	[kɛtʃurigaan]
verdacht (bn)	**mencurigakan**	[mɛntʃurigakan]
aanhouden (stoppen)	**menghentikan**	[mɛŋɣɛntikan]
tegenhouden (ww)	**menahan**	[mɛnahan]
strafzaak (de)	**kes**	[kes]
onderzoek (het)	**siasatan**	[siasatan]
detective (de)	**mata-mata gelap**	[mata mata gɛlap]
onderzoeksrechter (de)	**penyiasat**	[pɛnjiasat]
versie (de)	**versi**	[vɛrsi]
motief (het)	**motif**	[motif]
verhoor (het)	**soal siasat**	[soal siasat]
ondervragen (door de politie)	**menyoal siasat**	[mɛnjoal siasat]
ondervragen (omstanders ~)	**menyoal selidik**	[mɛnjoal sɛlidik]
controle (de)	**pemeriksaan**	[pɛmɛriksaan]
razzia (de)	**penyergapan**	[pɛnjergapan]
huiszoeking (de)	**penggeledahan**	[pɛŋgɛledahan]
achtervolging (de)	**pemburuan**	[pɛmburuan]
achtervolgen (ww)	**mengejar**	[mɛŋɛdʒar]
opsporen (ww)	**mengesan**	[mɛŋɛsan]
arrest (het)	**penahanan**	[pɛnahanan]
arresteren (ww)	**menahan**	[mɛnahan]
vangen, aanhouden (een dief, enz.)	**menangkap**	[mɛnaŋkap]
aanhouding (de)	**penangkapan**	[pɛnaŋkapan]
document (het)	**bokumen**	[bokumen]
bewijs (het)	**bukti**	[bukti]
bewijzen (ww)	**membukti**	[mɛmbukti]
voetspoor (het)	**jejak**	[dʒɛdʒak]
vingerafdrukken (mv.)	**cap jari**	[tʃap dʒari]
bewijs (het)	**bukti**	[bukti]
alibi (het)	**alibi**	[alibi]
onschuldig (bn)	**tidak bersalah**	[tidak bɛrsalah]
onrecht (het)	**ketidakadilan**	[kɛtidakadilan]
onrechtvaardig (bn)	**tidak adil**	[tidak adil]
crimineel (bn)	**jenayah**	[dʒɛnajah]
confisqueren (in beslag nemen)	**menyita**	[mɛnjita]
drug (de)	**najis dadah**	[nadʒis dadah]
wapen (het)	**senjata**	[sɛndʒata]
ontwapenen (ww)	**melucutkan senjata**	[mɛlutʃutkan sɛndʒata]
bevelen (ww)	**memerintah**	[mɛmɛrintah]
verdwijnen (ww)	**hilang**	[hilaŋ]
wet (de)	**undang-undang**	[undaŋ undaŋ]
wettelijk (bn)	**sah**	[sah]

onwettelijk (bn)	**tidak sah**	[tidak sah]
verantwoordelijkheid (de)	**tanggungjawab**	[taŋguŋdʒavab]
verantwoordelijk (bn)	**bertanggungjawab**	[bɛrtaŋguŋdʒavab]

NATUUR

De Aarde. Deel 1

195. De kosmische ruimte

kosmos (de)	**angkasa lepas**	[aŋkasa lɛpas]
kosmisch (bn)	**angkasa lepas**	[aŋkasa lɛpas]
kosmische ruimte (de)	**ruang angkasa lepas**	[ruaŋ aŋkasa lɛpas]
wereld (de), heelal (het)	**alam semesta**	[alam sɛmɛsta]
wereld (de)	**dunia**	[dunia]
sterrenstelsel (het)	**Bimasakti**	[bimasakti]
ster (de)	**bintang**	[bintaŋ]
sterrenbeeld (het)	**gugusan bintang**	[gugusan bintaŋ]
planeet (de)	**planet**	[planet]
satelliet (de)	**satelit**	[satɛlit]
meteoriet (de)	**meteorit**	[meteorit]
komeet (de)	**komet**	[komet]
asteroïde (de)	**asteroid**	[asteroid]
baan (de)	**edaran, orbit**	[edaran], [orbit]
draaien (om de zon, enz.)	**berputar**	[bɛrputar]
atmosfeer (de)	**udara**	[udara]
Zon (de)	**Matahari**	[matahari]
zonnestelsel (het)	**tata surya**	[tata surja]
zonsverduistering (de)	**gerhana matahari**	[gɛrhana matahari]
Aarde (de)	**Bumi**	[bumi]
Maan (de)	**Bulan**	[bulan]
Mars (de)	**Marikh**	[mariχ]
Venus (de)	**Zuhrah**	[zuhrah]
Jupiter (de)	**Musytari**	[muʃtari]
Saturnus (de)	**Zuhal**	[zuhal]
Mercurius (de)	**Utarid**	[utarid]
Uranus (de)	**Uranus**	[uranus]
Neptunus (de)	**Waruna**	[varuna]
Pluto (de)	**Pluto**	[pluto]
Melkweg (de)	**Bima Sakti**	[bima sakti]
Grote Beer (de)	**Bintang Biduk**	[bintaŋ biduk]
Poolster (de)	**Bintang Utara**	[bintaŋ utara]
marsmannetje (het)	**makhluk dari Marikh**	[mahluk dari marih]
buitenaards wezen (het)	**makhluk ruang angkasa**	[maχluk ruaŋ aŋkasa]

bovenaards (het)	**makhluk asing**	[mahluk asiŋ]
vliegende schotel (de)	**piring terbang**	[piriŋ tɛrbaŋ]
ruimtevaartuig (het)	**kapal angkasa lepas**	[kapal aŋkasa lɛpas]
ruimtestation (het)	**stesen orbit angkasa**	[stesen orbit aŋkasa]
start (de)	**pelancaran**	[pɛlanʧaran]
motor (de)	**enjin**	[enʤin]
straalpijp (de)	**muncung**	[munʧuŋ]
brandstof (de)	**bahan bakar**	[bahan bakar]
cabine (de)	**kokpit**	[kokpit]
antenne (de)	**aerial**	[aerial]
patrijspoort (de)	**tingkap kapal**	[tiŋkap kapal]
zonnebatterij (de)	**sel surya**	[sel surja]
ruimtepak (het)	**pakaian angkasawan**	[pakajan aŋkasavan]
gewichtloosheid (de)	**keadaan graviti sifar**	[kɛadaan graviti sifar]
zuurstof (de)	**oksigen**	[oksigɛn]
koppeling (de)	**percantuman**	[pɛrʧantuman]
koppeling maken	**melakukan cantuman**	[mɛlakukan ʧantuman]
observatorium (het)	**balai cerap**	[balaj ʧɛrap]
telescoop (de)	**teleskop**	[teleskop]
waarnemen (ww)	**menyaksikan**	[mɛnjaksikan]
exploreren (ww)	**menjelajahi**	[mɛnʤɛlaʤahi]

196. De Aarde

Aarde (de)	**Bumi**	[bumi]
aardbol (de)	**bola Bumi**	[bola bumi]
planeet (de)	**planet**	[planet]
atmosfeer (de)	**udara**	[udara]
aardrijkskunde (de)	**geografi**	[geografi]
natuur (de)	**alam**	[alam]
wereldbol (de)	**glob**	[glob]
kaart (de)	**peta**	[pɛta]
atlas (de)	**atlas**	[atlas]
Europa (het)	**Eropah**	[eropa]
Azië (het)	**Asia**	[asia]
Afrika (het)	**Afrika**	[afrika]
Australië (het)	**Australia**	[australia]
Amerika (het)	**Amerika**	[amerika]
Noord-Amerika (het)	**Amerika Utara**	[amerika utara]
Zuid-Amerika (het)	**Amerika Selatan**	[amerika sɛlatan]
Antarctica (het)	**Antartika**	[antartika]
Arctis (de)	**Artik**	[artik]

197. Windrichtingen

noorden (het)	**utara**	[utara]
naar het noorden	**ke utara**	[kɛ utara]
in het noorden	**di utara**	[di utara]
noordelijk (bn)	**utara**	[utara]
zuiden (het)	**selatan**	[sɛlatan]
naar het zuiden	**ke selatan**	[kɛ sɛlatan]
in het zuiden	**di selatan**	[di sɛlatan]
zuidelijk (bn)	**selatan**	[sɛlatan]
westen (het)	**barat**	[barat]
naar het westen	**ke barat**	[kɛ barat]
in het westen	**di barat**	[di barat]
westelijk (bn)	**barat**	[barat]
oosten (het)	**timur**	[timur]
naar het oosten	**ke timur**	[kɛ timur]
in het oosten	**di timur**	[di timur]
oostelijk (bn)	**timur**	[timur]

198. Zee. Oceaan

zee (de)	**laut**	[laut]
oceaan (de)	**lautan**	[lautan]
golf (baai)	**teluk**	[tɛluk]
straat (de)	**selat**	[sɛlat]
grond (vaste grond)	**daratan**	[daratan]
continent (het)	**benua**	[bɛnua]
eiland (het)	**pulau**	[pulau]
schiereiland (het)	**semenanjung**	[sɛmɛnandʒuŋ]
archipel (de)	**kepulauan**	[kɛpulawan]
baai, bocht (de)	**teluk**	[tɛluk]
haven (de)	**pelabuhan**	[pɛlabuhan]
lagune (de)	**lagun**	[lagun]
kaap (de)	**tanjung**	[tandʒuŋ]
atol (de)	**pulau cincin**	[pulau ʧinʧin]
rif (het)	**terumbu**	[tɛrumbu]
koraal (het)	**karang**	[karaŋ]
koraalrif (het)	**terumbu karang**	[tɛrumbu karaŋ]
diep (bn)	**dalam**	[dalam]
diepte (de)	**kedalaman**	[kɛdalaman]
diepzee (de)	**jurang**	[dʒuraŋ]
trog (bijv. Marianentrog)	**jurang**	[dʒuraŋ]
stroming (de)	**arus**	[arus]
omspoelen (ww)	**bersempadan**	[bɛrsɛmpadan]

oever (de)	**pantai**	[pantaj]
kust (de)	**pantai**	[pantaj]
vloed (de)	**air pasang**	[air pasaŋ]
eb (de)	**air surut**	[air surut]
ondiepte (ondiep water)	**beting**	[bɛtiŋ]
bodem (de)	**dasar**	[dasar]
golf (hoge ~)	**gelombang**	[gɛlombaŋ]
golfkam (de)	**puncak gelombang**	[punʧak gɛlombaŋ]
schuim (het)	**buih**	[buih]
storm (de)	**badai**	[badaj]
orkaan (de)	**badai, taufan**	[badaj], [taufan]
tsunami (de)	**tsunami**	[ʦunami]
windstilte (de)	**angin mati**	[aŋin mati]
kalm (bijv. ~e zee)	**tenang**	[tɛnaŋ]
pool (de)	**khutub**	[χutub]
polair (bn)	**polar**	[polar]
breedtegraad (de)	**garisan lintang**	[garisan lintaŋ]
lengtegraad (de)	**garisan bujur**	[garisan buʤur]
parallel (de)	**garisan latitud**	[garisan latitud]
evenaar (de)	**khatulistiwa**	[χatulistiva]
hemel (de)	**langit**	[laŋit]
horizon (de)	**kaki langit**	[kaki laŋit]
lucht (de)	**udara**	[udara]
vuurtoren (de)	**rumah api**	[rumah api]
duiken (ww)	**menyelam**	[mɛnjelam]
zinken (ov. een boot)	**karam**	[karam]
schatten (mv.)	**harta karun**	[harta karun]

199. Namen van zeeën en oceanen

Atlantische Oceaan (de)	**Lautan Atlantik**	[lautan atlantik]
Indische Oceaan (de)	**Lautan Hindia**	[lautan hindia]
Stille Oceaan (de)	**Lautan Teduh**	[lautan tɛduh]
Noordelijke IJszee (de)	**Lautan Arktik**	[lautan arktik]
Zwarte Zee (de)	**Laut Hitam**	[laut hitam]
Rode Zee (de)	**Laut Merah**	[laut merah]
Gele Zee (de)	**Laut Kuning**	[laut kuniŋ]
Witte Zee (de)	**Laut Putih**	[laut putih]
Kaspische Zee (de)	**Laut Caspian**	[laut kaspian]
Dode Zee (de)	**Laut Mati**	[laut mati]
Middellandse Zee (de)	**Laut Tengah**	[laut tɛŋah]
Egeïsche Zee (de)	**Laut Aegean**	[laut iʤian]
Adriatische Zee (de)	**Laut Adriatik**	[laut adriatik]
Arabische Zee (de)	**Laut Arab**	[laut arab]

Japanse Zee (de)	**Laut Jepun**	[laut dʒepun]
Beringzee (de)	**Laut Bering**	[laut beriŋ]
Zuid-Chinese Zee (de)	**Laut Cina Selatan**	[laut ʧina sɛlatan]
Koraalzee (de)	**Laut Coral**	[laut koral]
Tasmanzee (de)	**Laut Tasmania**	[laut tasmania]
Caribische Zee (de)	**Laut Caribbean**	[laut karibean]
Barentszzee (de)	**Laut Barents**	[laut barents]
Karische Zee (de)	**Laut Kara**	[laut kara]
Noordzee (de)	**Laut Utara**	[laut utara]
Baltische Zee (de)	**Laut Baltik**	[laut baltik]
Noorse Zee (de)	**Laut Norway**	[laut norvej]

200. Bergen

berg (de)	**gunung**	[gunuŋ]
bergketen (de)	**banjaran gunung**	[bandʒaran gunuŋ]
gebergte (het)	**rabung gunung**	[rabuŋ gunuŋ]
bergtop (de)	**puncak**	[punʧak]
bergpiek (de)	**puncak**	[punʧak]
voet (ov. de berg)	**kaki**	[kaki]
helling (de)	**cerun**	[ʧɛrun]
vulkaan (de)	**gunung berapi**	[gunuŋ bɛrapi]
actieve vulkaan (de)	**gunung berapi hidup**	[gunuŋ bɛrapi hidup]
uitgedoofde vulkaan (de)	**gunung api yang tidak aktif**	[gunuŋ api jaŋ tidak aktif]
uitbarsting (de)	**letusan**	[lɛtusan]
krater (de)	**kawah**	[kavah]
magma (het)	**magma**	[magma]
lava (de)	**lahar**	[lahar]
gloeiend (~e lava)	**pijar**	[pidʒar]
kloof (canyon)	**kanyon**	[kanjon]
bergkloof (de)	**jurang**	[dʒuraŋ]
spleet (de)	**krevis**	[krevis]
afgrond (de)	**jurang**	[dʒuraŋ]
bergpas (de)	**genting**	[gɛntiŋ]
plateau (het)	**penara**	[pɛnara]
klip (de)	**cenuram**	[ʧɛnuram]
heuvel (de)	**bukit**	[bukit]
gletsjer (de)	**glasier**	[glasier]
waterval (de)	**air terjun**	[air tɛrdʒun]
geiser (de)	**pancutan air panas**	[panʧutan air panas]
meer (het)	**tasik**	[tasik]
vlakte (de)	**dataran**	[dataran]
landschap (het)	**pemandangan**	[pɛmandaŋan]
echo (de)	**kumandang**	[kumandaŋ]

alpinist (de)	**pendaki gunung**	[pɛndaki gunuŋ]
bergbeklimmer (de)	**pendaki batu**	[pɛndaki batu]
trotseren (berg ~)	**menaklukkan**	[mɛnaklukkan]
beklimming (de)	**pendakian**	[pɛndakian]

201. Bergen namen

Alpen (de)	**Alps**	[alps]
Mont Blanc (de)	**Mont Blanc**	[mont blaŋk]
Pyreneeën (de)	**Pyrenees**	[pirinis]
Karpaten (de)	**Pegunungan Carpathia**	[pɛgunuŋan karpatia]
Oeralgebergte (het)	**Pegunungan Ural**	[pɛgunuŋan ural]
Kaukasus (de)	**Kaukasia**	[kaukasia]
Elbroes (de)	**Elbrus**	[elbrus]
Altaj (de)	**Altai**	[altaj]
Tiensjan (de)	**Tien Shan**	[tien ʃan]
Pamir (de)	**Pamir**	[pamir]
Himalaya (de)	**Himalaya**	[himalaja]
Everest (de)	**Everest**	[everest]
Andes (de)	**Andes**	[andes]
Kilimanjaro (de)	**Kilimanjaro**	[kilimanʤaro]

202. Rivieren

rivier (de)	**sungai**	[suŋaj]
bron (~ van een rivier)	**mata air**	[mata air]
rivierbedding (de)	**dasar sungai**	[dasar suŋaj]
rivierbekken (het)	**lembah sungai**	[lɛmbah suŋaj]
uitmonden in …	**bermuara**	[bɛrmuara]
zijrivier (de)	**anak sungai**	[anak suŋaj]
oever (de)	**tepi**	[tepi]
stroming (de)	**arus**	[arus]
stroomafwaarts (bw)	**ke hilir**	[kɛ hilir]
stroomopwaarts (bw)	**ke hulu**	[kɛ hulu]
overstroming (de)	**banjir**	[banʤir]
overstroming (de)	**air bah**	[air bah]
buiten zijn oevers treden	**meluap**	[mɛluap]
overstromen (ww)	**menggenangi**	[mɛŋgɛnaŋi]
zandbank (de)	**beting**	[bɛtiŋ]
stroomversnelling (de)	**jeram**	[ʤɛram]
dam (de)	**empangan**	[ɛmpaŋan]
kanaal (het)	**terusan**	[tɛrusan]
spaarbekken (het)	**takungan**	[takuŋan]
sluis (de)	**pintu air**	[pintu air]

waterlichaam (het)	**kolam**	[kolam]
moeras (het)	**bencah**	[bɛntʃah]
broek (het)	**paya**	[paja]
draaikolk (de)	**pusaran air**	[pusaran air]
stroom (de)	**anak sungai**	[anak suŋaj]
drink- (abn)	**minum**	[minum]
zoet (~ water)	**tawar**	[tavar]
ijs (het)	**ais**	[ajs]
bevriezen (rivier, enz.)	**membeku**	[mɛmbɛku]

203. Namen van rivieren

Seine (de)	**Seine**	[sɛn]
Loire (de)	**Loire**	[luar]
Theems (de)	**Thames**	[tɛms]
Rijn (de)	**Rhine**	[rajn]
Donau (de)	**Danube**	[danub]
Wolga (de)	**Volga**	[volga]
Don (de)	**Don**	[don]
Lena (de)	**Lena**	[lena]
Gele Rivier (de)	**Hwang Ho**	[hvaŋ ho]
Blauwe Rivier (de)	**Yangtze**	[jaŋtze]
Mekong (de)	**Mekong**	[mekoŋ]
Ganges (de)	**Ganges**	[gandʒis]
Nijl (de)	**sungai Nil**	[suŋaj nil]
Kongo (de)	**Congo**	[koŋo]
Okavango (de)	**Okavango**	[okavaŋo]
Zambezi (de)	**Zambezi**	[zambezi]
Limpopo (de)	**Limpopo**	[limpopo]
Mississippi (de)	**Mississippi**	[misisipi]

204. Bos

bos (het)	**hutan**	[hutan]
bos- (abn)	**hutan**	[hutan]
oerwoud (dicht bos)	**hutan lebat**	[hutan lɛbat]
bosje (klein bos)	**hutan kecil**	[hutan kɛtʃil]
open plek (de)	**cerang**	[tʃɛraŋ]
struikgewas (het)	**belukar**	[bɛlukar]
struiken (mv.)	**pokok renek**	[pokok renek]
paadje (het)	**jalan setapak**	[dʒalan sɛtapak]
ravijn (het)	**gaung**	[gauŋ]
boom (de)	**pokok**	[pokok]

blad (het)	**daun**	[daun]
gebladerte (het)	**daun-daunan**	[daun daunan]
vallende bladeren (mv.)	**daun luruh**	[daun luruh]
vallen (ov. de bladeren)	**gugur**	[gugur]
boomtop (de)	**puncak**	[puntʃak]
tak (de)	**cabang**	[tʃabaŋ]
ent (de)	**dahan**	[dahan]
knop (de)	**mata tunas**	[mata tunas]
naald (de)	**jejarum**	[dʒɛdʒarum]
dennenappel (de)	**buah konifer**	[buah konifer]
boom holte (de)	**lubang**	[lubaŋ]
nest (het)	**sarang**	[saraŋ]
hol (het)	**lubang**	[lubaŋ]
stam (de)	**batang**	[bataŋ]
wortel (bijv. boom~s)	**akar**	[akar]
schors (de)	**kulit**	[kulit]
mos (het)	**lumut**	[lumut]
ontwortelen (een boom)	**mencabut**	[mɛntʃabut]
kappen (een boom ~)	**menebang**	[mɛnɛbaŋ]
ontbossen (ww)	**membasmi hutan**	[mɛmbasmi hutan]
stronk (de)	**tunggul**	[tuŋgul]
kampvuur (het)	**unggun api**	[uŋgun api]
bosbrand (de)	**kebakaran**	[kɛbakaran]
blussen (ww)	**memadamkan**	[mɛmadamkan]
boswachter (de)	**renjer hutan**	[rendʒɛr hutan]
bescherming (de)	**perlindungan**	[pɛrlinduŋan]
beschermen (bijv. de natuur ~)	**melindungi**	[mɛlinduŋi]
stroper (de)	**penebang haram**	[pɛnɛbaŋ haram]
val (de)	**perangkap**	[praŋkap]
plukken (vruchten, enz.)	**memetik**	[mɛmɛtik]
verdwalen (de weg kwijt zijn)	**sesat jalan**	[sɛsat dʒalan]

205. Natuurlijke hulpbronnen

natuurlijke rijkdommen (mv.)	**kekayaan alam**	[kɛkajaan alam]
delfstoffen (mv.)	**galian**	[galian]
lagen (mv.)	**mendapan**	[mɛndapan]
veld (bijv. olie~)	**lapangan**	[lapaŋan]
winnen (uit erts ~)	**melombong**	[mɛlomboŋ]
winning (de)	**perlombongan**	[pɛrlomboŋan]
erts (het)	**bijih**	[bidʒih]
mijn (bijv. kolenmijn)	**lombong**	[lomboŋ]
mijnschacht (de)	**lombong**	[lomboŋ]
mijnwerker (de)	**buruh lombong**	[buruh lomboŋ]

gas (het)	**gas**	[gas]
gasleiding (de)	**talian paip gas**	[talian pajp gas]
olie (aardolie)	**minyak**	[minjak]
olieleiding (de)	**saluran paip minyak**	[saluran paɪp minjak]
oliebron (de)	**telaga minyak**	[tɛlaga minjak]
boortoren (de)	**menara minyak**	[mɛnara minjak]
tanker (de)	**kapal tangki**	[kapal taŋki]
zand (het)	**pasir**	[pasir]
kalksteen (de)	**kapur**	[kapur]
grind (het)	**kerikil**	[kɛrikil]
veen (het)	**gambut**	[gambut]
klei (de)	**tanah liat**	[tanah liat]
steenkool (de)	**arang**	[araŋ]
ijzer (het)	**besi**	[bɛsi]
goud (het)	**emas**	[ɛmas]
zilver (het)	**perak**	[perak]
nikkel (het)	**nikel**	[nikɛl]
koper (het)	**tembaga**	[tɛmbaga]
zink (het)	**zink**	[ziŋk]
mangaan (het)	**mangan**	[maŋan]
kwik (het)	**air raksa**	[air raksa]
lood (het)	**timah hitam**	[timah hitam]
mineraal (het)	**galian**	[galian]
kristal (het)	**hablur**	[hablur]
marmer (het)	**pualam**	[pualam]
uraan (het)	**uranium**	[uranium]

De Aarde. Deel 2

206. Weer

weer (het)	**cuaca**	[ʧuaʧa]
weersvoorspelling (de)	**ramalan cuaca**	[ramalan ʧuaʧa]
temperatuur (de)	**suhu**	[suhu]
thermometer (de)	**termometer**	[tɛrmometɛr]
barometer (de)	**barometer**	[barometɛr]
vochtig (bn)	**lembap**	[lɛmbap]
vochtigheid (de)	**kelembapan**	[kɛlɛmbapan]
hitte (de)	**panas terik**	[panas tɛrik]
heet (bn)	**panas terik**	[panas tɛrik]
het is heet	**panas**	[panas]
het is warm	**panas**	[panas]
warm (bn)	**hangat**	[haŋat]
het is koud	**cuaca sejuk**	[ʧuaʧa sɛʤuk]
koud (bn)	**sejuk**	[sɛʤuk]
zon (de)	**matahari**	[matahari]
schijnen (de zon)	**bersinar**	[bɛrsinar]
zonnig (~e dag)	**cerah**	[ʧɛrah]
opgaan (ov. de zon)	**terbit**	[tɛrbit]
ondergaan (ww)	**duduk**	[duduk]
wolk (de)	**awan**	[avan]
bewolkt (bn)	**berawan**	[bɛravan]
regenwolk (de)	**awan mendung**	[avan mɛnduŋ]
somber (bn)	**mendung**	[mɛnduŋ]
regen (de)	**hujan**	[huʤan]
het regent	**hujan turun**	[huʤan turun]
regenachtig (bn)	**hujan**	[huʤan]
motregenen (ww)	**renyai-renyai**	[rɛnjai rɛnjai]
plensbui (de)	**hujan lebat**	[huʤan lɛbat]
stortbui (de)	**hujan lebat**	[huʤan lɛbat]
hard (bn)	**lebat**	[lɛbat]
plas (de)	**lopak**	[lopak]
nat worden (ww)	**kebasahan**	[kɛbasahan]
mist (de)	**kabus**	[kabus]
mistig (bn)	**berkabus**	[bɛrkabus]
sneeuw (de)	**salji**	[salʤi]
het sneeuwt	**salji turun**	[salʤi turun]

207. Zwaar weer. Natuurrampen

noodweer (storm)	**hujan ribut**	[hudʒan ribut]
bliksem (de)	**kilat**	[kilat]
flitsen (ww)	**berkilau**	[bɛrkilau]
donder (de)	**guruh**	[guruh]
donderen (ww)	**bergemuruh**	[bɛrgɛmuruh]
het dondert	**guruh berbunyi**	[guruh bɛrbunji]
hagel (de)	**hujan batu**	[hudʒan batu]
het hagelt	**hujan batu turun**	[hudʒan batu turun]
overstromen (ww)	**menggenangi**	[mɛŋgɛnaŋi]
overstroming (de)	**banjir**	[bandʒir]
aardbeving (de)	**gempa bumi**	[gɛmpa bumi]
aardschok (de)	**gegaran**	[gɛgaran]
epicentrum (het)	**titik**	[titik]
uitbarsting (de)	**letusan**	[lɛtusan]
lava (de)	**lahar**	[lahar]
wervelwind (de)	**puting beliung**	[putiŋ bɛliuŋ]
windhoos (de)	**tornado**	[tornado]
tyfoon (de)	**taufan**	[taufan]
orkaan (de)	**badai, taufan**	[badaj], [taufan]
storm (de)	**badai**	[badaj]
tsunami (de)	**tsunami**	[ʦunami]
cycloon (de)	**siklon**	[siklon]
onweer (het)	**cuaca buruk**	[ʧuaʧa buruk]
brand (de)	**kebakaran**	[kɛbakaran]
ramp (de)	**bencana**	[bɛnʧana]
meteoriet (de)	**meteorit**	[meteorit]
lawine (de)	**runtuhan**	[runtuhan]
sneeuwverschuiving (de)	**salji runtuh**	[saldʒi runtuh]
sneeuwjacht (de)	**badai salji**	[badaj saldʒi]
sneeuwstorm (de)	**ribut salji**	[ribut saldʒi]

208. Geluiden. Geluiden

stilte (de)	**kesunyian**	[kɛsunjian]
geluid (het)	**bunyi**	[bunji]
lawaai (het)	**bising**	[bisiŋ]
lawaai maken (ww)	**membuat bising**	[mɛmbuat bisiŋ]
lawaaierig (bn)	**bising**	[bisiŋ]
luid (~ spreken)	**kuat**	[kuat]
luid (bijv. ~e stem)	**kuat**	[kuat]
aanhoudend (voortdurend)	**terus menerus**	[tɛrus mɛnɛrus]

schreeuw (de)	**teriakan**	[tɛriakan]
schreeuwen (ww)	**berteriak**	[bɛrtɛriak]
gefluister (het)	**bisikan**	[bisikan]
fluisteren (ww)	**membisik**	[mɛmbisik]
geblaf (het)	**gonggongan**	[goŋgoŋan]
blaffen (ww)	**menggonggong**	[mɛŋgoŋgoŋ]
gekreun (het)	**rintihan**	[rintihan]
kreunen (ww)	**merintih**	[mɛrintih]
hoest (de)	**batuk**	[batuk]
hoesten (ww)	**batuk**	[batuk]
gefluit (het)	**siulan**	[siulan]
fluiten (op het fluitje blazen)	**siul**	[siul]
geklop (het)	**ketukan**	[kɛtukan]
kloppen (aan een deur)	**mengetuk**	[mɛŋɛtuk]
kraken (hout, ijs)	**berkeriut**	[bɛrkɛriut]
gekraak (het)	**gemeretik**	[gɛmɛrɛtik]
sirene (de)	**siren**	[sirɛn]
fluit (stoom ~)	**peluit**	[pɛluit]
fluiten (schip, trein)	**membunyikan peluit**	[mɛmbunjikan pɛluit]
toeter (de)	**hon**	[hon]
toeteren (ww)	**membunyikan hon**	[mɛmbunjikan hon]

209. Winter

winter (de)	**musim sejuk**	[musim sɛdʒuk]
winter- (abn)	**musim sejuk**	[musim sɛdʒuk]
in de winter (bw)	**pada musim sejuk**	[pada musim sɛdʒuk]
sneeuw (de)	**salji**	[saldʒi]
het sneeuwt	**salji turun**	[saldʒi turun]
sneeuwval (de)	**salji turun**	[saldʒi turun]
sneeuwhoop (de)	**timbunan salji**	[timbunan saldʒi]
sneeuwvlok (de)	**emping salji**	[ɛmpiŋ saldʒi]
sneeuwbal (de)	**bola salji**	[bola saldʒi]
sneeuwman (de)	**patung salji**	[patuŋ saldʒi]
ijspegel (de)	**isikel**	[isikel]
december (de)	**Disember**	[disembɛr]
januari (de)	**Januari**	[dʒanuari]
februari (de)	**Februari**	[februari]
vorst (de)	**frost**	[frost]
vries- (abn)	**sangat sejuk**	[saŋat sɛdʒuk]
onder nul (bw)	**di bawah sifar**	[di bavah sifar]
eerste vorst (de)	**fros pertama**	[fros pɛrtama]
rijp (de)	**embun beku**	[ɛmbun bɛku]
koude (de)	**cuaca sejuk**	[tʃuatʃa sɛdʒuk]

het is koud	**sejuk**	[sɛʤuk]
bontjas (de)	**kot bulu**	[kot bulu]
wanten (mv.)	**sarung tangan**	[saruŋ taŋan]
ziek worden (ww)	**jatuh sakit**	[ʤatuh sakit]
verkoudheid (de)	**selesema**	[sɛlsɛma]
verkouden raken (ww)	**demam selesema**	[dɛmam sɛlsɛma]
ijs (het)	**ais**	[ajs]
ijzel (de)	**jalan licin kerana ais**	[ʤalan liʧin krana ajs]
bevriezen (rivier, enz.)	**membeku**	[mɛmbɛku]
ijsschol (de)	**bongkah ais terapung**	[boŋkah ajs tɛrapuŋ]
ski's (mv.)	**ski**	[ski]
skiër (de)	**pemain ski**	[pɛmajn ski]
skiën (ww)	**main ski**	[majn ski]
schaatsen (ww)	**meluncur di atas ais**	[mɛlunʧur di atas ajs]

Fauna

210. Zoogdieren. Roofdieren

roofdier (het)	**pemangsa**	[pɛmaŋsa]
tijger (de)	**harimau**	[harimau]
leeuw (de)	**singa**	[siŋa]
wolf (de)	**serigala**	[srigala]
vos (de)	**rubah**	[rubah]
jaguar (de)	**jaguar**	[ʤaguar]
luipaard (de)	**harimau akar**	[harimau akar]
jachtluipaard (de)	**harimau bintang**	[harimau bintaŋ]
panter (de)	**harimau kumbang**	[harimau kumbaŋ]
poema (de)	**puma**	[puma]
sneeuwluipaard (de)	**harimau bintang salji**	[harimau bintaŋ salʤi]
lynx (de)	**lynx**	[liŋks]
coyote (de)	**koyote**	[kojot]
jakhals (de)	**jakal**	[ʤakal]
hyena (de)	**dubuk**	[dubuk]

211. Wilde dieren

dier (het)	**binatang**	[binataŋ]
beest (het)	**binatang liar**	[binataŋ liar]
eekhoorn (de)	**tupai**	[tupaj]
egel (de)	**landak susu**	[landak susu]
haas (de)	**kelinci**	[kɛlinʧi]
konijn (het)	**arnab**	[arnab]
das (de)	**telugu**	[tɛlugu]
wasbeer (de)	**rakun**	[rakun]
hamster (de)	**hamster**	[hamster]
marmot (de)	**marmot**	[marmot]
mol (de)	**tikus tanah**	[tikus tanah]
muis (de)	**mencit**	[mɛnʧit]
rat (de)	**tikus mondok**	[tikus mondok]
vleermuis (de)	**kelawar**	[kɛlavar]
hermelijn (de)	**ermin**	[ermin]
sabeldier (het)	**sable**	[sable]
marter (de)	**marten**	[marten]
wezel (de)	**wesel**	[vesel]
nerts (de)	**mink**	[miŋk]

bever (de)	**beaver**	[biver]
otter (de)	**memerang**	[mɛmɛraŋ]
paard (het)	**kuda**	[kuda]
eland (de)	**rusa elk**	[rusa elk]
hert (het)	**rusa**	[rusa]
kameel (de)	**unta**	[unta]
bizon (de)	**bison**	[bison]
wisent (de)	**aurochs**	[oroks]
buffel (de)	**kerbau**	[kɛrbau]
zebra (de)	**kuda belang**	[kuda bɛlaŋ]
antilope (de)	**antelop**	[antelop]
ree (de)	**kijang**	[kidʒaŋ]
damhert (het)	**rusa**	[rusa]
gems (de)	**chamois**	[ʃɛmva]
everzwijn (het)	**babi hutan jantan**	[babi hutan dʒantan]
walvis (de)	**ikan paus**	[ikan paus]
rob (de)	**anjing laut**	[andʒiŋ laut]
walrus (de)	**walrus**	[valrus]
zeebeer (de)	**anjing laut berbulu**	[andʒiŋ laut bɛrbulu]
dolfijn (de)	**lumba-lumba**	[lumba lumba]
beer (de)	**beruang**	[bɛruaŋ]
ijsbeer (de)	**beruang kutub**	[bɛruaŋ kutub]
panda (de)	**panda**	[panda]
aap (de)	**monyet**	[monjet]
chimpansee (de)	**cimpanzi**	[ʧimpanzi]
orang-oetan (de)	**orang hutan**	[oraŋ hutan]
gorilla (de)	**gorila**	[gorila]
makaak (de)	**kera**	[kra]
gibbon (de)	**ungka**	[uŋka]
olifant (de)	**gajah**	[gadʒah]
neushoorn (de)	**badak**	[badak]
giraffe (de)	**zirafah**	[zirafah]
nijlpaard (het)	**kuda air**	[kuda air]
kangoeroe (de)	**kanggaru**	[kaŋgaru]
koala (de)	**koala**	[koala]
mangoest (de)	**cerpelai**	[ʧɛrpelaj]
chinchilla (de)	**chinchilla**	[ʧinʧilla]
stinkdier (het)	**skunk**	[skuŋk]
stekelvarken (het)	**landak**	[landak]

212. Huisdieren

poes (de)	**kucing betina**	[kuʧiŋ bɛtina]
kater (de)	**kucing jantan**	[kuʧiŋ dʒantan]
hond (de)	**anjing**	[andʒiŋ]

paard (het)	**kuda**	[kuda]
hengst (de)	**kuda jantan**	[kuda dʒantan]
merrie (de)	**kuda betina**	[kuda bɛtina]
koe (de)	**lembu**	[lɛmbu]
bul, stier (de)	**lembu jantan**	[lɛmbu dʒantan]
os (de)	**lembu jantan**	[lɛmbu dʒantan]
schaap (het)	**kambing biri-biri**	[kambiŋ biri biri]
ram (de)	**biri-biri jantan**	[biri biri dʒantan]
geit (de)	**kambing betina**	[kambiŋ bɛtina]
bok (de)	**kambing jantan**	[kambiŋ dʒantan]
ezel (de)	**keldai**	[kɛldaj]
muilezel (de)	**baghal**	[baɣal]
varken (het)	**babi**	[babi]
biggetje (het)	**anak babi**	[anak babi]
konijn (het)	**arnab**	[arnab]
kip (de)	**ayam**	[ajam]
haan (de)	**ayam jantan**	[ajam dʒantan]
eend (de)	**itik**	[itik]
woerd (de)	**itik jantan**	[itik dʒantan]
gans (de)	**angsa**	[aŋsa]
kalkoen haan (de)	**ayam belanda jantan**	[ajam blanda dʒantan]
kalkoen (de)	**ayam belanda betina**	[ajam blanda bɛtina]
huisdieren (mv.)	**binatang ternakan**	[binataŋ tɛrnakan]
tam (bijv. hamster)	**jinak**	[dʒinak]
temmen (tam maken)	**menjinak**	[mɛndʒinak]
fokken (bijv. paarden ~)	**memelihara**	[mɛmɛlihara]
boerderij (de)	**ladang, estet**	[ladaŋ], [estet]
gevogelte (het)	**ayam-itik**	[ajam itik]
rundvee (het)	**ternakan**	[tɛrnakan]
kudde (de)	**kawanan**	[kavanan]
paardenstal (de)	**kandang kuda**	[kandaŋ kuda]
zwijnenstal (de)	**kandang babi**	[kandaŋ babi]
koeienstal (de)	**kandang lembu**	[kandaŋ lɛmbu]
konijnenhok (het)	**sangkar arnab**	[saŋkar arnab]
kippenhok (het)	**kandang ayam**	[kandaŋ ajam]

213. Honden. Hondenrassen

hond (de)	**anjing**	[andʒiŋ]
herdershond (de)	**anjing gembala**	[andʒiŋ gɛmbala]
Duitse herdershond (de)	**anjing gembala jerman**	[andʒiŋ gɛmbala dʒerman]
poedel (de)	**poodle**	[pudl]
teckel (de)	**dachshund**	[dɛksand]
buldog (de)	**bulldog**	[baldog]

boxer (de)	**anjing boxer**	[andʒiŋ bokser]
mastiff (de)	**mastiff**	[mastif]
rottweiler (de)	**rottweiler**	[rotvajler]
doberman (de)	**Doberman**	[doberman]
basset (de)	**anjing basset**	[andʒiŋ baset]
bobtail (de)	**bobtail**	[bobtejl]
dalmatiër (de)	**Dalmatian**	[dalmatian]
cockerspaniël (de)	**cocker spaniel**	[koker spaniɛl]
Newfoundlander (de)	**Newfoundland**	[njufaundlɛnd]
sint-bernard (de)	**Saint Bernard**	[sejnt bernard]
husky (de)	**Husky**	[haski]
chowchow (de)	**Chow Chow**	[ʧau ʧau]
spits (de)	**spitz**	[spitʦ]
mopshond (de)	**anjing pug**	[andʒiŋ pag]

214. Dierengeluiden

geblaf (het)	**gonggongan**	[goŋgoŋan]
blaffen (ww)	**menggonggong**	[mɛŋgoŋgoŋ]
miauwen (ww)	**mengiau**	[mɛŋiau]
spinnen (katten)	**berdengkur**	[bɛrdɛŋkur]
loeien (ov. een koe)	**menguak**	[mɛŋwak]
brullen (stier)	**mendenguh**	[mɛndeŋuh]
grommen (ov. de honden)	**menggeram**	[mɛŋgɛram]
gehuil (het)	**raungan**	[rauŋan]
huilen (wolf, enz.)	**meraung**	[mɛrauŋ]
janken (ov. een hond)	**melolong**	[mɛloloŋ]
mekkeren (schapen)	**mengembek**	[mɛŋembek]
knorren (varkens)	**mendengkur**	[mɛndeŋkur]
gillen (bijv. varken)	**menjerit**	[mɛndʒɛrit]
kwaken (kikvorsen)	**menguak**	[mɛŋwak]
zoemen (hommel, enz.)	**mendengung**	[mɛndɛŋuŋ]
tjirpen (sprinkhanen)	**mencicit**	[mɛnʧiʧit]

215. Jonge dieren

jong (het)	**anak**	[anak]
poesje (het)	**anak kucing**	[anak kuʧiŋ]
muisje (het)	**anak tikus**	[anak tikus]
puppy (de)	**anak anjing**	[anak andʒiŋ]
jonge haas (de)	**anak kelinci**	[anak kɛlinʧi]
konijntje (het)	**anak arnab**	[anak arnab]
wolfje (het)	**anak serigala**	[anak srigala]
vosje (het)	**anak rubah**	[anak rubah]

beertje (het)	**anak beruang**	[anak bɛruaŋ]
leeuwenjong (het)	**anak singa**	[anak siŋa]
tijgertje (het)	**anak harimau**	[anak harimau]
olifantenjong (het)	**anak gajah**	[anak gadʒah]
biggetje (het)	**anak babi**	[anak babi]
kalf (het)	**anak lembu**	[anak lɛmbu]
geitje (het)	**anak kambing**	[anak kambiŋ]
lam (het)	**anak biri-biri**	[anak biri biri]
reekalf (het)	**anak rusa**	[anak rusa]
jonge kameel (de)	**anak unta**	[anak unta]
slangenjong (het)	**anak ular**	[anak ular]
kikkertje (het)	**anak katak**	[anak katak]
vogeltje (het)	**anak burung**	[anak buruŋ]
kuiken (het)	**anak ayam**	[anak ajam]
eendje (het)	**anak itik**	[anak itik]

216. Vogels

vogel (de)	**burung**	[buruŋ]
duif (de)	**burung merpati**	[buruŋ mɛrpati]
mus (de)	**burung pipit**	[buruŋ pipit]
koolmees (de)	**burung tit**	[buruŋ tit]
ekster (de)	**murai**	[muraj]
raaf (de)	**burung raven**	[buruŋ raven]
kraai (de)	**burung gagak**	[buruŋ gagak]
kauw (de)	**burung jackdaw**	[buruŋ dʒɛkdo]
roek (de)	**burung rook**	[buruŋ ruk]
eend (de)	**itik**	[itik]
gans (de)	**angsa**	[aŋsa]
fazant (de)	**burung kuang**	[buruŋ kuaŋ]
arend (de)	**helang**	[hɛlaŋ]
havik (de)	**burung helang**	[buruŋ hɛlaŋ]
valk (de)	**burung falcon**	[buruŋ falkon]
gier (de)	**hering**	[hɛriŋ]
condor (de)	**kondor**	[kondor]
zwaan (de)	**swan**	[svon]
kraanvogel (de)	**burung jenjang**	[buruŋ dʒɛndʒaŋ]
ooievaar (de)	**burung botak**	[buruŋ botak]
papegaai (de)	**burung nuri**	[buruŋ nuri]
kolibrie (de)	**burung madu**	[buruŋ madu]
pauw (de)	**burung merak**	[buruŋ mɛrak]
struisvogel (de)	**burung unta**	[buruŋ unta]
reiger (de)	**burung pucung**	[buruŋ putʃuŋ]
flamingo (de)	**burung flamingo**	[buruŋ flamiŋo]
pelikaan (de)	**burung undan**	[buruŋ undan]

nachtegaal (de)	**burung merbah**	[buruŋ mɛrbah]
zwaluw (de)	**burung layang-layang**	[buruŋ lajaŋ lajaŋ]
lijster (de)	**burung murai**	[buruŋ muraj]
zanglijster (de)	**burung song thrush**	[buruŋ soŋ traʃ]
merel (de)	**burung hitam**	[buruŋ hitam]
gierzwaluw (de)	**burung walet**	[buruŋ valet]
leeuwerik (de)	**seri ayu**	[sri aju]
kwartel (de)	**burung puyuh**	[buruŋ pujuh]
specht (de)	**burung belatuk**	[buruŋ bɛlatuk]
koekoek (de)	**sewah padang**	[sɛvah padaŋ]
uil (de)	**burung hantu**	[buruŋ hantu]
oehoe (de)	**burung jampok**	[buruŋ ʤampok]
auerhoen (het)	**wood grouse**	[vud graus]
korhoen (het)	**grouse hitam**	[graus hitam]
patrijs (de)	**ayam hutan**	[ajam hutan]
spreeuw (de)	**burung starling**	[buruŋ starliŋ]
kanarie (de)	**burung kenari**	[buruŋ kɛnari]
hazelhoen (het)	**burung hazel grouse**	[buruŋ hazel graus]
vink (de)	**burung chaffinch**	[buruŋ ʧafinʧ]
goudvink (de)	**burung bullfinch**	[buruŋ bulfinʧ]
meeuw (de)	**burung camar**	[buruŋ ʧamar]
albatros (de)	**albatros**	[albatros]
pinguïn (de)	**penguin**	[peŋuin]

217. Vogels. Zingen en geluiden

fluiten, zingen (ww)	**menyanyi**	[mɛnjanji]
schreeuwen (dieren, vogels)	**memanggil**	[mɛmaŋgil]
kraaien (ov. een haan)	**berkokok**	[bɛrkokok]
kukeleku	**kukurukuk**	[kukurukuk]
klokken (hen)	**berketak-ketak**	[bɛrkɛtak kɛtak]
krassen (kraai)	**menggauk**	[mɛŋgauk]
kwaken (eend)	**menguek**	[mɛŋuek]
piepen (kuiken)	**berdecit**	[bɛrdɛʧit]
tjilpen (bijv. een mus)	**berkicau**	[bɛrkiʧau]

218. Vis. Zeedieren

brasem (de)	**ikan bream**	[ikan brim]
karper (de)	**ikan kap**	[ikan kap]
baars (de)	**ikan puyu**	[ikan puju]
meerval (de)	**ikan keli**	[ikan kli]
snoek (de)	**ikan paik**	[ikan pajk]
zalm (de)	**salmon**	[salmon]
steur (de)	**ikan sturgeon**	[ikan sturgeon]

haring (de)	**ikan hering**	[ikan hɛriŋ]
atlantische zalm (de)	**salmon Atlantik**	[salmon atlantik]
makreel (de)	**ikan tenggiri**	[ikan tɛŋgiri]
platvis (de)	**ikan sebelah**	[ikan sɛblah]
snoekbaars (de)	**ikan zander**	[ikan zander]
kabeljauw (de)	**ikan kod**	[ikan kod]
tonijn (de)	**tuna**	[tuna]
forel (de)	**ikan trout**	[ikan trout]
paling (de)	**ikan belut**	[ikan bɛlut]
sidderrog (de)	**ikan pari elektrik**	[ikan pari ɛlektrik]
murene (de)	**ikan moray eel**	[ikan morej il]
piranha (de)	**pirana**	[pirana]
haai (de)	**jerung**	[ʤɛruŋ]
dolfijn (de)	**lumba-lumba**	[lumba lumba]
walvis (de)	**ikan paus**	[ikan paus]
krab (de)	**ketam**	[kɛtam]
kwal (de)	**ubur-ubur**	[ubur ubur]
octopus (de)	**sotong kurita**	[sotoŋ kurita]
zeester (de)	**tapak sulaiman**	[tapak sulajman]
zee-egel (de)	**landak laut**	[landak laut]
zeepaardje (het)	**kuda laut**	[kuda laut]
oester (de)	**tiram**	[tiram]
garnaal (de)	**udang**	[udaŋ]
kreeft (de)	**udang karang**	[udaŋ karaŋ]
langoest (de)	**udang krai**	[udaŋ kraj]

219. Amfibieën. Reptielen

slang (de)	**ular**	[ular]
giftig (slang)	**beracun**	[bɛraʧun]
adder (de)	**ular beludak**	[ular bɛludak]
cobra (de)	**kobra**	[kobra]
python (de)	**ular sawa**	[ular sava]
boa (de)	**ular boa**	[ular boa]
ringslang (de)	**ular cincin emas**	[ular ʧinʧin ɛmas]
ratelslang (de)	**ular orok-orok**	[ular orok orok]
anaconda (de)	**ular anaconda**	[ular anakonda]
hagedis (de)	**cicak**	[ʧiʧak]
leguaan (de)	**iguana**	[iguana]
varaan (de)	**biawak**	[biavak]
salamander (de)	**salamander**	[salamandɛr]
kameleon (de)	**sumpah-sumpah**	[sumpah sumpah]
schorpioen (de)	**kala jengking**	[kala ʤɛŋkiŋ]
schildpad (de)	**kura-kura**	[kura kura]
kikker (de)	**katak**	[katak]

pad (de)	**katak puru**	[katak puru]
krokodil (de)	**buaya**	[buaja]

220. Insecten

insect (het)	**serangga**	[sɛraŋga]
vlinder (de)	**rama-rama**	[rama rama]
mier (de)	**semut**	[sɛmut]
vlieg (de)	**lalat**	[lalat]
mug (de)	**nyamuk**	[njamuk]
kever (de)	**kumbang**	[kumbaŋ]
wesp (de)	**penyengat**	[pɛnjeŋat]
bij (de)	**lebah**	[lɛbah]
hommel (de)	**kumbang**	[kumbaŋ]
horzel (de)	**lalat kerbau**	[lalat kɛrbau]
spin (de)	**labah-labah**	[labah labah]
spinnenweb (het)	**sarang labah-labah**	[saraŋ labah labah]
libel (de)	**pepatung**	[pɛpatuŋ]
sprinkhaan (de)	**belalang**	[bɛlalaŋ]
nachtvlinder (de)	**kupu-kupu**	[kupu kupu]
kakkerlak (de)	**lipas**	[lipas]
teek (de)	**cengkenit**	[ʧɛŋkɛnit]
vlo (de)	**pinjal**	[pinʤal]
kriebelmug (de)	**agas**	[agas]
treksprinkhaan (de)	**belalang juta**	[bɛlalaŋ ʤuta]
slak (de)	**siput**	[siput]
krekel (de)	**cengkerik**	[ʧɛŋkrik]
glimworm (de)	**kelip-kelip**	[klip klip]
lieveheersbeestje (het)	**kumbang kura-Kura**	[kumbaŋ kura kura]
meikever (de)	**kumbang kabai**	[kumbaŋ kabaj]
bloedzuiger (de)	**lintah**	[lintah]
rups (de)	**ulat bulu**	[ulat bulu]
aardworm (de)	**cacing**	[ʧaʧiŋ]
larve (de)	**larva**	[larva]

221. Dieren. Lichaamsdelen

snavel (de)	**paruh**	[paruh]
vleugels (mv.)	**sayap**	[sajap]
poot (ov. een vogel)	**kaki**	[kaki]
verenkleed (het)	**bulu**	[bulu]
veer (de)	**bulu pelepah**	[bulu pɛlɛpah]
kuifje (het)	**jambul**	[ʤambul]
kieuwen (mv.)	**insang**	[insaŋ]
kuit, dril (de)	**telur ikan**	[tɛlur ikan]

larve (de)	**larva**	[larva]
vin (de)	**sirip**	[sirip]
schubben (mv.)	**sisik**	[sisik]
slagtand (de)	**taring**	[tariŋ]
poot (bijv. ~ van een kat)	**kaki**	[kaki]
muil (de)	**muncung**	[munʧuŋ]
bek (mond van dieren)	**mulut**	[mulut]
staart (de)	**ekor**	[ekor]
snorharen (mv.)	**misai**	[misaj]
hoef (de)	**kuku-tapak**	[kuku tapak]
hoorn (de)	**tanduk**	[tanduk]
schild (schildpad, enz.)	**tempurung kura-kura**	[tɛmpuruŋ kura kura]
schelp (de)	**cangkerang**	[ʧaŋkraŋ]
eierschaal (de)	**kulit telur**	[kulit tɛlur]
vacht (de)	**bulu**	[bulu]
huid (de)	**kulit**	[kulit]

222. Acties van de dieren

vliegen (ww)	**terbang**	[tɛrbaŋ]
cirkelen (vogel)	**berkisar**	[bɛrkisar]
wegvliegen (ww)	**terbang**	[tɛrbaŋ]
klapwieken (ww)	**mengibarkan**	[mɛŋibarkan]
pikken (vogels)	**mematuk**	[mɛmatuk]
broeden (de eend zit te ~)	**mengeram**	[mɛŋɛram]
uitbroeden (ww)	**menetas**	[mɛnɛtas]
een nest bouwen	**membuat sarang**	[mɛmbuat saraŋ]
kruipen (ww)	**merangkak**	[mɛraŋkak]
steken (bij)	**menyengat**	[mɛnjeŋat]
bijten (de hond, enz.)	**menggigit**	[mɛŋgigit]
snuffelen (ov. de dieren)	**mencium**	[mɛnʧium]
blaffen (ww)	**menggonggong**	[mɛŋgoŋgoŋ]
sissen (slang)	**berdesir**	[bɛrdɛsir]
doen schrikken (ww)	**menakutkan**	[mɛnakutkan]
aanvallen (ww)	**menyerang**	[mɛnjeraŋ]
knagen (ww)	**menggerogot**	[mɛŋgɛrogot]
schrammen (ww)	**mencakar**	[mɛnʧakar]
zich verbergen (ww)	**menyorok**	[mɛnjorok]
spelen (ww)	**bermain**	[bɛrmajn]
jagen (ww)	**memburu**	[mɛmburu]
winterslapen	**tidur**	[tidur]
uitsterven (dinosauriërs, enz.)	**punah**	[punah]

223. Dieren. Leefomgevingen

leefgebied (het)	**habitat**	[habitat]
migratie (de)	**penghijrahan**	[pɛŋɣidʒrahan]
berg (de)	**gunung**	[gunuŋ]
rif (het)	**terumbu**	[tɛrumbu]
klip (de)	**cenuram**	[ʧɛnuram]
bos (het)	**hutan**	[hutan]
jungle (de)	**rimba**	[rimba]
savanne (de)	**savanna**	[savana]
toendra (de)	**tundra**	[tundra]
steppe (de)	**steppe**	[step]
woestijn (de)	**gurun**	[gurun]
oase (de)	**wahah**	[vahah]
zee (de)	**laut**	[laut]
meer (het)	**tasik**	[tasik]
oceaan (de)	**lautan**	[lautan]
moeras (het)	**bencah**	[bɛnʧah]
zoetwater- (abn)	**air tawar**	[air tavar]
vijver (de)	**kolam**	[kolam]
rivier (de)	**sungai**	[suŋaj]
berenhol (het)	**jerumun**	[dʒɛrumun]
nest (het)	**sarang**	[saraŋ]
boom holte (de)	**lubang pokok**	[lubaŋ pokok]
hol (het)	**lubang dalam tanah**	[lubaŋ dalam tanah]
mierenhoop (de)	**busut semut**	[busut sɛmut]

224. Dierverzorging

dierentuin (de)	**zoo**	[zu]
natuurreservaat (het)	**cagar alam**	[ʧagar alam]
fokkerij (de)	**tapak pembiakan**	[tapak pɛmbiakan]
openluchtkooi (de)	**kandang terbuka**	[kandaŋ tɛrbuka]
kooi (de)	**sangkar**	[saŋkar]
hondenhok (het)	**rumah anjing**	[rumah andʒiŋ]
duiventil (de)	**rumah burung merpati**	[rumah buruŋ mɛrpati]
aquarium (het)	**akuarium**	[akuarium]
dolfinarium (het)	**pentas lumba-lumba**	[pɛntas lumba lumba]
fokken (bijv. honden ~)	**memelihara**	[mɛmɛlihara]
nakomelingen (mv.)	**zuriat**	[zuriat]
temmen (tam maken)	**menjinak**	[mɛndʒinak]
dresseren (ww)	**melatih**	[mɛlatih]
voeding (de)	**makanan ternak**	[makanan tɛrnak]
voederen (ww)	**memberi makan**	[mɛmbri makan]

dierenwinkel (de)	**kedai haiwan**	[kedaj hajvan]
muilkorf (de)	**brangus**	[braŋus]
halsband (de)	**cawak**	[ʧavak]
naam (ov. een dier)	**nama**	[nama]
stamboom (honden met ~)	**pedigri**	[pedigri]

225. Dieren. Diversen

meute (wolven)	**kawanan**	[kavanan]
zwerm (vogels)	**kawanan**	[kavanan]
school (vissen)	**kawanan**	[kavanan]
kudde (wilde paarden)	**kawanan**	[kavanan]
mannetje (het)	**jantan**	[ʤantan]
vrouwtje (het)	**betina**	[bɛtina]
hongerig (bn)	**lapar**	[lapar]
wild (bn)	**liar**	[liar]
gevaarlijk (bn)	**berbahaya**	[bɛrbahaja]

226. Paarden

paard (het)	**kuda**	[kuda]
ras (het)	**baka**	[baka]
veulen (het)	**anak kuda**	[anak kuda]
merrie (de)	**kuda betina**	[kuda bɛtina]
mustang (de)	**mustang**	[mustaŋ]
pony (de)	**kuda padi**	[kuda padi]
koudbloed (de)	**kuda penarik**	[kuda pɛnarik]
manen (mv.)	**surai**	[suraj]
staart (de)	**ekor**	[ekor]
hoef (de)	**kuku-tapak**	[kuku tapak]
hoefijzer (het)	**ladam**	[ladam]
beslaan (ww)	**meladam**	[mɛladam]
paardensmid (de)	**pandai besi**	[pandaj bɛsi]
zadel (het)	**pelana**	[pɛlana]
stijgbeugel (de)	**rakap**	[rakap]
breidel (de)	**kekang**	[kɛkaŋ]
leidsels (mv.)	**tali kendali**	[tali kɛndali]
zweep (de)	**cemeti**	[ʧɛmeti]
ruiter (de)	**penunggang**	[pɛnuŋgaŋ]
zadelen (ww)	**memelanai**	[mɛmɛlanai]
een paard bestijgen	**berpelana**	[bɛrpɛlana]
galop (de)	**derap**	[dɛrap]
galopperen (ww)	**menderap**	[mɛndɛrap]

draf (de)	**meligas**	[mɛligas]
in draf (bw)	**meligas**	[mɛligas]
draven (ww)	**meligas**	[mɛligas]
renpaard (het)	**kuda balap**	[kuda balap]
paardenrace (de)	**balapan**	[balapan]
paardenstal (de)	**kandang kuda**	[kandaŋ kuda]
voederen (ww)	**memberi makan**	[mɛmbri makan]
hooi (het)	**rumput kering**	[rumput kɛriŋ]
water geven (ww)	**memberi minum**	[mɛmbri minum]
wassen (paard ~)	**membersihkan**	[mɛmbɛrsihkan]
paardenkar (de)	**pedati kuda**	[pɛdati kuda]
grazen (gras eten)	**bergembala**	[bɛrgɛmbala]
hinniken (ww)	**meringkuk**	[mɛriŋkuk]
een trap geven	**menendang**	[mɛnɛndaŋ]

Flora

227. Bomen

boom (de)	**pokok**	[pokok]
loof- (abn)	**daun luruh**	[daun luruh]
dennen- (abn)	**konifer**	[konifer]
groenblijvend (bn)	**malar hijau**	[malar hidʒau]
appelboom (de)	**pokok epal**	[pokok epal]
perenboom (de)	**pokok pear**	[pokok pɛar]
zoete kers (de)	**pokok ceri manis**	[pokok ʧeri manis]
zure kers (de)	**pokok ceri**	[pokok ʧeri]
pruimelaar (de)	**pokok plam**	[pokok plam]
berk (de)	**pokok birch**	[pokok 'bøʧ]
eik (de)	**oak**	[ouk]
linde (de)	**pokok linden**	[pokok linden]
esp (de)	**pokok aspen**	[pokok aspen]
esdoorn (de)	**pokok mapel**	[pokok mapel]
spar (de)	**pokok fir**	[pokok fir]
den (de)	**pokok pain**	[pokok pajn]
lariks (de)	**pokok larch**	[pokok larʧ]
zilverspar (de)	**fir**	[fir]
ceder (de)	**pokok cedar**	[pokok sidɛr]
populier (de)	**pokok poplar**	[pokok poplar]
lijsterbes (de)	**pokok rowan**	[pokok rovan]
wilg (de)	**pokok willow**	[pokok villou]
els (de)	**pokok alder**	[pokok alder]
beuk (de)	**pokok bic**	[pokok biʧ]
iep (de)	**pokok elm**	[pokok ɛlm]
es (de)	**pokok abu**	[pokok abu]
kastanje (de)	**berangan**	[bɛraŋan]
magnolia (de)	**magnolia**	[magnolia]
palm (de)	**palma**	[palma]
cipres (de)	**pokok cipres**	[pokok ʧipres]
mangrove (de)	**bakau**	[bakau]
baobab (apenbroodboom)	**baobab**	[baobab]
eucalyptus (de)	**eukaliptus**	[ɛukaliptus]
mammoetboom (de)	**sequoia**	[sekuoja]

228. Heesters

struik (de)	**pokok**	[pokok]
heester (de)	**pokok renek**	[pokok renek]

wijnstok (de)	**pokok anggur**	[pokok aŋgur]
wijngaard (de)	**kebun anggur**	[qbun aŋgur]
frambozenstruik (de)	**pokok raspberi**	[pokok rasberi]
zwarte bes (de)	**pokok beri hitam**	[pokok kismis hitam]
rode bessenstruik (de)	**pokok kismis merah**	[pokok kismis merah]
kruisbessenstruik (de)	**pokok gusberi**	[pokok gusberi]
acacia (de)	**pokok akasia**	[pokok akasia]
zuurbes (de)	**pokok barberi**	[pokok barberi]
jasmijn (de)	**melati**	[m'lati]
jeneverbes (de)	**pokok juniper**	[pokok dʒuniper]
rozenstruik (de)	**pokok mawar**	[pokok mavar]
hondsroos (de)	**brayer**	[brajer]

229. Champignons

paddenstoel (de)	**cendawan**	[ʧɛndavan]
eetbare paddenstoel (de)	**cendawan yang boleh dimakan**	[ʧɛndavan jaŋ bole dimakan]
giftige paddenstoel (de)	**cendawan yang beracun**	[ʧɛndavan jaŋ bɛraʧun]
hoed (de)	**kepala**	[kɛpala]
steel (de)	**batang**	[bataŋ]
eekhoorntjesbrood (het)	**boletus**	[boletus]
rosse populierboleet (de)	**cendawan topi jingga**	[ʧɛndavan topi dʒiŋga]
berkenboleet (de)	**cendawan boletus birc**	[ʧɛndavan boletus birʧ]
cantharel (de)	**cendawan chanterelle**	[ʧɛndavan ʧɛnterel]
russula (de)	**cendawan rusula**	[ʧɛndavan rusula]
morielje (de)	**cendawan morel**	[ʧɛndavan morel]
vliegenzwam (de)	**cendawan Amanita muscaria**	[ʧɛndavan amanita muskaria]
groene knolamaniet (de)	**cendawan kep kematian**	[ʧɛndavan kep kɛmatian]

230. Vruchten. Bessen

vrucht (de)	**buah**	[buah]
vruchten (mv.)	**buah-buahan**	[buah buahan]
appel (de)	**epal**	[epal]
peer (de)	**buah pear**	[buah pear]
pruim (de)	**plam**	[plam]
aardbei (de)	**strawberi**	[stroberi]
zure kers (de)	**buah ceri**	[buah ʧeri]
zoete kers (de)	**ceri manis**	[ʧeri manis]
druif (de)	**anggur**	[aŋgur]
framboos (de)	**raspberi**	[rasberi]
zwarte bes (de)	**beri hitam**	[beri hitam]

rode bes (de)	**buah kismis merah**	[buah kismis merah]
kruisbes (de)	**buah gusberi**	[buah gusberi]
veenbes (de)	**kranberi**	[kranberi]
sinaasappel (de)	**jeruk manis**	[dʒeruk manis]
mandarijn (de)	**limau mandarin**	[limau mandarin]
ananas (de)	**nanas**	[nanas]
banaan (de)	**pisang**	[pisaŋ]
dadel (de)	**buah kurma**	[buah kurma]
citroen (de)	**lemon**	[lemon]
abrikoos (de)	**aprikot**	[aprikot]
perzik (de)	**pic**	[pitʃ]
kiwi (de)	**kiwi**	[kivi]
grapefruit (de)	**limau gedang**	[limau gɛdaŋ]
bes (de)	**buah beri**	[buah beri]
bessen (mv.)	**buah-buah beri**	[buah buah beri]
vossenbes (de)	**cowberry**	[kauberi]
bosaardbei (de)	**strawberi**	[stroberi]
blauwe bosbes (de)	**buah bilberi**	[buah bilberi]

231. Bloemen. Planten

bloem (de)	**bunga**	[buŋa]
boeket (het)	**jambak bunga**	[dʒambak buŋa]
roos (de)	**mawar**	[mavar]
tulp (de)	**tulip**	[tulip]
anjer (de)	**bunga teluki**	[buŋa tɛluki]
gladiool (de)	**bunga gladiola**	[buŋa gladiola]
korenbloem (de)	**bunga butang**	[buŋa butaŋ]
klokje (het)	**bunga loceng**	[buŋa lotʃɛŋ]
paardenbloem (de)	**dandelion**	[dandelion]
kamille (de)	**bunga camomile**	[buŋa kɛmomajl]
aloë (de)	**lidah buaya**	[lidah buaja]
cactus (de)	**kaktus**	[kaktus]
ficus (de)	**pokok ara**	[pokok ara]
lelie (de)	**bunga lili**	[buŋa lili]
geranium (de)	**geranium**	[geranium]
hyacint (de)	**bunga lembayung**	[buŋa lɛmbajuŋ]
mimosa (de)	**bunga semalu**	[buŋa sɛmalu]
narcis (de)	**bunga narsisus**	[buŋa narsisus]
Oost-Indische kers (de)	**bunga nasturtium**	[buŋa nasturtium]
orchidee (de)	**anggerik, okid**	[aŋgrik], [okid]
pioenroos (de)	**bunga peony**	[buŋa peoni]
viooltje (het)	**bunga violet**	[buŋa violet]
driekleurig viooltje (het)	**bunga pansy**	[buŋa pɛnsi]
vergeet-mij-nietje (het)	**bunga jangan lupakan daku**	[buŋa dʒaŋan lupakan daku]

madeliefje (het)	**bunga daisi**	[buŋa dajsi]
papaver (de)	**bunga popi**	[buŋa popi]
hennep (de)	**hem**	[hem]
munt (de)	**mint**	[mint]
lelietje-van-dalen (het)	**lili lembah**	[lili lɛmbah]
sneeuwklokje (het)	**bunga titisan salji**	[buŋa titisan salʤi]
brandnetel (de)	**netel**	[netel]
veldzuring (de)	**sorrel**	[sorel]
waterlelie (de)	**bunga telepok**	[buŋa tɛlepok]
varen (de)	**paku-pakis**	[paku pakis]
korstmos (het)	**liken**	[liken]
oranjerie (de)	**rumah hijau**	[rumah hiʤau]
gazon (het)	**lon**	[lon]
bloemperk (het)	**batas bunga**	[batas buŋa]
plant (de)	**tumbuhan**	[tumbuhan]
gras (het)	**rumput**	[rumput]
grasspriet (de)	**sehelai rumput**	[sɛhelaj rumput]
blad (het)	**daun**	[daun]
bloemblad (het)	**kelopak**	[kɛlopak]
stengel (de)	**batang**	[bataŋ]
knol (de)	**ubi**	[ubi]
scheut (de)	**tunas**	[tunas]
doorn (de)	**duri**	[duri]
bloeien (ww)	**berbunga**	[bɛrbuŋa]
verwelken (ww)	**layu**	[laju]
geur (de)	**bau**	[bau]
snijden (bijv. bloemen ~)	**memotong**	[mɛmotoŋ]
plukken (bloemen ~)	**memetik**	[mɛmɛtik]

232. Granen, graankorrels

graan (het)	**biji-bijian**	[biʤi biʤian]
graangewassen (mv.)	**padi-padian**	[padi padian]
aar (de)	**bulir**	[bulir]
tarwe (de)	**gandum**	[gandum]
rogge (de)	**rai**	[raj]
haver (de)	**oat**	[oat]
gierst (de)	**sekoi**	[sɛkoj]
gerst (de)	**barli**	[barli]
maïs (de)	**jagung**	[ʤaguŋ]
rijst (de)	**beras**	[bras]
boekweit (de)	**bakwit**	[bakvit]
erwt (de)	**kacang sepat**	[katʃaŋ sɛpat]
nierboon (de)	**kacang buncis**	[katʃaŋ buntʃis]

soja (de)	**kacang soya**	[katʃaŋ soja]
linze (de)	**kacang lentil**	[katʃaŋ lentil]
bonen (mv.)	**kacang**	[katʃaŋ]

233. Groenten. Groene groenten

groenten (mv.)	**sayuran**	[sajuran]
verse kruiden (mv.)	**ulam-ulaman**	[ulam ulaman]
tomaat (de)	**tomato**	[tomato]
augurk (de)	**timun**	[timun]
wortel (de)	**lobak merah**	[lobak merah]
aardappel (de)	**kentang**	[kɛntaŋ]
ui (de)	**bawang**	[bavaŋ]
knoflook (de)	**bawang putih**	[bavaŋ putih]
kool (de)	**kubis**	[kubis]
bloemkool (de)	**bunga kubis**	[buŋa kubis]
spruitkool (de)	**kubis Brussels**	[kubis brasels]
broccoli (de)	**broccoli**	[brokoli]
rode biet (de)	**rut bit**	[rut bit]
aubergine (de)	**terung**	[tɛruŋ]
courgette (de)	**labu kuning**	[labu kuniŋ]
pompoen (de)	**labu**	[labu]
knolraap (de)	**turnip**	[turnip]
peterselie (de)	**parsli**	[parsli]
dille (de)	**jintan hitam**	[dʒintan hitam]
sla (de)	**pokok salad**	[pokok salad]
selderij (de)	**saderi**	[sadɛri]
asperge (de)	**asparagus**	[asparagus]
spinazie (de)	**bayam**	[bajam]
erwt (de)	**kacang cepat**	[katʃaŋ sɛpat]
bonen (mv.)	**kacang**	[katʃaŋ]
maïs (de)	**jagung**	[dʒaguŋ]
nierboon (de)	**kacang buncis**	[katʃaŋ buntʃis]
peper (de)	**lada**	[lada]
radijs (de)	**lobak**	[lobak]
artisjok (de)	**articok**	[artitʃok]

REGIONALE AARDRIJKSKUNDE

Landen. Nationaliteiten

234. West-Europa

Europa (het)	**Eropah**	[eropa]
Europese Unie (de)	**Kesatuan Eropah**	[kesatuan eropa]
Europeaan (de)	**orang Eropah**	[oraŋuɛropa]
Europees (bn)	**Eropah**	[eropa]
Oostenrijk (het)	**Austria**	[ostria]
Oostenrijker (de)	**lelaki Austria**	[lɛlaki ostria]
Oostenrijkse (de)	**perempuan Austria**	[pɛrɛmpuan ostria]
Oostenrijks (bn)	**Austria**	[ostria]
Groot-Brittannië (het)	**Great Britain**	[grejt britɛn]
Engeland (het)	**Inggeris**	[iŋgris]
Engelsman (de)	**lelaki Inggeris**	[lɛlaki iŋgris]
Engelse (de)	**perempuan Inggeris**	[pɛrɛmpuan iŋgris]
Engels (bn)	**Inggeris**	[iŋgris]
België (het)	**Belgium**	[belʤem]
Belg (de)	**lelaki Belgium**	[lɛlaki belʤem]
Belgische (de)	**perempuan Belgium**	[pɛrɛmpuan belʤem]
Belgisch (bn)	**Belgium**	[belʤem]
Duitsland (het)	**Jerman**	[ʤerman]
Duitser (de)	**lelaki Jerman**	[lɛlaki ʤerman]
Duitse (de)	**perempuan Jerman**	[pɛrɛmpuan ʤerman]
Duits (bn)	**Jerman**	[ʤerman]
Nederland (het)	**Belanda**	[blanda]
Holland (het)	**Belanda**	[blanda]
Nederlander (de)	**lelaki Belanda**	[lɛlaki blanda]
Nederlandse (de)	**perempuan Belanda**	[pɛrɛmpuan blanda]
Nederlands (bn)	**Belanda**	[blanda]
Griekenland (het)	**Greece**	[gris]
Griek (de)	**lelaki Greece**	[lɛlaki gris]
Griekse (de)	**perempuan Greece**	[pɛrɛmpuan gris]
Grieks (bn)	**Greece**	[gris]
Denemarken (het)	**Denmark**	[denmark]
Deen (de)	**lelali Denmark**	[lɛlali denmark]
Deense (de)	**perempuan Denmark**	[pɛrɛmpuan denmark]
Deens (bn)	**Denmark**	[denmark]
Ierland (het)	**Ireland**	[ajɛlɛnd]
Ier (de)	**lelaki Ireland**	[lɛlaki ajɛlɛnd]

Ierse (de)	**perempuan Ireland**	[pɛrɛmpuan ajɛlɛnd]
Iers (bn)	**Ireland**	[ajɛlɛnd]
IJsland (het)	**Iceland**	[ajslɛnd]
IJslander (de)	**lelaki Iceland**	[lɛlaki ajslɛnd]
IJslandse (de)	**perempuan Iceland**	[pɛrɛmpuan ajslɛnd]
IJslands (bn)	**Iceland**	[ajslɛnd]
Spanje (het)	**Sepanyol**	[spanjol]
Spanjaard (de)	**lelaki Sepanyol**	[lɛlaki spanjol]
Spaanse (de)	**perempuan Sepanyol**	[pɛrɛmpuan spanjol]
Spaans (bn)	**Sepanyol**	[spanjol]
Italië (het)	**Itali**	[itali]
Italiaan (de)	**lelaki Itali**	[lɛlaki itali]
Italiaanse (de)	**perempuan Itali**	[pɛrɛmpuan itali]
Italiaans (bn)	**Itali**	[itali]
Cyprus (het)	**Cyprus**	[sajprɛs]
Cyprioot (de)	**lelaki Cyprus**	[lɛlaki sajprɛs]
Cypriotische (de)	**perempuan Cyprus**	[pɛrɛmpuan sajprɛs]
Cypriotisch (bn)	**Cyprus**	[sajprɛs]
Malta (het)	**Malta**	[malta]
Maltees (de)	**lelaki Malta**	[lɛlaki malta]
Maltese (de)	**perempuan Malta**	[pɛrɛmpuan malta]
Maltees (bn)	**Malta**	[malta]
Noorwegen (het)	**Norway**	[norvej]
Noor (de)	**lelaki Norway**	[lɛlaki norvej]
Noorse (de)	**perempuan Norway**	[pɛrɛmpuan norvej]
Noors (bn)	**Norway**	[norvej]
Portugal (het)	**Portugal**	[portugal]
Portugees (de)	**lelaki Portugis**	[lɛlaki portugis]
Portugese (de)	**perempuan Portugis**	[pɛrɛmpuan portugis]
Portugees (bn)	**Portugis**	[portugis]
Finland (het)	**Finland**	[finlɛnd]
Fin (de)	**lelaki Finland**	[lɛlaki finlɛnd]
Finse (de)	**perempuan Finland**	[pɛrɛmpuan finlɛnd]
Fins (bn)	**Finland**	[finlɛnd]
Frankrijk (het)	**Perancis**	[prantʃis]
Fransman (de)	**lelaki Perancis**	[lɛlaki prantʃis]
Française (de)	**perempuan Perancis**	[pɛrɛmpuan prantʃis]
Frans (bn)	**Perancis**	[prantʃis]
Zweden (het)	**Sweden**	[svidɛn]
Zweed (de)	**lelaki Sweden**	[lɛlaki svidɛn]
Zweedse (de)	**perempuan Sweden**	[pɛrɛmpuan svidɛn]
Zweeds (bn)	**Sweden**	[svidɛn]
Zwitserland (het)	**Switzerland**	[svizelɛnd]
Zwitser (de)	**lelaki Switzerland**	[lɛlaki svizelɛnd]
Zwitserse (de)	**perempuan Switzerland**	[pɛrɛmpuan svizelɛnd]

Zwitsers (bn)	**Switzerland**	[svizelɛnd]
Schotland (het)	**Scotland**	[skotlɛnd]
Schot (de)	**lelaki Scotland**	[lɛlaki skotlɛnd]
Schotse (de)	**perempuan Scotland**	[pɛrɛmpuan skotlɛnd]
Schots (bn)	**Scotland**	[skotlɛnd]
Vaticaanstad (de)	**Vatican**	[vɛtiken]
Liechtenstein (het)	**Liechtenstein**	[lihtenstajn]
Luxemburg (het)	**Luxembourg**	[laksemburg]
Monaco (het)	**Monaco**	[monekou]

235. Centraal- en Oost-Europa

Albanië (het)	**Albania**	[albania]
Albanees (de)	**lelaki Albania**	[lɛlaki albania]
Albanese (de)	**perempuan Albania**	[pɛrɛmpuan albania]
Albanees (bn)	**Albania**	[albania]
Bulgarije (het)	**Bulgaria**	[bulgaria]
Bulgaar (de)	**lelaki Bulgaria**	[lɛlaki bulgaria]
Bulgaarse (de)	**perempuan Bulgaria**	[pɛrɛmpuan bulgaria]
Bulgaars (bn)	**Bulgaria**	[bulgaria]
Hongarije (het)	**Hungary**	[haŋɛri]
Hongaar (de)	**lelaki Hungary**	[lɛlaki haŋɛri]
Hongaarse (de)	**perempuan Hungary**	[pɛrɛmpuan haŋɛri]
Hongaars (bn)	**Hungary**	[haŋɛri]
Letland (het)	**Latvia**	[latvia]
Let (de)	**lelaki Latvia**	[lɛlaki latvia]
Letse (de)	**perempuan Latvia**	[pɛrɛmpuan latvia]
Lets (bn)	**Latvia**	[latvia]
Litouwen (het)	**Lithuania**	[lituania]
Litouwer (de)	**lelaki Lithuania**	[lɛlaki lituania]
Litouwse (de)	**perempuan Lithuania**	[pɛrɛmpuan lituania]
Litouws (bn)	**Lithuania**	[lituania]
Polen (het)	**Poland**	[polɛnd]
Pool (de)	**lelaki Poland**	[lɛlaki polɛnd]
Poolse (de)	**perempuan Poland**	[pɛrɛmpuan polɛnd]
Pools (bn)	**Poland**	[polɛnd]
Roemenië (het)	**Romania**	[romania]
Roemeen (de)	**lelaki Romania**	[lɛlaki romania]
Roemeense (de)	**perempuan Romania**	[pɛrɛmpuan romania]
Roemeens (bn)	**Romania**	[romania]
Servië (het)	**Serbia**	[serbia]
Serviër (de)	**lelaki Serbia**	[lɛlaki serbia]
Servische (de)	**perempuan Serbia**	[pɛrɛmpuan serbia]
Servisch (bn)	**Serbia**	[serbia]
Slowakije (het)	**Slovakia**	[slovakia]
Slowaak (de)	**lelaki Slovakia**	[lɛlaki slovakia]

Slowaakse (de)	**perempuan Slovakia**	[perempuan slovakia]
Slowaakse (bn)	**Slovakia**	[slovakia]
Kroatië (het)	**Croatia**	[krouɛʃʃa]
Kroaat (de)	**lelaki Croatia**	[lɛlaki krouɛʃʃa]
Kroatische (de)	**perempuan Croatia**	[pɛrɛmpuan krouɛʃʃa]
Kroatisch (bn)	**Croatia**	[krouɛʃʃa]
Tsjechië (het)	**Republik Czech**	[republik ʧeh]
Tsjech (de)	**lelaki Czech**	[lɛlaki ʧeh]
Tsjechische (de)	**perempuan Czech**	[pɛrɛmpuan ʧeh]
Tsjechisch (bn)	**Czech**	[ʧeh]
Estland (het)	**Estonia**	[estonia]
Est (de)	**lelaki Estonia**	[lɛlaki estonia]
Estse (de)	**perempuan Estonia**	[pɛrɛmpuan estonia]
Ests (bn)	**Estonia**	[estonia]
Bosnië en Herzegovina (het)	**Bosnia-Herzegovina**	[bosnia hɛʦsigovina]
Macedonië (het)	**Macedonia**	[masedonia]
Slovenië (het)	**Slovenia**	[slovenia]
Montenegro (het)	**Montenegro**	[montenegro]

236. Voormalige USSR landen

Azerbeidzjan (het)	**Azerbaijan**	[azerbajʤan]
Azerbeidzjaan (de)	**lelaki Azerbaijan**	[lɛlaki azerbajʤan]
Azerbeidjaanse (de)	**perempuan Azerbaijan**	[pɛrɛmpuan azerbajʤan]
Azerbeidjaans (bn)	**Azerbaijan**	[azerbajʤan]
Armenië (het)	**Armenia**	[armenia]
Armeen (de)	**lelaki Armenia**	[lɛlaki armenia]
Armeense (de)	**perempuan Armenia**	[pɛrempuan armenia]
Armeens (bn)	**Armenia**	[armenia]
Wit-Rusland (het)	**Belarus**	[belarus]
Wit-Rus (de)	**lelaki Belarus**	[lɛlaki belarus]
Wit-Russische (de)	**perempuan Belarus**	[pɛrɛmpuan belarus]
Wit-Russisch (bn)	**Belarus**	[belarus]
Georgië (het)	**Georgia**	[ʤoʤia]
Georgiër (de)	**lelaki Georgia**	[lɛlaki ʤoʤia]
Georgische (de)	**perempuan Georgia**	[pɛrɛmpuan ʤoʤia]
Georgisch (bn)	**Georgia**	[ʤoʤia]
Kazakstan (het)	**Kazakhstan**	[kazahstan]
Kazak (de)	**lelaki Kazakh**	[lɛlaki kazah]
Kazakse (de)	**perempuan Kazakh**	[pɛrɛmpuan kazah]
Kazakse (bn)	**Kazakh**	[kazah]
Kirgizië (het)	**Kirgizia**	[kirgizia]
Kirgiziër (de)	**lelaki Kirghiz**	[lɛlaki kiryiz]
Kirgizische (de)	**perempuan Kirghiz**	[pɛrɛmpuan kiryiz]
Kirgizische (bn)	**Kirghiz**	[kiryiz]

Moldavië (het)	**Moldavia**	[moldavija]
Moldaviër (de)	**lelaki Moldavia**	[lɛlaki moldavija]
Moldavische (de)	**perempuan Moldavia**	[pɛrɛmpuan moldavija]
Moldavisch (bn)	**Moldavia**	[moldavija]
Rusland (het)	**Rusia**	[rusia]
Rus (de)	**lelaki Rusia**	[lɛlaki rusia]
Russin (de)	**perempuan Rusia**	[pɛrɛmpuan rusia]
Russisch (bn)	**Rusia**	[rusia]
Tadzjikistan (het)	**Tajikistan**	[tadʒikistan]
Tadzjiek (de)	**lelaki Tajik**	[lɛlaki tadʒik]
Tadzjiekse (de)	**perempuan Tajik**	[pɛrɛmpuan tadʒik]
Tadzjieks (bn)	**Tajik**	[tadʒik]
Turkmenistan (het)	**Turkmenistan**	[turkmenistan]
Turkmeen (de)	**lelaki Turkmen**	[lɛlaki turkmen]
Turkmeense (de)	**perempuan Turkmen**	[pɛrɛmpuan turkmen]
Turkmeens (bn)	**Turkmen**	[turkmen]
Oezbekistan (het)	**Uzbekistan**	[uzbekistan]
Oezbeek (de)	**lelaki Uzbek**	[lɛlaki uzbek]
Oezbeekse (de)	**perempuan Uzbek**	[pɛrɛmpuan uzbek]
Oezbeeks (bn)	**Uzbek**	[uzbek]
Oekraïne (het)	**Ukraine**	[jukrejn]
Oekraïner (de)	**lelaki Ukraine**	[lɛlaki jukrejn]
Oekraïense (de)	**perempuan Ukraine**	[pɛrɛmpuan jukrejn]
Oekraïens (bn)	**Ukraine**	[jukrejn]

237. Azië

Azië (het)	**Asia**	[asia]
Aziatisch (bn)	**Asia**	[asia]
Vietnam (het)	**Vietnam**	[vjetnam]
Vietnamees (de)	**lelaki Vietnam**	[lɛlaki vjetnam]
Vietnamese (de)	**perempuan Vietnam**	[pɛrɛmpuan vjetnam]
Vietnamees (bn)	**Vietnam**	[vjetnam]
India (het)	**India**	[india]
Indiër (de)	**lelaki India**	[lɛlaki india]
Indische (de)	**perempuan India**	[pɛrɛmpuan india]
Indisch (bn)	**India**	[india]
Israël (het)	**Israel**	[izrael]
Israëliër (de)	**lelaki Israel**	[lɛlaki izrael]
Israëlische (de)	**perempuan Israel**	[pɛrɛmpuan izrael]
Israëlisch (bn)	**Israel**	[izrael]
Jood (etniciteit)	**lelaki Yahudi**	[lɛlaki jahudi]
Jodin (de)	**perempuan Yahudi**	[pɛrɛmpuan jahudi]
Joods (bn)	**Yahudi**	[jahudi]
China (het)	**China**	[ʧina]

Chinees (de)	**lelaki China**	[lɛlaki ʧina]
Chinese (de)	**perempuan China**	[pɛrempuan ʧina]
Chinees (bn)	**China**	[ʧina]
Koreaan (de)	**lelaki Korea**	[lɛlaki korea]
Koreaanse (de)	**perempuan Korea**	[pɛrɛmpuan korea]
Koreaans (bn)	**Korea**	[korea]
Libanon (het)	**Lubnan**	[lubnan]
Libanees (de)	**lelaki Lubnan**	[lɛlaki lubnan]
Libanese (de)	**perempuan Lubnan**	[pɛrɛmpuan lubnan]
Libanees (bn)	**Lubnan**	[lubnan]
Mongolië (het)	**Mongolia**	[moŋolia]
Mongool (de)	**lelaki Mongolia**	[lɛlaki moŋolia]
Mongoolse (de)	**perempuan Mongolia**	[pɛrɛmpuan moŋolia]
Mongools (bn)	**Mongolia**	[moŋolia]
Maleisië (het)	**Malaysia**	[malajsia]
Maleisiër (de)	**lelaki Melayu**	[lɛlaki mɛlaju]
Maleisische (de)	**perempuan Melayu**	[pɛrɛmpuan mɛlaju]
Maleisisch (bn)	**Melayu**	[melaju]
Pakistan (het)	**Pakistan**	[pakistan]
Pakistaan (de)	**lelaki Pakistan**	[lɛlaki pakistan]
Pakistaanse (de)	**perempuan Pakistan**	[pɛrɛmpuan pakistan]
Pakistaans (bn)	**Pakistan**	[pakistan]
Saoedi-Arabië (het)	**Saudi Arabia**	[saudi arabia]
Arabier (de)	**lelaki Arab**	[lɛlaki arab]
Arabische (de)	**perempuan Arab**	[pɛrɛmpuan arab]
Arabisch (bn)	**Arab**	[arab]
Thailand (het)	**Thailand**	[tailand]
Thai (de)	**lelaki Thai**	[lɛlaki tai]
Thaise (de)	**perempuan Thai**	[pɛrɛmpuan tai]
Thai (bn)	**Thai**	[tai]
Taiwan (het)	**Taiwan**	[tajvan]
Taiwanees (de)	**lelaki Taiwan**	[lɛlaki tajvan]
Taiwanese (de)	**perempuan Taiwan**	[pɛrɛmpuan tajvan]
Taiwanees (bn)	**Taiwan**	[tajvan]
Turkije (het)	**Turki**	[turki]
Turk (de)	**lelaki Turki**	[lɛlaki turki]
Turkse (de)	**perempuan Turki**	[pɛrɛmpuan turki]
Turks (bn)	**Turki**	[turki]
Japan (het)	**Jepun**	[ʤepun]
Japanner (de)	**lelaki Jepun**	[lɛlaki ʤepun]
Japanse (de)	**perempuan Jepun**	[pɛrɛmpuan ʤepun]
Japans (bn)	**Jepun**	[ʤepun]
Afghanistan (het)	**Afghanistan**	[afɣanistan]
Bangladesh (het)	**Bangladesh**	[baŋladeʃ]
Indonesië (het)	**Indonesia**	[indonesia]

Jordanië (het)	**Jordan**	[dʒodɛn]
Irak (het)	**Iraq**	[irak]
Iran (het)	**Iran**	[iran]
Cambodja (het)	**Kemboja**	[kembodʒa]
Koeweit (het)	**Kuwait**	[kuvejt]
Laos (het)	**Laos**	[laos]
Myanmar (het)	**Myanmar**	[mjanmar]
Nepal (het)	**Nepal**	[nepal]
Verenigde Arabische Emiraten	**Emiriah Arab Bersatu**	[ɛmiria arab bɛrsatu]
Syrië (het)	**Syria**	[siria]
Palestijnse autonomie (de)	**Palestine**	[palestin]
Zuid-Korea (het)	**Korea Selatan**	[korea sɛlatan]
Noord-Korea (het)	**Korea Utara**	[korea utara]

238. Noord-Amerika

Verenigde Staten van Amerika	**Amerika Syarikat**	[amerika ɕarikat]
Amerikaan (de)	**lelaki Amerika**	[lɛlaki amerika]
Amerikaanse (de)	**perempuan Amerika**	[pɛrempuan amerika]
Amerikaans (bn)	**Amerika**	[amerika]
Canada (het)	**Kanada**	[kanada]
Canadees (de)	**lelaki Kanada**	[lɛlaki kanada]
Canadese (de)	**perempuan Kanada**	[pɛrɛmpuan kanada]
Canadees (bn)	**Kanada**	[kanada]
Mexico (het)	**Mexico**	[meksiko]
Mexicaan (de)	**lelaki Mexico**	[lɛlaki meksiko]
Mexicaanse (de)	**perempuan Mexico**	[pɛrɛmpuan meksiko]
Mexicaans (bn)	**Mexico**	[meksiko]

239. Midden- en Zuid-Amerika

Argentinië (het)	**Argentina**	[argentina]
Argentijn (de)	**lelaki Argentina**	[lɛlaki argentina]
Argentijnse (de)	**perempuan Argentina**	[pɛrɛmpuan argentina]
Argentijns (bn)	**Argentina**	[argentina]
Brazilië (het)	**Brazil**	[brazil]
Braziliaan (de)	**lelaki Brazil**	[lɛlaki brazil]
Braziliaanse (de)	**perempuan Brazil**	[pɛrɛmpuan brazil]
Braziliaans (bn)	**Brazil**	[brazil]
Colombia (het)	**Colombia**	[kolombia]
Colombiaan (de)	**lelaki Colombia**	[lɛlaki kolombia]
Colombiaanse (de)	**perempuan Colombia**	[pɛrɛmpuan kolombia]
Colombiaans (bn)	**Colombia**	[kolombia]
Cuba (het)	**Cuba**	[kjuba]

Cubaan (de)	**lelaki Cuba**	[lɛlaki kjuba]
Cubaanse (de)	**perempuan Cuba**	[pɛrɛmpuan kjuba]
Cubaans (bn)	**Cuba**	[kjuba]
Chili (het)	**Chile**	[ʧili]
Chileen (de)	**lelaki Chile**	[lɛlaki ʧili]
Chileense (de)	**perempuan Chile**	[pɛrɛmpuan ʧili]
Chileens (bn)	**Chile**	[ʧili]
Bolivia (het)	**Bolivia**	[bolivia]
Venezuela (het)	**Venezuela**	[venezuela]
Paraguay (het)	**Paraguay**	[paraguaj]
Peru (het)	**Peru**	[peru]
Suriname (het)	**Suriname**	[surinam]
Uruguay (het)	**Uruguay**	[uruguaj]
Ecuador (het)	**Ecuador**	[ɛkuador]
Bahama's (mv.)	**Kepulauan Bahamas**	[kɛpulawan bahamas]
Haïti (het)	**Haiti**	[hejiti]
Dominicaanse Republiek (de)	**Republik Dominika**	[republik dominika]
Panama (het)	**Panama**	[panama]
Jamaica (het)	**Jamaica**	[ʤamajka]

240. Afrika

Egypte (het)	**Mesir**	[mɛsir]
Egyptenaar (de)	**lelaki Mesir**	[lɛlaki mɛsir]
Egyptische (de)	**perempuan Mesir**	[pɛrɛmpuan mɛsir]
Egyptisch (bn)	**Mesir**	[mɛsir]
Marokko (het)	**Maghribi**	[maɣribi]
Marokkaan (de)	**lelaki Maghribi**	[lɛlaki maɣribi]
Marokkaanse (de)	**perempuan Maghribi**	[pɛrɛmpuan maɣribi]
Marokkaans (bn)	**Maghribi**	[maɣribi]
Tunesië (het)	**Tunisia**	[tunisia]
Tunesiër (de)	**lelaki Tunisia**	[lɛlaki tunisia]
Tunesische (de)	**perempuan Tunisia**	[pɛrɛmpuan tunisia]
Tunesisch (bn)	**Tunisia**	[tunisia]
Ghana (het)	**Ghana**	[ɣana]
Zanzibar (het)	**Zanzibar**	[zanzibar]
Kenia (het)	**Kenya**	[kenia]
Libië (het)	**Libya**	[libia]
Madagaskar (het)	**Madagascar**	[madagaskar]
Namibië (het)	**Namibia**	[namibia]
Senegal (het)	**Senegal**	[senegal]
Tanzania (het)	**Tanzania**	[tanzania]
Zuid-Afrika (het)	**Afrika Selatan**	[afrika sɛlatan]
Afrikaan (de)	**lelaki Afrika**	[lɛlaki afrika]
Afrikaanse (de)	**perempuan Afrika**	[pɛrɛmpuan afrika]
Afrikaans (bn)	**Afrika**	[afrika]

241. Australië. Oceanië

Australië (het)	**Australia**	[australia]
Australiër (de)	**lelaki Australia**	[lɛlaki australia]
Australische (de)	**perempuan Australia**	[pɛrɛmpuan australia]
Australisch (bn)	**Australia**	[australia]
Nieuw-Zeeland (het)	**New Zealand**	[nju zilɛnd]
Nieuw-Zeelander (de)	**lelaki New Zealand**	[lɛlaki nju zilɛnd]
Nieuw-Zeelandse (de)	**perempuan New Zealand**	[pɛrɛmpuan nju zilɛnd]
Nieuw-Zeelands (bn)	**New Zealand**	[nju zilɛnd]
Tasmanië (het)	**Tasmania**	[tasmania]
Frans-Polynesië	**Polinesia Perancis**	[polinesia prantʃis]

242. Steden

Amsterdam	**Amsterdam**	[amsterdam]
Ankara	**Ankara**	[aŋkara]
Athene	**Athens**	[ɛtinz]
Bagdad	**Baghdad**	[baɣdad]
Bangkok	**Bangkok**	[baŋkok]
Barcelona	**Barcelona**	[barselona]
Beiroet	**Beirut**	[bejrut]
Berlijn	**Berlin**	[berlin]
Boedapest	**Budapest**	[budapest]
Boekarest	**Bucharest**	[bukarest]
Bombay, Mumbai	**Mumbai**	[mumbaj]
Bonn	**Bonn**	[bon]
Bordeaux	**Bordeaux**	[bordo]
Bratislava	**Bratislava**	[bratislava]
Brussel	**Brussels**	[brasels]
Caïro	**Kaherah**	[kaherah]
Calcutta	**Kolkata**	[kolkata]
Chicago	**Chicago**	[tʃikago]
Dar Es Salaam	**Dar-es-Salam**	[dar es salam]
Delhi	**Delhi**	[deli]
Den Haag	**The Hague**	[hejg]
Dubai	**Dubai**	[dubaj]
Dublin	**Dublin**	[dablin]
Düsseldorf	**Düsseldorf**	[djusseldorf]
Florence	**Florence**	[florens]
Frankfort	**Frankfurt**	[fraŋkfurt]
Genève	**Geneva**	[dʒiniva]
Hamburg	**Hamburg**	[hamburg]
Hanoi	**Hanoi**	[hanoj]
Havana	**Havana**	[havana]
Helsinki	**Helsinki**	[helsiŋki]

Hiroshima	**Hiroshima**	[hiroʃima]
Hongkong	**Hong Kong**	[hoŋ koŋ]
Istanbul	**Istanbul**	[istanbul]
Jeruzalem	**Baitulmuqaddis**	[bajtulmukadis]
Kiev	**Kiev**	[kiev]
Kopenhagen	**Copenhagen**	[koupinhejgen]
Kuala Lumpur	**Kuala Lumpur**	[kuala lumpur]
Lissabon	**Lisbon**	[lisbon]
Londen	**London**	[landon]
Los Angeles	**Los Angeles**	[los anʤiliz]
Lyon	**Lyons**	[lion]
Madrid	**Madrid**	[madrid]
Marseille	**Marseille**	[marsɛ]
Mexico-Stad	**Mexico City**	[meksiko siti]
Miami	**Miami**	[majami]
Montreal	**Montréal**	[montriol]
Moskou	**Moscow**	[moskou]
München	**Munich**	[mjunik]
Nairobi	**Nairobi**	[najrobi]
Napels	**Naples**	[nɛjplz]
New York	**New York**	[nju jork]
Nice	**Nice**	[nis]
Oslo	**Oslo**	[oslo]
Ottawa	**Ottawa**	[otava]
Parijs	**Paris**	[pɛris]
Peking	**Beijing**	[bejʤiŋ]
Praag	**Prague**	[prag]
Rio de Janeiro	**Rio de Janeiro**	[rio de ʤanejro]
Rome	**Rome**	[roum]
Seoel	**Seoul**	[seul]
Singapore	**Singapura**	[siŋapura]
Sint-Petersburg	**Saint Petersburg**	[sejnt pitersburg]
Sjanghai	**Shanghai**	[ʃaŋɣaj]
Stockholm	**Stockholm**	[stoχolm]
Sydney	**Sydney**	[sidni]
Taipei	**Taipei**	[tajpej]
Tokio	**Tokyo**	[tokio]
Toronto	**Toronto**	[toronto]
Venetië	**Venice**	[venis]
Warschau	**Warsaw**	[varso]
Washington	**Washington**	[vaʃiŋton]
Wenen	**Vienna**	[viena]

243. Politiek. Overheid. Deel 1

politiek (de)	**politik**	[politik]
politiek (bn)	**politik**	[politik]

politicus (de)	**ahli politik**	[ahli politik]
staat (land)	**negara**	[nɛgara]
burger (de)	**rakyat**	[rakjat]
staatsburgerschap (het)	**kerakyatan**	[kɛrakjatan]
nationaal wapen (het)	**jata negara**	[ʤata nɛgara]
volkslied (het)	**lagu kebangsaan**	[lagu kɛbaŋsaan]
regering (de)	**kerajaan**	[kɛraʤaan]
staatshoofd (het)	**kepala negara**	[kɛpala nɛgara]
parlement (het)	**parlimen**	[parlimɛn]
partij (de)	**parti**	[parti]
kapitalisme (het)	**kapitalisme**	[kapitalismɛ]
kapitalistisch (bn)	**kapitalis**	[kapitalis]
socialisme (het)	**sosialisme**	[sosialismɛ]
socialistisch (bn)	**sosialis**	[sosialis]
communisme (het)	**komunisme**	[komunismɛ]
communistisch (bn)	**komunis**	[komunis]
communist (de)	**orang komunis**	[oraŋ komunis]
democratie (de)	**demokrasi**	[demokrasi]
democraat (de)	**demokrat**	[demokrat]
democratisch (bn)	**demokratik**	[demokratik]
democratische partij (de)	**Parti Demokrat**	[parti demokrat]
liberaal (de)	**orang liberal**	[oraŋ liberal]
liberaal (bn)	**liberal**	[liberal]
conservator (de)	**orang yang konservatif**	[oraŋ jaŋ konservatif]
conservatief (bn)	**konservatif**	[konservatif]
republiek (de)	**republik**	[republik]
republikein (de)	**ahli Parti Republikan**	[ahli parti republikan]
Republikeinse Partij (de)	**Parti Republikan**	[parti republikan]
verkiezing (de)	**pilihan raya**	[pilihan raja]
kiezen (ww)	**memilih**	[mɛmilih]
kiezer (de)	**pengundi**	[pɛŋundi]
verkiezingscampagne (de)	**kempen pilihan raya**	[kempen pilihan raja]
stemming (de)	**pengundian**	[pɛŋundian]
stemmen (ww)	**mengundi**	[mɛŋundi]
stemrecht (het)	**hak mengundi**	[hak mɛŋundi]
kandidaat (de)	**calon**	[ʧalon]
zich kandideren	**mencalonkan diri**	[mɛnʧaloŋkan diri]
campagne (de)	**kempen**	[kempen]
oppositie- (abn)	**pembangkang**	[pɛmbaŋkaŋ]
oppositie (de)	**bangkangan**	[baŋkaŋan]
bezoek (het)	**lawatan**	[lavatan]
officieel bezoek (het)	**lawatan rasmi**	[lavatan rasmi]
internationaal (bn)	**antarabangsa**	[antarabaŋsa]

onderhandelingen (mv.)	**rundingan**	[rundiŋan]
onderhandelen (ww)	**mengadakan rundingan**	[mɛŋadakan rundiŋan]

244. Politiek. Overheid. Deel 2

maatschappij (de)	**masyarakat**	[maɕarakat]
grondwet (de)	**perlembagaan**	[pɛrlɛmbagaan]
macht (politieke ~)	**kekuasaan**	[kɛkuasaan]
corruptie (de)	**rasuah**	[rasuah]
wet (de)	**undang-undang**	[undaŋ undaŋ]
wettelijk (bn)	**sah**	[sah]
rechtvaardigheid (de)	**keadilan**	[kɛadilan]
rechtvaardig (bn)	**adil**	[adil]
comité (het)	**jawatankuasa**	[ʤavataŋkwasa]
wetsvoorstel (het)	**rang undang-undang**	[raŋ undaŋ undaŋ]
begroting (de)	**bajet**	[baʤet]
beleid (het)	**dasar**	[dasar]
hervorming (de)	**reformasi**	[reformasi]
radicaal (bn)	**radikal**	[radikal]
macht (vermogen)	**kuasa**	[kuasa]
machtig (bn)	**adi kuasa**	[adi kuasa]
aanhanger (de)	**penyokong**	[pɛnjokoŋ]
invloed (de)	**pengaruh**	[pɛŋaruh]
regime (het)	**rejim**	[reʤim]
conflict (het)	**sengketa**	[sɛŋketa]
samenzwering (de)	**komplotan**	[komplotan]
provocatie (de)	**provokasi**	[provokasi]
omverwerpen (ww)	**menggulingkan**	[mɛŋguliŋkan]
omverwerping (de)	**penggulingan**	[pɛŋguliŋan]
revolutie (de)	**revolusi**	[revolusi]
staatsgreep (de)	**rampasan kuasa**	[rampasan kuasa]
militaire coup (de)	**kudeta tentera**	[kudeta tɛntra]
crisis (de)	**krisis**	[krisis]
economische recessie (de)	**kemerosotan ekonomi**	[kɛmɛrosotan ekonomi]
betoger (de)	**petunjuk perasaan**	[pɛtunʤuk pɛrasaan]
betoging (de)	**tunjuk perasaan**	[tunʤuk pɛrasaan]
krijgswet (de)	**keadaan darurat**	[kɛadaan darurat]
militaire basis (de)	**pangkalan tentera**	[paŋkalan tɛntra]
stabiliteit (de)	**kestabilan**	[kɛstabilan]
stabiel (bn)	**stabil**	[stabil]
uitbuiting (de)	**eksploitasi**	[eksplojtasi]
uitbuiten (ww)	**mengeksploit**	[mɛŋeksplojt]
racisme (het)	**rasisme**	[rasismɛ]
racist (de)	**rasis**	[rasis]

fascisme (het)	**fasisme**	[fasismɛ]
fascist (de)	**orang fasis**	[oraŋ fasis]

245. Landen. Diversen

vreemdeling (de)	**orang asing**	[oraŋ asiŋ]
buitenlands (bn)	**asing**	[asiŋ]
in het buitenland (bw)	**di luar negara**	[di luar nɛgara]
emigrant (de)	**penghijrah**	[pɛŋɣidʒrah]
emigratie (de)	**penghijrahan**	[pɛŋɣidʒrahan]
emigreren (ww)	**berhijrah**	[bɛrhidʒrah]
Westen (het)	**Barat**	[barat]
Oosten (het)	**Timur**	[timur]
Verre Oosten (het)	**Timur Jauh**	[timur dʒauh]
beschaving (de)	**tamadun**	[tamadun]
mensheid (de)	**umat manusia**	[umat manusia]
wereld (de)	**dunia**	[dunia]
vrede (de)	**keamanan**	[kɛamanan]
wereld- (abn)	**sedunia**	[sɛdunia]
vaderland (het)	**tanah air**	[tanah air]
volk (het)	**rakyat**	[rakjat]
bevolking (de)	**penduduk**	[pɛnduduk]
mensen (mv.)	**orang ramai**	[oraŋ ramaj]
natie (de)	**bangsa**	[baŋsa]
generatie (de)	**generasi**	[generasi]
gebied (bijv. bezette ~en)	**wilayah**	[vilajah]
regio, streek (de)	**kawasan**	[kavasan]
deelstaat (de)	**negeri**	[nɛgri]
traditie (de)	**tradisi**	[tradisi]
gewoonte (de)	**kebiasaan**	[kɛbiasaan]
ecologie (de)	**ekologi**	[ekologi]
Indiaan (de)	**Indian**	[indian]
zigeuner (de)	**lelaki Jipsi**	[lɛlaki dʒipsi]
zigeunerin (de)	**perempuan Jipsi**	[pɛrɛmpuan dʒipsi]
zigeuner- (abn)	**Jipsi**	[dʒipsi]
rijk (het)	**empayar**	[empajar]
kolonie (de)	**tanah jajahan**	[tanah dʒadʒahan]
slavernij (de)	**perhambaan**	[pɛrhambaan]
invasie (de)	**serangan**	[sɛraŋan]
hongersnood (de)	**kebuluran**	[kɛbuluran]

246. Grote religieuze groepen. Bekentenissen

religie (de)	**agama**	[agama]
religieus (bn)	**agama**	[agama]

geloof (het)	**kepercayaan**	[kɛpɛrʧajaan]
geloven (ww)	**percaya**	[pɛrʧaja]
gelovige (de)	**penganut agama**	[pɛŋanut agama]
atheïsme (het)	**ateisme**	[ateismɛ]
atheïst (de)	**ateis**	[ateis]
christendom (het)	**agama Kristian**	[agama kristian]
christen (de)	**orang Kristian**	[oraŋ kristian]
christelijk (bn)	**Kristian**	[kristian]
katholicisme (het)	**Katolikisme**	[katolikismɛ]
katholiek (de)	**Katolik**	[katolik]
katholiek (bn)	**Katolik**	[katolik]
protestantisme (het)	**Protestanisme**	[protestanismɛ]
Protestante Kerk (de)	**Gereja Protestan**	[gɛreʤa protestan]
protestant (de)	**Protestan**	[protestan]
orthodoxie (de)	**Ortodoksi**	[ortodoksi]
Orthodoxe Kerk (de)	**Gereja Ortodoks**	[gɛreʤa ortodoks]
orthodox	**Ortodoksi**	[ortodoksi]
presbyterianisme (het)	**Presbyterianisme**	[presbiterianismɛ]
Presbyteriaanse Kerk (de)	**Gereja Presbyterian**	[gɛreʤa presbiterian]
presbyteriaan (de)	**penganut Gereja Presbyterian**	[pɛŋanut gɛreʤa presbiterian]
lutheranisme (het)	**Gereja Luther**	[gɛreʤa luter]
lutheraan (de)	**pengikut faham Luther**	[pɛŋikut faham luter]
baptisme (het)	**Gereja Baptis**	[gɛreʤa baptis]
baptist (de)	**Penganut Agama Kristian Baptis**	[pɛŋanut agama kristian baptis]
Anglicaanse Kerk (de)	**Gereja Anglikan**	[gɛreʤa aŋlikan]
anglicaan (de)	**penganut Anglikanisme**	[pɛŋanut aŋlikanismɛ]
mormonisme (het)	**Mormonisme**	[mormonismɛ]
mormoon (de)	**Mormon**	[mormon]
Jodendom (het)	**agama Yahudi**	[agama jahudi]
jood (aanhanger van het Jodendom)	**orang Yahudi**	[oraŋ jahudi]
boeddhisme (het)	**agama Budha**	[agama budha]
boeddhist (de)	**penganut agama Budha**	[pɛŋanut agama budha]
hindoeïsme (het)	**Hinduisme**	[hinduismɛ]
hindoe (de)	**orang Hindu**	[oraŋ hindu]
islam (de)	**Islam**	[islam]
islamiet (de)	**Muslim**	[muslim]
islamitisch (bn)	**Muslim**	[muslim]
sjiisme (het)	**Syiah**	[ʃiah]
sjiiet (de)	**penganut Syiah**	[pɛŋanut ʃiah]

soennisme (het)	**faham Sunah**	[faham sunah]
soenniet (de)	**ahli Sunah**	[ahli sunah]

247. Religies. Priesters

priester (de)	**paderi**	[padri]
paus (de)	**Paus**	[paus]
monnik (de)	**biarawan**	[biaravan]
non (de)	**biarawati**	[biaravati]
pastoor (de)	**paderi**	[padri]
abt (de)	**kepala biara**	[kɛpala biara]
vicaris (de)	**vikar**	[vikar]
bisschop (de)	**uskup**	[uskup]
kardinaal (de)	**kardinal**	[kardinal]
predikant (de)	**pengkhutbah**	[pɛŋhutbah]
preek (de)	**khutbah**	[hutbah]
kerkgangers (mv.)	**ahli kariah**	[ahli kariah]
gelovige (de)	**penganut agama**	[pɛŋanut agama]
atheïst (de)	**ateis**	[ateis]

248. Geloof. Christendom. Islam

Adam	**Adam**	[adam]
Eva	**Hawa**	[hava]
God (de)	**Tuhan**	[tuhan]
Heer (de)	**Tuhan**	[tuhan]
Almachtige (de)	**Maha Berkuasa**	[maha bɛrkuasa]
zonde (de)	**dosa**	[dosa]
zondigen (ww)	**berdosa**	[bɛrdosa]
zondaar (de)	**pedosa lelaki**	[pɛdosa lɛlaki]
zondares (de)	**pedosa perempuan**	[pɛdosa pɛrɛmpuan]
hel (de)	**neraka**	[nɛraka]
paradijs (het)	**syurga**	[ɕurga]
Jezus	**Jesus**	[ʤesus]
Jezus Christus	**Jesus Christ**	[ʤesus krajst]
Heilige Geest (de)	**Roh Kudus**	[roh kudus]
Verlosser (de)	**Penyelamat**	[pɛnjelamat]
Maagd Maria (de)	**Maryam**	[marjam]
duivel (de)	**Syaitan**	[ɕajtan]
duivels (bn)	**Syaitan**	[ɕajtan]
Satan	**Syaitan**	[ɕajtan]
satanisch (bn)	**Syaitan**	[ɕajtan]

engel (de)	**malaikat**	[malaikat]
beschermengel (de)	**malaikat pelindung**	[malaikat pɛlinduŋ]
engelachtig (bn)	**malaikat**	[malaikat]
apostel (de)	**rasul**	[rasul]
aartsengel (de)	**malaikat utama**	[malaikat utama]
antichrist (de)	**Anti-Al-Masih**	[anti al masih]
Kerk (de)	**Gereja**	[gɛredʒa]
bijbel (de)	**Kitab Injil**	[kitab indʒil]
bijbels (bn)	**Injil**	[indʒil]
Oude Testament (het)	**Perjanjian Lama**	[pɛrdʒandʒian lama]
Nieuwe Testament (het)	**Perjanjian Baru**	[pɛrdʒandʒian baru]
evangelie (het)	**Kitab Injil**	[kitab indʒil]
Heilige Schrift (de)	**Kitab Suci**	[kitab sutʃi]
Hemel, Hemelrijk (de)	**Syurga**	[ɕurga]
gebod (het)	**rukun**	[rukun]
profeet (de)	**nabi**	[nabi]
profetie (de)	**ramalan**	[ramalan]
Allah	**Allah**	[alah]
Mohammed	**Muhammad**	[muhamad]
Koran (de)	**Al Quran**	[al kuran]
moskee (de)	**masjid**	[masdʒid]
moellah (de)	**mullah**	[mulah]
gebed (het)	**sembahyang**	[sɛmbaɦjaŋ]
bidden (ww)	**bersembahyang**	[bɛrsɛmbaɦjaŋ]
pelgrimstocht (de)	**ziarah**	[ziarah]
pelgrim (de)	**peziarah**	[pɛziarah]
Mekka	**Makkah**	[makah]
kerk (de)	**gereja**	[gɛredʒa]
tempel (de)	**rumah ibadat**	[rumah ibadat]
kathedraal (de)	**katedral**	[katɛdral]
gotisch (bn)	**Gothik**	[gotik]
synagoge (de)	**saumaah**	[saumaah]
moskee (de)	**masjid**	[masdʒid]
kapel (de)	**capel**	[tʃapel]
abdij (de)	**biara**	[biara]
nonnenklooster (het)	**biara**	[biara]
mannenklooster (het)	**biara**	[biara]
klok (de)	**loceng**	[lotʃeŋ]
klokkentoren (de)	**menara loceng**	[mɛnara lotʃeŋ]
luiden (klokken)	**berbunyi**	[bɛrbunji]
kruis (het)	**salib**	[salib]
koepel (de)	**kubah**	[kubah]
icoon (de)	**ikon**	[ikon]
ziel (de)	**jiwa**	[dʒiva]
lot, noodlot (het)	**takdir**	[takdir]

kwaad (het)	**kejahatan**	[kɛʤahatan]
goed (het)	**kebaikan**	[kɛbaikan]
vampier (de)	**vampir**	[vampir]
heks (de)	**langsuir**	[laŋsuir]
demoon (de)	**hantu**	[hantu]
geest (de)	**roh**	[roh]
verzoeningsleer (de)	**penebusan**	[pɛnɛbusan]
vrijkopen (ww)	**menebus**	[mɛnɛbus]
mis (de)	**misa**	[misa]
de mis opdragen	**melangsungkan misa**	[mɛlaŋsuŋkan misa]
biecht (de)	**pengakuan dosa**	[pɛŋakuan dosa]
biechten (ww)	**mengaku dosa**	[mɛŋaku dosa]
heilige (de)	**orang suci**	[oraŋ sutʃi]
heilig (bn)	**suci**	[sutʃi]
wijwater (het)	**air suci**	[air sutʃi]
ritueel (het)	**ritual**	[ritual]
ritueel (bn)	**ritual**	[ritual]
offerande (de)	**pengorbangan**	[pɛŋorbaŋan]
bijgeloof (het)	**kepercayaan karut**	[kɛpɛrtʃajaan karut]
bijgelovig (bn)	**yang percaya kepada kepercayaan karut**	[jaŋ pɛrtʃaja kɛpada kɛpɛrtʃajaan karut]
hiernamaals (het)	**akhirat**	[aχirat]
eeuwige leven (het)	**hidup abadi**	[hidup abadi]

DIVERSEN

249. Diverse nuttige woorden

achtergrond (de)	**latar belakang**	[latar blakaŋ]
balans (de)	**perimbangan**	[pɛrimbaŋan]
basis (de)	**pangkalan**	[paŋkalan]
begin (het)	**permulaan**	[pɛrmulaan]
beurt (wie is aan de ~?)	**giliran**	[giliran]
categorie (de)	**kategori**	[katɛgori]
comfortabel (~ bed, enz.)	**selesa**	[sɛlesa]
compensatie (de)	**ganti rugi**	[ganti rugi]
deel (gedeelte)	**bahagian**	[bahagian]
deeltje (het)	**sekelumit**	[sɛkɛlumit]
ding (object, voorwerp)	**barang**	[baraŋ]
dringend (bn, urgent)	**segera**	[sɛgɛra]
dringend (bw, met spoed)	**segera**	[sɛgɛra]
effect (het)	**kesan**	[kɛsan]
eigenschap (kwaliteit)	**sifat**	[sifat]
einde (het)	**akhir**	[aχir]
element (het)	**unsur**	[unsur]
feit (het)	**fakta**	[fakta]
fout (de)	**kesalahan**	[kɛsalahan]
geheim (het)	**rahsia**	[rahsia]
graad (mate)	**peringkat**	[priŋkat]
groei (ontwikkeling)	**pertumbuhan**	[pɛrtumbuhan]
hindernis (de)	**rintangan**	[rintaŋan]
hinderpaal (de)	**rintangan**	[rintaŋan]
hulp (de)	**bantuan**	[bantuan]
ideaal (het)	**ideal**	[ideal]
inspanning (de)	**usaha**	[usaha]
keuze (een grote ~)	**pilihan**	[pilihan]
labyrint (het)	**labirin**	[labirin]
manier (de)	**cara**	[ʧara]
moment (het)	**saat, sekejap mata**	[saat], [sɛkɛʤap mata]
nut (bruikbaarheid)	**guna**	[guna]
onderscheid (het)	**perbezaan**	[pɛrbɛzaan]
ontwikkeling (de)	**perkembangan**	[pɛrkɛmbaŋan]
oplossing (de)	**penyelesaian**	[pɛnjelɛsajan]
origineel (het)	**original**	[original]
pauze (de)	**rehat**	[rehat]
positie (de)	**kedudukan**	[kɛdudukan]
principe (het)	**prinsip**	[prinsip]

probleem (het)	**masalah**	[masalah]
proces (het)	**proses**	[proses]
reactie (de)	**reaksi**	[reaksi]
reden (om ~ van)	**sebab**	[sɛbab]
risico (het)	**risiko**	[risiko]
samenvallen (het)	**kebetulan**	[kɛbɛtulan]
serie (de)	**siri**	[siri]
situatie (de)	**keadaan**	[kɛadaan]
soort (bijv. ~ sport)	**jenis**	[ʤɛnis]
standaard (bn)	**piawai**	[piavaj]
standaard (de)	**piawaian**	[piavajan]
stijl (de)	**gaya**	[gaja]
stop (korte onderbreking)	**perhentian**	[pɛrhɛntian]
systeem (het)	**sistem**	[sistɛm]
tabel (bijv. ~ van Mendelejev)	**carta**	[ʧarta]
tempo (langzaam ~)	**kadar**	[kadar]
term (medische ~en)	**istilah**	[istilah]
type (soort)	**jenis**	[ʤɛnis]
variant (de)	**varian**	[varian]
veelvuldig (bn)	**kerap**	[kɛrap]
vergelijking (de)	**perbandingan**	[pɛrbandiŋan]
voorbeeld (het goede ~)	**contoh**	[ʧontoh]
voortgang (de)	**kemajuan**	[kɛmaʤuan]
voorwerp (ding)	**objek**	[obʤek]
vorm (uiterlijke ~)	**bentuk, rupa**	[bɛntuk], [rupa]
waarheid (de)	**kebenaran**	[kɛbɛnaran]
zone (de)	**zon**	[zon]

250. Beperkende bijwoorden. Bijvoeglijke naamwoorden. Deel 1

accuraat (uurwerk, enz.)	**kerja teliti**	[kɛrʤa teliti]
achter- (abn)	**belakang**	[blakaŋ]
additioneel (bn)	**tambahan**	[tambahan]
anders (bn)	**berbeza**	[bɛrbɛza]
arm (bijv. ~e landen)	**miskin**	[miskin]
begrijpelijk (bn)	**jelas**	[ʤɛlas]
belangrijk (bn)	**penting**	[pɛntiŋ]
belangrijkst (bn)	**paling penting**	[paliŋ pɛntiŋ]
beleefd (bn)	**sopan**	[sopan]
beperkt (bn)	**terhad**	[tɛrhad]
betekenisvol (bn)	**signifikan**	[signifikan]
bijziend (bn)	**rabun jauh**	[rabun ʤauh]
binnen- (abn)	**dalam**	[dalam]
bitter (bn)	**pahit**	[pahit]
blind (bn)	**buta**	[buta]
breed (een ~e straat)	**lebar**	[lebar]

breekbaar (porselein, glas)	**rapuh**	[rapuh]
buiten- (abn)	**luar**	[luar]
buitenlands (bn)	**asing**	[asiŋ]
burgerlijk (bn)	**sivil**	[sivil]
centraal (bn)	**pusat**	[pusat]
dankbaar (bn)	**sangat berterima kasih**	[saŋat bɛrtɛrima kasih]
dicht (~e mist)	**lebat**	[lɛbat]
dicht (bijv. ~e mist)	**lebat**	[lɛbat]
dicht (in de ruimte)	**dekat**	[dɛkat]
dicht (bn)	**dekat**	[dɛkat]
dichtstbijzijnd (bn)	**terdekat**	[tɛrdɛkat]
diepvries (~product)	**sejuk beku**	[sɛʤuk bɛku]
dik (bijv. muur)	**tebal**	[tɛbal]
dof (~ licht)	**gelap**	[glap]
dom (dwaas)	**bodoh**	[bodoh]
donker (bijv. ~e kamer)	**gelap**	[glap]
dood (bn)	**mati**	[mati]
doorzichtig (bn)	**lut sinar**	[lut sinar]
droevig (~ blik)	**sedih**	[sɛdih]
droog (bn)	**kering**	[kɛriŋ]
dun (persoon)	**kurus**	[kurus]
duur (bn)	**mahal**	[mahal]
eender (bn)	**sama, serupa**	[sama], [sɛrupa]
eenvoudig (bn)	**mudah**	[mudah]
eenvoudig (bn)	**mudah**	[mudah]
eeuwenoude (~ beschaving)	**kuno**	[kuno]
enorm (bn)	**raksasa**	[raksasa]
geboorte- (stad, land)	**tempat asal**	[tɛmpat asal]
gebruind (bn)	**hitam legam kerana berjemur**	[hitam lɛgam krana bɛrʤɛmur]
gelijkend (bn)	**mirip**	[mirip]
gelukkig (bn)	**berbahagia**	[bɛrbahagia]
gesloten (bn)	**tertutup**	[tɛrtutup]
getaand (bn)	**berkulit gelap**	[bɛrkulit gɛlap]
gevaarlijk (bn)	**berbahaya**	[bɛrbahaja]
gewoon (bn)	**biasa**	[biasa]
gezamenlijk (~ besluit)	**bersama**	[bɛrsama]
glad (~ oppervlak)	**rata**	[rata]
glad (~ oppervlak)	**datar**	[datar]
goed (bn)	**baik**	[baik]
goedkoop (bn)	**murah**	[murah]
gratis (bn)	**percuma**	[pɛrʧuma]
groot (bn)	**besar**	[bɛsar]
hard (niet zacht)	**keras**	[kras]
heel (volledig)	**seluruh**	[sɛluruh]
heet (bn)	**panas**	[panas]

hongerig (bn)	**lapar**	[lapar]
hoofd- (abn)	**utama**	[utama]
hoogste (bn)	**tertinggi**	[tɛrtiŋgi]
huidig (courant)	**sekarang ini**	[sɛkaraŋ ini]
jong (bn)	**muda**	[muda]
juist, correct (bn)	**betul**	[bɛtul]
kalm (bn)	**tenang**	[tɛnaŋ]
kinder- (abn)	**kanak-kanak**	[kanak kanak]
klein (bn)	**kecil**	[kɛʧil]
koel (~ weer)	**segar**	[sɛgar]
kort (kortstondig)	**kerap**	[kɛrap]
kort (niet lang)	**pendek**	[pendek]
koud (~ water, weer)	**sejuk**	[sɛʤuk]
kunstmatig (bn)	**tiruan**	[tiruan]
laatst (bn)	**terakhir**	[tɛraχir]
lang (een ~ verhaal)	**panjang**	[panʤaŋ]
langdurig (bn)	**panjang**	[panʤaŋ]
lastig (~ probleem)	**rumit**	[rumit]
leeg (glas, kamer)	**kosong**	[kosoŋ]
lekker (bn)	**sedap**	[sɛdap]
licht (kleur)	**muda**	[muda]
licht (niet veel weegt)	**ringan**	[riŋan]
linker (bn)	**kiri**	[kiri]
luid (bijv. ~e stem)	**kuat**	[kuat]
mager (bn)	**kurus**	[kurus]
mat (bijv. ~ verf)	**pusam**	[pusam]
moe (bn)	**letih**	[lɛtih]
moeilijk (~ besluit)	**sukar**	[sukar]
mogelijk (bn)	**mungkin**	[muŋkin]
mooi (bn)	**tampan**	[tampan]
mysterieus (bn)	**misteri**	[mistɛri]
naburig (bn)	**jiran**	[ʤiran]
nalatig (bn)	**lalai**	[lalaj]
nat (~te kleding)	**basah**	[basah]
nerveus (bn)	**resah**	[rɛsah]
niet groot (bn)	**tidak berapa besar**	[tidak brapa bɛsar]
niet moeilijk (bn)	**tidak sukar**	[tidak sukar]
nieuw (bn)	**baru**	[baru]
nodig (bn)	**perlu**	[pɛrlu]
normaal (bn)	**lazim**	[lazim]

251. Beperkende bijwoorden. Bijvoeglijke naamwoorden. Deel 2

onbegrijpelijk (bn)	**tidak jelas**	[tidak ʤɛlas]
onbelangrijk (bn)	**kecil**	[kɛʧil]
onbeweeglijk (bn)	**tidak bergerak**	[tidak bɛrgɛrak]

onbewolkt (bn)	**tak berawan**	[tak bɛravan]
ondergronds (geheim)	**bawah tanah**	[bavah tanah]
ondiep (bn)	**dangkal**	[daŋkal]
onduidelijk (bn)	**tidak jelas**	[tidak ʤɛlas]
onervaren (bn)	**tak berpengalaman**	[tak bɛrpɛŋalaman]
onmogelijk (bn)	**mustahil**	[mustahil]
onontbeerlijk (bn)	**perlu**	[pɛrlu]
onophoudelijk (bn)	**terus menerus**	[tɛrus mɛnɛrus]
ontkennend (bn)	**negatif**	[negatif]
open (bn)	**terbuka**	[tɛrbuka]
openbaar (bn)	**awam**	[avam]
origineel (ongewoon)	**berdaya cipta**	[bɛrdaja ʧipta]
oud (~ huis)	**tua**	[tua]
overdreven (bn)	**berlebihan**	[bɛrlɛbihan]
passend (bn)	**sesuai**	[sɛsuaj]
permanent (bn)	**tetap**	[tɛtap]
persoonlijk (bn)	**peribadi**	[pribadi]
plat (bijv. ~ scherm)	**datar**	[datar]
prachtig (~ paleis, enz.)	**cantik**	[ʧantik]
precies (bn)	**tepat**	[tɛpat]
prettig (bn)	**sedap**	[sɛdap]
privé (bn)	**kapal terbang persendirian**	[kapal tɛrbaŋ pɛrsɛndirian]
punctueel (bn)	**tepat pada waktunya**	[tɛpat pada vaktunja]
rauw (niet gekookt)	**mentah**	[mɛntah]
recht (weg, straat)	**lurus**	[lurus]
rechter (bn)	**kanan**	[kanan]
rijp (fruit)	**matang**	[mataŋ]
riskant (bn)	**berisiko**	[bɛrisiko]
ruim (een ~ huis)	**lapang, luas**	[lapaŋ], [luas]
rustig (bn)	**sunyi**	[sunji]
scherp (bijv. ~ mes)	**tajam**	[taʤam]
schoon (niet vies)	**bersih**	[bɛrsih]
slecht (bn)	**buruk**	[buruk]
slim (verstandig)	**pandai, cerdik**	[pandaj], [ʧɛrdik]
smal (~le weg)	**sempit**	[sɛmpit]
snel (vlug)	**cepat**	[ʧɛpat]
somber (bn)	**gelap**	[glap]
speciaal (bn)	**khas**	[χas]
sterk (bn)	**kuat**	[kuat]
stevig (bn)	**kuat, kukuh**	[kuat], [kukuh]
straatarm (bn)	**miskin papa**	[miskin papa]
strak (schoenen, enz.)	**ketat**	[kɛtat]
teder (liefderijk)	**penyayang**	[pɛnjajaŋ]
tegenovergesteld (bn)	**bertentangan**	[bɛrtɛntaŋan]
tevreden (bn)	**puas**	[puas]
tevreden (klant, enz.)	**puas**	[puas]
treurig (bn)	**sedih**	[sɛdih]

tweedehands (bn)	**terpakai**	[tɛrpakaj]
uitstekend (bn)	**baik sekali**	[baik sɛkali]
uitstekend (bn)	**cemerlang**	[ʧɛmɛrlaŋ]
uniek (bn)	**unik**	[unik]
veilig (niet gevaarlijk)	**selamat**	[sɛlamat]
ver (in de ruimte)	**jauh**	[ʤauh]
verenigbaar (bn)	**serasi**	[sɛrasi]
vermoeiend (bn)	**meletihkan**	[mɛlɛtihkan]
verplicht (bn)	**wajib**	[vaʤib]
vers (~ brood)	**segar**	[sɛgar]
verschillende (bn)	**pelbagai**	[pɛlbagaj]
verst (meest afgelegen)	**jauh**	[ʤauh]
vettig (voedsel)	**berlemak**	[bɛrlɛmak]
vijandig (bn)	**bermusuhan**	[bɛrmusuhan]
vloeibaar (bn)	**cair**	[ʧair]
vochtig (bn)	**lembap**	[lɛmbap]
vol (helemaal gevuld)	**penuh**	[pɛnuh]
volgend (~ jaar)	**berikut**	[bɛrikut]
vorig (bn)	**lalu, lepas**	[lalu], [lɛpas]
voornaamste (bn)	**utama**	[utama]
vorig (~ jaar)	**lepas**	[lɛpas]
vorig (bijv. ~e baas)	**sebelumnya**	[sɛbɛlumnja]
vriendelijk (aardig)	**manis**	[manis]
vriendelijk (goedhartig)	**baik hati**	[baik hati]
vrij (bn)	**bebas**	[bebas]
vrolijk (bn)	**riang, gembira**	[riaŋ], [gɛmbira]
vruchtbaar (~ land)	**subur**	[subur]
vuil (niet schoon)	**kotor**	[kotor]
waarschijnlijk (bn)	**mungkin**	[muŋkin]
warm (bn)	**hangat**	[haŋat]
wettelijk (bn)	**sah**	[sah]
zacht (bijv. ~ kussen)	**empuk**	[ɛmpuk]
zacht (bn)	**senyap**	[sɛnjap]
zeldzaam (bn)	**jarang**	[ʤaraŋ]
ziek (bn)	**sakit**	[sakit]
zoet (~ water)	**tawar**	[tavar]
zoet (bn)	**manis**	[manis]
zonnig (~e dag)	**cerah**	[ʧɛrah]
zorgzaam (bn)	**bertimbang rasa**	[bɛrtimbaŋ rasa]
zout (de soep is ~)	**masin**	[masin]
zuur (smaak)	**masam**	[masam]
zwaar (~ voorwerp)	**berat**	[brat]

DE 500 BELANGRIJKSTE WERKWOORDEN

252. Werkwoorden A-C

aaien (bijv. een konijn ~)	**mengelus**	[mɛŋɛlus]
aanbevelen (ww)	**menasihatkan**	[mɛnasihatkan]
aandringen (ww)	**mendesak**	[mɛndɛsak]
aankomen (ov. de treinen)	**tiba**	[tiba]
aanleggen (bijv. bij de pier)	**merapat**	[mɛrapat]
aanraken (met de hand)	**menyentuh**	[mɛnjentuh]
aansteken (kampvuur, enz.)	**menyalakan**	[mɛnjalakan]
aanstellen (in functie plaatsen)	**melantik**	[mɛlantik]
aanvallen (mil.)	**menyerang**	[mɛnjeraŋ]
aanvoelen (gevaar ~)	**merasakan**	[mɛrasakan]
aanvoeren (leiden)	**memimpin**	[mɛmimpin]
aanwijzen (de weg ~)	**menunjukkan**	[mɛnundʒukkan]
aanzetten (computer, enz.)	**menghidupkan**	[mɛŋɣidupkan]
ademen (ww)	**bernafas**	[bɛrnafas]
adverteren (ww)	**mengiklankan**	[mɛŋiklaŋkan]
adviseren (ww)	**menasihatkan**	[mɛnasihatkan]
afdalen (on.ww.)	**turun**	[turun]
afgunstig zijn (ww)	**iri hati**	[iri hati]
afhakken (ww)	**memotong**	[mɛmotoŋ]
afhangen van ...	**tergantung kepada**	[tɛrgantuŋ kɛpada]
afluisteren (ww)	**mencuri dengar**	[mɛntʃuri dɛŋar]
afnemen (verwijderen)	**menangkat**	[mɛnaŋkat]
afrukken (ww)	**mencarik**	[mɛntʃarik]
afslaan (naar rechts ~)	**membelok**	[mɛmblok]
afsnijden (ww)	**memotong**	[mɛmotoŋ]
afzeggen (ww)	**membatalkan**	[mɛmbatalkan]
amputeren (ww)	**memotong**	[mɛmotoŋ]
amuseren (ww)	**menghiburkan**	[mɛŋɣiburkan]
antwoorden (ww)	**menjawab**	[mɛndʒavab]
applaudisseren (ww)	**menepuk tangan**	[mɛnɛpuk taŋan]
aspireren (iets willen worden)	**hendak**	[hɛndak]
assisteren (ww)	**membantu**	[mɛmbantu]
bang zijn (ww)	**takut**	[takut]
barsten (plafond, enz.)	**retak**	[retak]
bedienen (in restaurant)	**melayan**	[mɛlajan]
bedreigen (bijv. met een pistool)	**mengugut**	[mɛŋugut]

bedriegen (ww)	**menipu**	[mɛnipu]
beduiden (betekenen)	**bererti**	[bɛrɛrti]
bedwingen (ww)	**menahan**	[mɛnahan]
beëindigen (ww)	**menamatkan**	[mɛnamatkan]
begeleiden (vergezellen)	**menemani**	[mɛnɛmani]
begieten (water geven)	**menyiram**	[mɛnjiram]
beginnen (ww)	**memulakan**	[mɛmulakan]
begrijpen (ww)	**memahami**	[mɛmahami]
behandelen (patiënt, ziekte)	**merawat**	[mɛravat]
beheren (managen)	**memimpin**	[mɛmimpin]
beïnvloeden (ww)	**mempengaruhi**	[mɛmpɛŋaruhi]
bekennen (misdadiger)	**mengaku salah**	[mɛŋaku salah]
beledigen (met scheldwoorden)	**menghina**	[mɛŋɣina]
beledigen (ww)	**menyinggung hati**	[mɛnjiŋguŋ hati]
beloven (ww)	**menjanji**	[mɛnʤanʤi]
beperken (de uitgaven ~)	**menghadkan**	[mɛŋɣadkan]
bereiken (doel ~, enz.)	**mencapai**	[mɛnʧapaj]
bereiken (plaats van bestemming ~)	**mencapai**	[mɛnʧapaj]
beschermen (bijv. de natuur ~)	**melindungi**	[mɛlinduŋi]
beschuldigen (ww)	**menuduh**	[mɛnuduh]
beslissen (~ iets te doen)	**mengambil keputusan**	[mɛŋambil kɛputusan]
besmet worden (met ...)	**terjangkit**	[tɛrʤaŋkit]
besmetten (ziekte overbrengen)	**menjangkiti**	[mɛnʤaŋkiti]
bespreken (spreken over)	**membincangkan**	[mɛmbinʧaŋkan]
bestaan (een ~ voeren)	**hidup**	[hidup]
bestellen (eten ~)	**menempah**	[mɛnɛmpah]
bestraffen (een stout kind ~)	**menghukum**	[mɛŋɣukum]
betalen (ww)	**membayar**	[mɛmbajar]
betekenen (beduiden)	**bererti**	[bɛrɛrti]
betreuren (ww)	**terkilan**	[tɛrkilan]
bevallen (prettig vinden)	**suka**	[suka]
bevelen (mil.)	**memerintah**	[mɛmɛrintah]
bevredigen (ww)	**memuaskan**	[mɛmuaskan]
bevrijden (stad, enz.)	**membebaskan**	[mɛmbebaskan]
bewaren (oude brieven, enz.)	**menyimpan**	[mɛnjimpan]
bewaren (vrede, leven)	**memerlihara keamanan**	[mɛmɛrlihara kɛamanan]
bewijzen (ww)	**membukti**	[mɛmbukti]
bewonderen (ww)	**mengagumi**	[mɛŋagumi]
bezitten (ww)	**memiliki**	[mɛmiliki]
bezorgd zijn (ww)	**khuatir**	[kuatir]
bezorgd zijn (ww)	**khuatir**	[kuatir]
bidden (praten met God)	**bersembahyang**	[bɛrsɛmbaɦjaŋ]
bijvoegen (ww)	**menambah**	[mɛnambah]

binden (ww)	**mengikat**	[mɛŋikat]
binnengaan (een kamer ~)	**masuk**	[masuk]
blazen (ww)	**meniup**	[mɛniup]
blozen (zich schamen)	**menjadi merah**	[mɛndʒadi merah]
blussen (brand ~)	**memadamkan**	[mɛmadamkan]
boos maken (ww)	**memarahkan**	[mɛmarahkan]
boos zijn (ww)	**marah**	[marah]
breken (on.ww., van een touw)	**putus**	[putus]
breken (speelgoed, enz.)	**memecahkan**	[mɛmɛtʃahkan]
brengen (iets ergens ~)	**membawa**	[mɛmbava]
charmeren (ww)	**mempesona**	[mɛmpɛsona]
citeren (ww)	**memetik**	[mɛmɛtik]
compenseren (ww)	**memberi ganti rugi**	[mɛmbri ganti rugi]
compliceren (ww)	**merumitkan**	[mɛrumitkan]
componeren (muziek ~)	**menggubah**	[mɛŋgubah]
compromitteren (ww)	**mencemarkan nama**	[mɛntʃɛmarkan nama]
concurreren (ww)	**bersaing**	[bɛrsaiŋ]
controleren (ww)	**mengawal**	[mɛŋaval]
coöpereren (samenwerken)	**bekerja sama**	[bɛkɛrdʒa sama]
coördineren (ww)	**menyelaraskan**	[mɛnjelaraskan]
corrigeren (fouten ~)	**membetulkan**	[mɛmbɛtulkan]
creëren (ww)	**menciptakan**	[mɛntʃiptakan]

253. Werkwoorden D-K

danken (ww)	**mengucapkan terima kasih**	[mɛŋutʃapkan tɛrima kasih]
de was doen	**membasuh**	[mɛmbasuh]
de weg wijzen	**menghalakan**	[mɛŋɣalakan]
deelnemen (ww)	**menyertai**	[mɛnjertai]
delen (wisk.)	**membahagi**	[mɛmbahagi]
denken (ww)	**berfikir**	[bɛrfikir]
doden (ww)	**membunuh**	[mɛmbunuh]
doen (ww)	**membuat**	[mɛmbuat]
dresseren (ww)	**melatih**	[mɛlatih]
drinken (ww)	**minum**	[minum]
drogen (klederen, haar)	**mengeringkan**	[mɛŋɛriŋkan]
dromen (in de slaap)	**bermimpi**	[bɛrmimpi]
dromen (over vakantie ~)	**bermimpi**	[bɛrmimpi]
duiken (ww)	**menyelam**	[mɛnjelam]
durven (ww)	**berani**	[brani]
duwen (ww)	**menolak**	[mɛnolak]
een auto besturen	**memandu kereta**	[mɛmandu kreta]
een bad geven	**memandikan**	[mɛmandikan]
een bad nemen	**mandi**	[mandi]
een conclusie trekken	**menarik kesimpulan**	[mɛnarik kɛsimpulan]

foto's maken	**mengambil gambar**	[mɛŋambil gambar]
eisen (met klem vragen)	**menuntut**	[mɛnuntut]
erkennen (schuld)	**mengakui**	[mɛŋakui]
erven (ww)	**mewarisi**	[mɛvarisi]
eten (ww)	**makan**	[makan]
excuseren (vergeven)	**memaafkan**	[mɛmaafkan]
existeren (bestaan)	**wujud**	[vudʒud]
feliciteren (ww)	**mengucapkan tahniah**	[mɛŋutʃapkan tahniah]
gaan (te voet)	**berjalan**	[bɛrdʒalan]
gaan slapen	**pergi tidur**	[pɛrgi tidur]
gaan zitten (ww)	**duduk**	[duduk]
gaan zwemmen	**mandi**	[mandi]
garanderen (garantie geven)	**menjamin**	[mɛndʒamin]
gebruiken (bijv. een potlood ~)	**menggunakan**	[mɛŋgunakan]
gebruiken (woord, uitdrukking)	**memakai**	[mɛmakaj]
geconserveerd zijn (ww)	**simpan**	[simpan]
gedateerd zijn (ww)	**bertarikh**	[bɛrtariχ]
gehoorzamen (ww)	**mematuhi**	[mɛmatuhi]
gelijken (op elkaar lijken)	**seiras**	[sɛiras]
geloven (vinden)	**menyangka**	[mɛnjaŋka]
genoeg zijn (ww)	**mencukupi**	[mɛntʃukupi]
geven (ww)	**memberi**	[mɛmbri]
gieten (in een beker ~)	**menuangkan**	[mɛnuaŋkan]
glimlachen (ww)	**tersenyum**	[tɛrsɛnjum]
glimmen (glanzen)	**bersinar**	[bɛrsinar]
gluren (ww)	**mencuri lihat**	[mɛntʃuri lihat]
goed raden (ww)	**meneka**	[mɛnɛka]
gooien (een steen, enz.)	**melemparkan**	[mɛlemparkan]
grappen maken (ww)	**berjenaka**	[bɛrdʒɛnaka]
graven (tunnel, enz.)	**menggali**	[mɛŋgali]
haasten (iemand ~)	**tergesa-gesa**	[tɛrgɛsa gɛsa]
hebben (ww)	**mempunyai**	[mɛmpunjai]
helpen (hulp geven)	**membantu**	[mɛmbantu]
herhalen (opnieuw zeggen)	**mengulang**	[mɛŋulaŋ]
herinneren (ww)	**ingat**	[iŋat]
herinneren aan ... (afspraak, opdracht)	**mengingatkan**	[mɛŋiŋatkan]
herkennen (identificeren)	**mengenali**	[mɛŋɛnali]
herstellen (repareren)	**memperbaiki**	[mɛmpɛrbaiki]
het haar kammen	**bersisir**	[bɛrsisir]
hopen (ww)	**harap**	[harap]
horen (waarnemen met het oor)	**mendengar**	[mɛndɛŋar]
houden van (muziek, enz.)	**suka**	[suka]
huilen (wenen)	**menangis**	[mɛnaŋis]
huiveren (ww)	**terkejut**	[tɛrkɛdʒut]

huren (een boot ~)	**menyewa**	[mɛnjeva]
huren (huis, kamer)	**menyewa**	[mɛnjeva]
huren (personeel)	**mengupah**	[mɛŋupah]
imiteren (ww)	**meniru**	[mɛniru]
importeren (ww)	**mengimport**	[mɛŋimport]
inenten (vaccineren)	**menanam cacar**	[mɛnanam ʧaʧar]
informeren (informatie geven)	**memberitahu**	[mɛmbritahu]
informeren naar ... (navraag doen)	**mengetahui**	[mɛŋɛtahui]
inlassen (invoegen)	**menyisip**	[mɛnjisip]
inpakken (in papier)	**membungkus**	[mɛmbuŋkus]
inspireren (ww)	**mengilhami**	[mɛŋilhami]
instemmen (akkoord gaan)	**setuju**	[sɛtuʤu]
interesseren (ww)	**menimbulkan minat**	[mɛnimbulkan minat]
irriteren (ww)	**menjengkelkan**	[mɛnʤeŋkelkan]
isoleren (ww)	**mengasingkan**	[mɛŋasiŋkan]
jagen (ww)	**memburu**	[mɛmburu]
kalmeren (kalm maken)	**menenangkan**	[mɛnɛnaŋkan]
kennen (kennis hebben van iemand)	**kenal**	[kɛnal]
kennismaken (met ...)	**berkenalan**	[bɛrkɛnalan]
kiezen (ww)	**memilih**	[mɛmilih]
kijken (ww)	**melihat**	[mɛlihat]
klaarmaken (een plan ~)	**menyediakan**	[mɛnjediakan]
klaarmaken (het eten ~)	**memasak**	[mɛmasak]
klagen (ww)	**mengadu**	[mɛŋadu]
kloppen (aan een deur)	**mengetuk**	[mɛŋɛtuk]
kopen (ww)	**membeli**	[mɛmbli]
kopieën maken	**membuat salinan**	[mɛmbuat salinan]
kosten (ww)	**berharga**	[bɛrharga]
kunnen (ww)	**boleh**	[bole]
kweken (planten ~)	**menanam**	[mɛnanam]

254. Werkwoorden L-R

lachen (ww)	**ketawa**	[kɛtava]
laden (geweer, kanon)	**mengisi**	[mɛŋisi]
laden (vrachtwagen)	**memuat**	[mɛmuat]
laten vallen (ww)	**tercicir**	[tɛrʧiʧir]
lenen (geld ~)	**meminjam**	[mɛminʤam]
leren (lesgeven)	**mengajar**	[mɛŋaʤar]
leven (bijv. in Frankrijk ~)	**tinggal, duduk**	[tiŋgal], [duduk]
lezen (een boek ~)	**membaca**	[mɛmbaʧa]
lid worden (ww)	**ikut**	[ikut]
liefhebben (ww)	**mencintai**	[mɛnʧintai]
liegen (ww)	**berbohong**	[bɛrbohoŋ]

liggen (op de tafel ~)	**terletak**	[tɛrlɛtak]
liggen (persoon)	**berbaring**	[bɛrbariŋ]
lijden (pijn voelen)	**menderita**	[mɛndrita]
losbinden (ww)	**membuka ikatan**	[mɛmbuka ikatan]
luisteren (ww)	**mendengar**	[mɛndɛŋar]
lunchen (ww)	**makan tengah hari**	[makan tɛŋah hari]
markeren (op de kaart, enz.)	**menandakan**	[mɛnandakan]
melden (nieuws ~)	**memberitahu**	[mɛmbritahu]
memoriseren (ww)	**ingat**	[iŋat]
mengen (ww)	**mencampur**	[mɛnʧampur]
mikken op (ww)	**mengacu**	[mɛŋaʧu]
minachten (ww)	**benci akan**	[bɛnʧi akan]
moeten (ww)	**harus**	[harus]
morsen (koffie, enz.)	**menumpahkan**	[mɛnumpahkan]
naderen (dichterbij komen)	**mendekati**	[mɛndekati]
neerlaten (ww)	**menurunkan**	[mɛnuruŋkan]
nemen (ww)	**mengambil**	[mɛŋambil]
nodig zijn (ww)	**diperlukan**	[dipɛrlukan]
noemen (ww)	**menamakan**	[mɛnamakan]
noteren (opschrijven)	**mencatat**	[mɛnʧatat]
omhelzen (ww)	**mendakap**	[mɛndakap]
omkeren (steen, voorwerp)	**menterbalikkan**	[mɛntɛrbalikkan]
onderhandelen (ww)	**mengadakan rundingan**	[mɛŋadakan rundiŋan]
ondernemen (ww)	**mengusahakan**	[mɛŋusahakan]
onderschatten (ww)	**memperkecilkan**	[mɛmpɛrkɛʧilkan]
onderscheiden (een ereteken geven)	**menganugerahi**	[mɛŋanugrahi]
onderstrepen (ww)	**menegaskan**	[mɛnɛgaskan]
ondertekenen (ww)	**mendatangani**	[mɛndataŋani]
onderwijzen (ww)	**memberi arahan**	[mɛmbri arahan]
onderzoeken (alle feiten, enz.)	**meninjau**	[mɛnindʒau]
bezorgd maken	**merisaukan**	[mɛrisaukan]
onmisbaar zijn (ww)	**diperlukan**	[dipɛrlukan]
ontbijten (ww)	**makan pagi**	[makan pagi]
ontdekken (bijv. nieuw land)	**menemui**	[mɛnɛmui]
ontkennen (ww)	**menafikan**	[mɛnafikan]
ontlopen (gevaar, taak)	**mengelak**	[mɛŋɛlak]
ontnemen (ww)	**melucutkan**	[mɛluʧutkan]
ontwerpen (machine, enz.)	**mereka bentuk**	[mɛreka bɛntuk]
oorlog voeren (ww)	**berperang**	[bɛrpraŋ]
op orde brengen	**membereskan**	[mɛmbereskan]
opbergen (in de kast, enz.)	**menyorokkan**	[mɛnjorokkan]
opduiken (ov. een duikboot)	**naik ke permukaan air**	[naik kɛ pɛrmukaan air]
openen (ww)	**membuka**	[mɛmbuka]
ophangen (bijv. gordijnen ~)	**menggantungkan**	[mɛŋgantuŋkan]

ophouden (ww)	**memberhentikan**	[mɛmbɛrhɛntikan]
oplossen (een probleem ~)	**menyelesaikan**	[mɛnjelɛsajkan]
opmerken (zien)	**memerhatikan**	[mɛmɛrhatikan]
opmerken (zien)	**memerhatikan**	[mɛmɛrhatikan]
opscheppen (ww)	**bercakap besar**	[bɛrʧakap bɛsar]
opschrijven (op een lijst)	**mendaftarkan**	[mɛndaftarkan]
opschrijven (ww)	**mencatat**	[mɛnʧatat]
opstaan (uit je bed)	**bangun**	[baŋun]
opstarten (project, enz.)	**melancarkan**	[mɛlanʧarkan]
opstijgen (vliegtuig)	**berlepas**	[bɛrlɛpas]
optreden (resoluut ~)	**bertindak**	[bɛrtindak]
organiseren (concert, feest)	**melangsungkan**	[mɛlaŋsuŋkan]
overdoen (ww)	**membuat semula**	[mɛmbuat sɛmula]
overheersen (dominant zijn)	**mendominasi**	[mɛndominasi]
overschatten (ww)	**menilai terlalu tinggi**	[mɛnilaj tɛrlalu tiŋgi]
overtuigd worden (ww)	**percaya**	[pɛrʧaja]
overtuigen (ww)	**meyakinkan**	[mɛjakiŋkan]
passen (jurk, broek)	**sesuai**	[sɛsuaj]
passeren (~ mooie dorpjes, enz.)	**melewati**	[mɛlevati]
peinzen (lang nadenken)	**termenung**	[tɛrmenuŋ]
penetreren (ww)	**menyusup**	[mɛnjusup]
plaatsen (ww)	**meletakkan**	[mɛlɛtakkan]
plaatsen (zetten)	**menempatkan**	[mɛnɛmpatkan]
plannen (ww)	**merancang hendak**	[mɛranʧaŋ hɛndak]
plezier hebben (ww)	**bersuka ria**	[bɛrsuka ria]
plukken (bloemen ~)	**memetik**	[mɛmɛtik]
prefereren (verkiezen)	**lebih suka**	[lɛbih suka]
proberen (trachten)	**mencuba**	[mɛnʧuba]
proberen (trachten)	**mencuba**	[mɛnʧuba]
protesteren (ww)	**membantah**	[mɛmbantah]
provoceren (uitdagen)	**memprovokasi**	[mɛmprovokasi]
raadplegen (dokter, enz.)	**berunding**	[bɛrundiŋ]
rapporteren (ww)	**melapor**	[mɛlapor]
redden (ww)	**menyelamatkan**	[mɛnjelamatkan]
regelen (conflict)	**menyelesaikan**	[mɛnjelɛsajkan]
reinigen (schoonmaken)	**membersihkan**	[mɛmbɛrsihkan]
rekenen op …	**mengharapkan**	[mɛŋɣarapkan]
rennen (ww)	**lari**	[lari]
reserveren (een hotelkamer ~)	**menempah**	[mɛnɛmpah]
rijden (per auto, enz.)	**naik**	[naik]
rillen (ov. de kou)	**menggigil**	[mɛŋgigil]
riskeren (ww)	**berisiko**	[bɛrisiko]
roepen (met je stem)	**memanggil**	[mɛmaŋgil]
roepen (om hulp)	**memanggil**	[mɛmaŋgil]

ruiken (bepaalde geur verspreiden)	**berbau**	[bɛrbau]
ruiken (rozen)	**mencium**	[mɛntʃium]
rusten (verpozen)	**berehat**	[bɛrehat]

255. Verbs S-V

samenstellen, maken (een lijst ~)	**menyusun**	[mɛnjusun]
schieten (ww)	**menembak**	[mɛnembak]
schoonmaken (bijv. schoenen ~)	**membersihkan**	[mɛmbɛrsihkan]
schoonmaken (ww)	**mengemaskan**	[mɛŋɛmaskan]
schrammen (ww)	**mencakar**	[mɛntʃakar]
schreeuwen (ww)	**berteriak**	[bɛrtɛriak]
schrijven (ww)	**menulis**	[mɛnulis]
schudden (ww)	**menggoncangkan**	[mɛŋgontʃaŋkan]
selecteren (ww)	**memilih**	[mɛmilih]
simplificeren (ww)	**menyederhanakan**	[mɛnjedɛrhanakan]
slaan (een hond ~)	**memukul**	[mɛmukul]
sluiten (ww)	**menutup**	[mɛnutup]
smeken (bijv. om hulp ~)	**merayu sangat**	[mɛraju saŋat]
souperen (ww)	**makan malam**	[makan malam]
spelen (bijv. filmacteur)	**berlakon**	[bɛrlakon]
spelen (kinderen, enz.)	**bermain**	[bɛrmajn]
spreken met ...	**bercakap dengan**	[bɛrtʃakap dɛŋan]
spuwen (ww)	**meludah**	[mɛludah]
stelen (ww)	**mencuri**	[mɛntʃuri]
stemmen (verkiezing)	**mengundi**	[mɛŋundi]
steunen (een goed doel, enz.)	**menyokong**	[mɛnjokoŋ]
stoppen (pauzeren)	**berhenti**	[bɛrhɛnti]
storen (lastigvallen)	**mengganggu**	[mɛŋgaŋgu]
strijden (tegen een vijand)	**berjuang**	[bɛrdʒuaŋ]
strijden (ww)	**bertempur**	[bɛrtɛmpur]
strijken (met een strijkbout)	**menyeterika**	[mɛnjetɛrika]
studeren (bijv. wiskunde ~)	**mempelajari**	[mɛmpɛladʒari]
sturen (zenden)	**mengirim**	[mɛŋirim]
tellen (bijv. geld ~)	**menghitung**	[mɛŋɣituŋ]
terugkeren (ww)	**balik**	[balik]
terugsturen (ww)	**mengirim balik**	[mɛŋirim balik]
toebehoren aan ...	**kepunyaan**	[kɛpunjaan]
toegeven (zwichten)	**mengalah**	[mɛŋalah]
toenemen (on. ww)	**bertambah**	[bɛrtambah]
toespreken (zich tot iemand richten)	**merujuk**	[mɛrudʒuk]

toestaan (goedkeuren)	**membenarkan**	[mɛmbɛnarkan]
toestaan (ww)	**mengizinkan**	[mɛŋiziŋkan]
toewijden (boek, enz.)	**mendedikasikan**	[mɛndɛdikasikan]
tonen (uitstallen, laten zien)	**menunjukkan**	[mɛnundʒukkan]
trainen (ww)	**melatih**	[mɛlatih]
transformeren (ww)	**mengubah**	[mɛŋubah]
trekken (touw)	**menarik**	[mɛnarik]
trouwen (ww)	**berkahwin, beristeri**	[bɛrkahvin], [bɛristri]
tussenbeide komen (ww)	**campur tangan**	[ʧampur taŋan]
twijfelen (onzeker zijn)	**ragu-ragu**	[ragu ragu]
uitdelen (pamfletten ~)	**membahagikan surat sebaran**	[mɛmbahagikan surat sebaran]
uitdoen (licht)	**mematikan**	[mɛmatikan]
uitdrukken (opinie, gevoel)	**mengungkapkan**	[mɛŋuŋkapkan]
uitgaan (om te dineren, enz.)	**keluar**	[kɛluar]
uitlachen (bespotten)	**mencemuhkan**	[mɛnʧɛmuhkan]
uitnodigen (ww)	**menjemput**	[mɛndʒɛmput]
uitrusten (ww)	**memperlengkapkan**	[mɛmpɛrlɛŋkapkan]
uitsluiten (wegsturen)	**memecat**	[mɛmɛʧat]
uitspreken (ww)	**menyebut**	[mɛnjebut]
uittorenen (boven ...)	**membumbung tinggi**	[mɛmbumbuŋ tiŋgi]
uitvaren tegen (ww)	**memarahi**	[mɛmarahi]
uitvinden (machine, enz.)	**menemu**	[mɛnɛmu]
uitwissen (ww)	**menghapuskan**	[mɛŋɣapuskan]
vangen (ww)	**menangkap**	[mɛnaŋkap]
vastbinden aan ...	**mengikat**	[mɛŋikat]
vechten (ww)	**berkelahi**	[bɛrkɛlahi]
veranderen (bijv. mening ~)	**mengubah**	[mɛŋubah]
verbaasd zijn (ww)	**hairan**	[hajran]
verbazen (verwonderen)	**menghairankan**	[mɛŋɣajraŋkan]
verbergen (ww)	**menyorokkan**	[mɛnjorokkan]
verbieden (ww)	**melarang**	[mɛlaraŋ]
verblinden (andere chauffeurs)	**menyilaukan**	[mɛnjilaukan]
verbouwereerd zijn (ww)	**bingung**	[biŋuŋ]
verbranden (bijv. papieren ~)	**membakar**	[mɛmbakar]
verdedigen (je land ~)	**membela**	[mɛmbɛla]
verdenken (ww)	**mencurigai**	[mɛnʧurigai]
verdienen (een complimentje, enz.)	**patut**	[patut]
verdragen (tandpijn, enz.)	**menahan**	[mɛnahan]
verdrinken (in het water omkomen)	**mati lemas**	[mati lɛmas]
verdubbelen (ww)	**menggandakan**	[mɛŋgandakan]
verdwijnen (ww)	**hilang**	[hilaŋ]
verenigen (ww)	**menyatukan**	[mɛnjatukan]

vergelijken (ww)	**membandingkan**	[mɛmbandiŋkan]
vergeten (achterlaten)	**tertinggal**	[tɛrtiŋgal]
vergeten (ww)	**melupakan**	[mɛlupakan]
vergeven (ww)	**memaafkan**	[mɛmaafkan]
vergroten (groter maken)	**menambah**	[mɛnambah]
verklaren (uitleggen)	**menjelaskan**	[mɛndʒɛlaskan]
verklaren (volhouden)	**mendakwa**	[mɛndakva]
verklikken (ww)	**melapor**	[mɛlapor]
verkopen (per stuk ~)	**menjual**	[mɛndʒual]
verlaten (echtgenoot, enz.)	**meninggalkan**	[mɛniŋgalkan]
verlichten (gebouw, straat)	**menerangi**	[mɛnɛraŋi]
verlichten (gemakkelijker maken)	**meringankan**	[mɛriŋaŋkan]
verliefd worden (ww)	**jatuh cinta**	[dʒatuh ʧinta]
verliezen (bagage, enz.)	**kehilangan**	[kɛhilaŋan]
vermelden (praten over)	**menyebut**	[mɛnjebut]
vermenigvuldigen (wisk.)	**mengalikan**	[mɛŋalikan]
verminderen (ww)	**mengurangkan**	[mɛŋuraŋkan]
vermoeid raken (ww)	**keletihan**	[kɛlɛtihan]
vermoeien (ww)	**meletihkan**	[mɛlɛtihkan]

256. Verbs V-Z

vernietigen (documenten, enz.)	**menghancurkan**	[mɛŋɣanʧurkan]
veronderstellen (ww)	**menduga**	[mɛnduga]
verontwaardigd zijn (ww)	**marah**	[marah]
veroordelen (in een rechtszaak)	**menjatuhkan hukuman**	[mɛndʒatuhkan hukuman]
veroorzaken ... (oorzaak zijn van ...)	**menyebabkan**	[mɛnjebabkan]
verplaatsen (ww)	**memindahkan**	[mɛmindahkan]
verpletteren (een insect, enz.)	**menepuk**	[mɛnɛpuk]
verplichten (ww)	**memaksa**	[mɛmaksa]
verschijnen (bijv. boek)	**terbit**	[tɛrbit]
verschijnen (in zicht komen)	**muncul**	[munʧul]
verschillen (~ van iets anders)	**berbeza**	[bɛrbɛza]
versieren (decoreren)	**menghiasi**	[mɛŋɣiasi]
verspreiden (pamfletten, enz.)	**menyebar**	[mɛnjebar]
verspreiden (reuk, enz.)	**tersebar**	[tɛrsebar]
versterken (positie ~)	**mengukuhkan**	[mɛŋukuhkan]
verstommen (ww)	**terdiam**	[tɛrdiam]
vertalen (ww)	**menterjemahkan**	[mɛntɛrdʒɛmahkan]
vertellen (verhaal ~)	**menceritakan**	[mɛnʧɛritakan]

vertrekken (bijv. naar Mexico ~)	**berlepas, pergi**	[bɛrlɛpas], [pɛrgi]
vertrouwen (ww)	**mempercayai**	[mɛmpɛrʧajai]
vervolgen (ww)	**meneruskan**	[mɛnɛruskan]
verwachten (ww)	**menjangka**	[mɛnʤaŋka]
verwarmen (ww)	**memanaskan**	[mɛmanaskan]
verwarren (met elkaar ~)	**mengelirukan**	[mɛŋɛlirukan]
verwelkomen (ww)	**menyambut**	[mɛnjambut]
verwezenlijken (ww)	**melaksanakan**	[mɛlaksanakan]
verwijderen (een obstakel)	**meniadakan**	[mɛniadakan]
verwijderen (een vlek ~)	**menghapuskan**	[mɛŋɣapuskan]
verwijten (ww)	**menegur**	[mɛnɛgur]
verwisselen (ww)	**menukar**	[mɛnukar]
verzoeken (ww)	**meminta**	[mɛminta]
verzuimen (school, enz.)	**meninggalkan**	[mɛniŋgalkan]
vies worden (ww)	**menjadi kotor**	[mɛnʤadi kotor]
vinden (denken)	**fikir**	[fikir]
vinden (ww)	**menemui**	[mɛnɛmui]
vissen (ww)	**memancing ikan**	[mɛmanʧiŋ ikan]
vleien (ww)	**membodek**	[mɛmbodek]
vliegen (vogel, vliegtuig)	**terbang**	[tɛrbaŋ]
voederen (een dier voer geven)	**memberi makan**	[mɛmbri makan]
volgen (ww)	**mengikuti**	[mɛŋikuti]
voorstellen (introduceren)	**memperkenalkan**	[mɛmpɛrkɛnalkan]
voorstellen (Mag ik jullie ~)	**memperkenalkan**	[mɛmpɛrkɛnalkan]
voorstellen (ww)	**mencadangkan**	[mɛnʧadaŋkan]
voorzien (verwachten)	**menjangkakan**	[mɛnʤaŋkakan]
vorderen (vooruitgaan)	**maju**	[maʤu]
vormen (samenstellen)	**membentuk**	[mɛmbɛntuk]
vullen (glas, fles)	**mengisi**	[mɛŋisi]
waarnemen (ww)	**menyaksikan**	[mɛnjaksikan]
waarschuwen (ww)	**memperingatkan**	[mɛmpɛriŋatkan]
wachten (ww)	**menunggu**	[mɛnuŋgu]
wassen (ww)	**mencuci**	[mɛnʧuʧi]
weerspreken (ww)	**membantah**	[mɛmbantah]
wegdraaien (ww)	**berpaling**	[bɛrpaliŋ]
wegdragen (ww)	**membawa pergi**	[mɛmbava pɛrgi]
wegen (gewicht hebben)	**berberat**	[bɛrbrat]
wegjagen (ww)	**mengusir**	[mɛŋusir]
weglaten (woord, zin)	**meninggalkan**	[mɛniŋgalkan]
wegvaren (uit de haven vertrekken)	**berlepas**	[bɛrlɛpas]
weigeren (iemand ~)	**menolak**	[mɛnolak]
wekken (ww)	**membangunkan**	[mɛmbaŋuŋkan]
wensen (ww)	**menghendaki**	[mɛŋɣɛndaki]

werken (ww)	**bekerja**	[bɛkɛrʤa]
weten (ww)	**tahu**	[tahu]
willen (verlangen)	**mahu, hendak**	[mahu], [hɛndak]
wisselen (omruilen, iets ~)	**bertukar**	[bɛrtukar]
worden (bijv. oud ~)	**menjadi**	[mɛnʤadi]
worstelen (sport)	**bergusti**	[bɛrgusti]
wreken (ww)	**mendendam**	[mɛndɛndam]
zaaien (zaad strooien)	**menyemai**	[mɛnjemaj]
zeggen (ww)	**berkata**	[bɛrkata]
zich baseerd op	**berpangkalan**	[bɛrpaŋkalan]
zich bevrijden van … (afhelpen)	**terlepas daripada**	[tɛrlɛpas daripada]
zich concentreren (ww)	**bertumpu**	[bɛrtumpu]
zich ergeren (ww)	**berasa jengkel**	[bɛrasa ʤeŋkel]
zich gedragen (ww)	**berkelakuan**	[bɛrkɛlakuan]
zich haasten (ww)	**tergesa-gesa**	[tɛrgɛsa gɛsa]
zich herinneren (ww)	**mengingat**	[mɛŋiŋat]
zich herstellen (ww)	**sembuh**	[sɛmbuh]
zich indenken (ww)	**membayangkan**	[mɛmbajaŋkan]
zich interesseren voor …	**menaruh minat**	[mɛnaruh minat]
zich scheren (ww)	**bercukur**	[bɛrʧukur]
zich trainen (ww)	**berlatih**	[bɛrlatih]
zich verdedigen (ww)	**membela diri**	[mɛmbɛla diri]
zich vergissen (ww)	**salah**	[salah]
zich verontschuldigen	**minta maaf**	[minta maaf]
zich verspreiden (meel, suiker, enz.)	**tercicir**	[tɛrʧiʧir]
zich vervelen (ww)	**bosan**	[bosan]
zijn (leraar ~)	**ialah**	[ialah]
zijn (op dieet ~)	**sedang**	[sɛdaŋ]
zinspelen (ww)	**membayangkan**	[mɛmbajaŋkan]
zitten (ww)	**duduk**	[duduk]
zoeken (ww)	**mencari**	[mɛnʧari]
zondigen (ww)	**berdosa**	[bɛrdosa]
zuchten (ww)	**mengeluh**	[mɛŋɛluh]
zwaaien (met de hand)	**melambaikan**	[mɛlambajkan]
zwemmen (ww)	**berenang**	[bɛrɛnaŋ]
zwijgen (ww)	**diam**	[diam]

www.ingramcontent.com/pod-product-compliance
Lightning Source LLC
Chambersburg PA
CBHW071324090426
42738CB00012B/2785